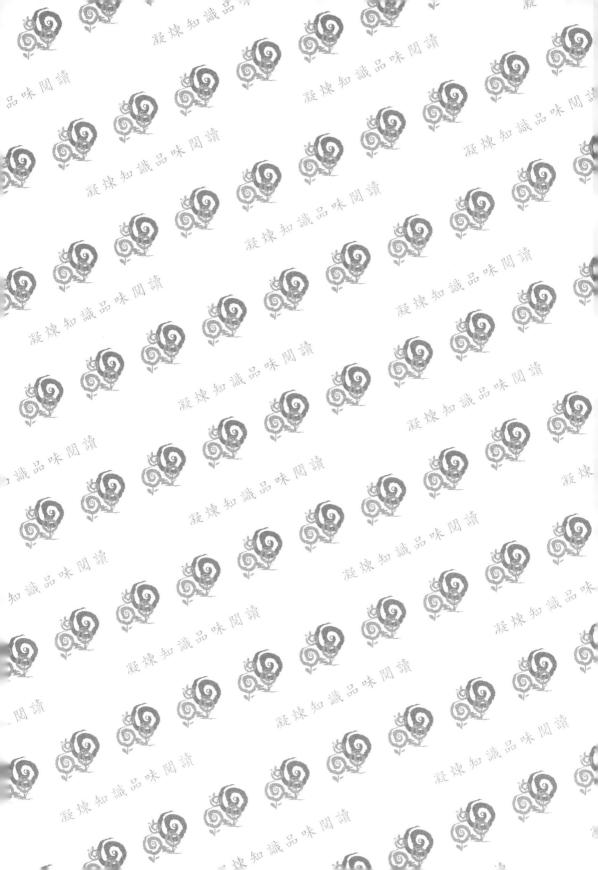

素養導向之國小數學領域教材教法
數與計算

陳嘉皇　主編

李源順　陳建誠
　　　　　　　著
劉曼麗　謝佳叡

五南圖書出版公司 印行

目　錄

圖表目錄

第一章

數與計算主題的理論

李源順

數學教與學應該要有數學的內容理論，老師才能清楚地知道要教些什麼，學生才能知道要學些什麼；數學教學應該了解學生的認知，老師才能夠針對學生的想法使用適切的、多元、優選教學策略幫助學生學習，進而培養學生的數學素養；最後再運用多元評量的策略，了解學生的學習成效是否達成教學目標，作為改進教學的依據。因此，本章先簡單介紹本書的目的，數與計算主題的內容理論，學生認知與教、學策略，作為後續章節內容安排的基礎。

本書所稱的數與計算主題內容包括全數（正整數或 0）、分數（正分數或 0）、小數（正有限小數或 0），以及數概念推廣的相關內容。本書認為精確的定義數學名詞有助於學生正確了解相關概念，但現行課程均以整數、分數、小數來稱呼小學的數與計算單元，在數學教育上僅定義正整數（自然數）或 0 為全數，因此，本書僅以全數精確稱之。未來國中教師在進行真正的整數、分數、小數教學時，應留意學生是否有相關的迷思概念，例如學生，是否誤以為整數會愈加愈大，所以誤以為 $3 + x > 3$。

第一節　讓學生學得有感

本書的主要目的是要讓學生的數學學得有感。要讓學生學得有感，除了數學內容知識的學習有感之外，也應該強調數學知識應用於日常生活中的有感。

壹、數學知識學習的有感

十二年國民基本教育（簡稱十二年國教）強調有感的教與學。《十二年國教課程總綱》（教育部，2014），本於全人教育的精神，以「自發」、「互動」及「共好」為理念，以「成就每一個孩子——適性揚才、

終身學習」的願景，並以核心素養（core competencies，簡稱 CC 或 key
competencies，簡稱 KC，楊俊鴻，2016）作爲課程發展的主軸。《十二
年國民基本教育國民中小學暨普通型高級中等學校數學領域課程綱要》
（簡稱《數學領綱》）（教育部，2018）呼應總綱認爲數學是一種語言、
規律科學，數學教與學應從人文素養出發，課程設計應提供每位學生有感
的學習機會，培養學生正確使用數學工具的素養，同時強調在不同年齡、
不同能力、不同興趣或領域，皆能獲得適應現在生活和未來挑戰所需具備
的知識、能力、態度。

十二年國教《數學領綱》（教育部，2018）也強調數學是結構層層累
積，其發展依賴直覺又需要推理，學生若未能充分理解前一階段的概念，
必然影響後續階段的學習。課程綱要的實踐，教學上需藉由鷹架作用加以
啟導，適時進行差異化教學及學習活動規劃，提供每位學生每節課都有感
的學習活動機會。

爲了讓學生能站在充分理解前一階段的概念，以進行後續概念的
有感學習，李源順與林福來（1998）提出數學感的理論，認爲數學感
（Mathematics Sense）就是人們能從數學材料中抽取其直觀意義的高層次
思維。這種抽取直觀的高層次思維讓學習者的思維網路可以連結得很快，
傾向複雜、沒有一定規則、包含多種解答方式、不同規準的應用，能對
結果的合理性做敏銳的判斷和詮釋，同時能在思維過程中自我調整與監
控。李源順（2018）則進一步定義如何營造數學感（Making Mathematics
Sense, MMS），就是學生在利用表徵進行溝通的脈絡中，對所學的數學
有概念性的了解，內化爲程序性知識，使程序性知識變得有意義；再進行
解題、連結、推理，以及後設認知的學習；最後達到能從數學材料中抽取
其直觀意義的高層次思維。

本書的目的在希望出版一本能讓教師培養學生數學學得有感的專書。

貳、生活應用的有感

要學生學得有感，除了數學知識學習的有感之外，運用所學知識來解決生活問題的數學素養，也是學生有感的重要面向。這也就是核心素養所言的學生為了適應現在生活和未來挑戰所應具備的能力、態度。

OECD（2019）認為「數學素養是連續的，即數學素養愈高的人，愈能善用數學工具做出有根據的判斷；這也正是具建設性、投入性及反思能力的公民所需具備的。」數學素養的議題是現今國際教育的潮流與趨勢，包括我國，很多國家都參與 PISA（臺灣 PISA 國家研究中心，2012）的數學素養評量，以了解國民的數學素養能力。《十二年國教課程總綱》（教育部，2014）強調培養學生的核心素養，《數學領綱》（教育部，2018）也呼應 PISA 評量，強調在不同年齡、不同能力、不同興趣或領域，皆能獲得足以結合理論與應用的數學素養。

此外，現今的國中會考也慢慢融入數學素養的試題，我國的入學考試已經呼應現今的教育趨勢。例如 109 年國中教育會考數學試題就以車輛故障所放置的三角形標誌為題，評量學生的數學素養，如圖 1-1。

本書的內容也將呈現一些數學素養議題，以期培養學生有感的應用數學於生活之中。

第二節　數學內容理論

本節主要論述數與計算主題的重要內容理論作為後續章節的基礎，包括概念、運算、性質，四則運算問題結構，單位（量）轉換，以及二個為什麼。

2. 預警三角標誌牌用於放置在車道上，告知後方來車前有停置車輛，如圖（二十一）所示。貝貝想製作類似此標誌的圖形，先使用反光材料設計一個物件，如圖（二十二）所示，其中四邊形 $ABCD$ 為長方形，$\overset{\frown}{AB}$、$\overset{\frown}{CD}$ 分別以 $\overline{AB}$、$\overline{CD}$ 為直徑的半圓，且灰色部分為反光區域。接著，將三個圖（二十二）的物件以圖（二十三）的方式組合並且固定，其中固定點 O_1、O_2、O_3 皆與半圓的圓心重合，且各半圓恰好與長方形的長邊相切，而在圖（二十三）左下方的局部放大圖中，B、E 皆為切點，$\overline{AB}$、$\overline{EF}$ 皆為直徑。

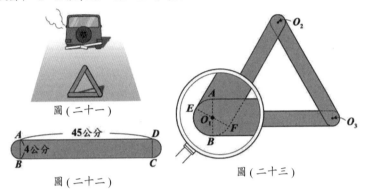

圖（二十一）

圖（二十二）

圖（二十三）

請根據上述資訊，回答下列問題：

(1) 圖（二十三）中 $\angle AO_1F$ 的度數為多少？

(2) 根據圖（二十三）的組合方式，求出可看見的反光區域面積為多少？請詳細解釋或完整寫出你的解題過程，並求出答案。

圖 1-1　109 年國中教育會考數學試題

壹、概念、運算、性質

數與計算主題的內容奠基是基本概念，有了基本概念才會定義相關運算，並討論其性質。數概念指的是全數、分數、小數的基本概念，運算指的是在數概念基礎上所定義的加、減、乘、除四則運算，性質指的是，例如交換律、結合律、分配律、四則運算的位數變化等可以一般化的關係，用以協助學生有效率解決問題或更清楚地了解數概念、運算。假如小學生了解此一數學脈絡，他用此方式去學習國中、高中的數學內容，學生的數學思維會更有系統性。

　　為了讓學生對所學的運算、性質,有概念性的了解,內化為程序性知識,再進行解題、連結、後設認知的學習。本書主要讓老師和學生了解,所有運算、性質的概念性了解,都可以藉由全數、分數、小數的基本概念來解釋。例如:分數的基本概念是單位量、平分、部分 / 全體,$\frac{3}{8}$ 盒的意思就是 1 盒蛋糕平分成 8 份,其中的 3 份。1 盒和 1 份都是單位量,每 1 份都一樣大就是平分,8 份其中的 3 份就是部分 / 全體的意思。分數的加、減、乘、除,可以由此基本概念來解釋。

貳、四則運算問題結構

　　現代數學教與學的教育理念是從生活數學問題出發來學習數學概念,再進行學習更深度的數學問題,而非讓學生先學習純計算問題再來做應用問題。因此我們將數學問題的結構進行剖析,讓老師和學生清楚地了解數學問題的本質。

一 情境結構

　　在數學的教學過程中,我們會使用到具體操作物、圖形等表徵物,同時全數的啟蒙表徵物,和分數、小數的啟蒙表徵物不同,為了連結全數與分數、小數概念,老師需要了解數學的情境結構。

　　問題情境結構分成一維連續量、二維連續量、離散量等情境。在全數的教學過程中,老師時常以不會特意去切割它的物件,例如人、馬、蘋果、糖果等情境提問問題。因為這些物件習慣上是以一個一個獨立存在的方式呈現,我們不會特意去切割它,因此稱它為離散量。離散量的情境是學生學習全數的啟蒙情境;老師若請學生舉出有關全數四則運算的例子,大部分的學生都會使用此情境回答。

　　在分數和小數的啟蒙情境中,為了讓學生了解真分數、純小數,時常將原來是一個的物件,例如繩子、緞帶、蛋糕、披薩等等,進行切割以後

來呈現其中的部分量。我們把這些生活中原本是一個且可以進行切割的物件稱為連續量。因為繩子、緞帶等等，在日常生活中是一種長條的形狀；我們表徵它時，常用線段的方式呈現，因此稱它為一維連續量。因為蛋糕、披薩等物件，雖然是立體的物件，但是在表徵它時，常用二維平面的方式呈現，因此我們稱它為二維連續量。連續量情境是學生學習分數、小數概念的啟蒙情境；老師若請學生舉出有關分數、小數四則運算的例子，大部分的學生都會使用此情境。

在分數、小數的學習上，我們會把蛋糕、緞帶等連續量進行切割再討論其部分量的意義，此時，學者稱它為連續量離散化。

二 語意結構

關於數的四則運算的語意有不同結構，我們會先從某個概念的啟蒙語意，推廣到另一個語意上。若老師了解語意問題的變化，將有助於數學感的教學。

（一）加法和減法

全數、分數和小數的加法和減法的語意結構，主要分成要解決部分與全體關係的改變型或合併型問題，以及概念推廣的非部分全體關係之比較型和平衡型（等化型）問題。

- 改變型（Change）：已有一量，再加入（或拿走）一量的語意問題。例如：「小明原有 5 顆糖果，媽媽給他 2 顆糖果，小明現在有幾顆糖果？」當它是加法問題時，其本質部分量加入部分量為全體量，也就是「合」的概念；當它是減法時，其本質是全體量拿走部分量後的部分量，也就是「分」的概念。因為它們的結果是改變原來的量，因此稱為改變型。

- 合併型（Combine）：兩量同時併存於語意之中。例如：「小明有 5 顆糖果，小英有 2 顆糖果，請問兩人合起來共有幾顆糖果？」當它是加

法問題時，其本質爲二個同時存在的部分量合成全體量；當是減法問題時，其本質爲得知全體量和其部分量求剩餘的部分量。因爲它們是二量同時存在於語意之中，因此稱爲合併型。

- 比較型（Compare）：甲、乙兩量相比較的語意問題。例如：「小華有 5 顆糖果，小明有 2 顆糖果，請問小華比小明多幾顆糖果？」當它是加法問題時，其本質爲將一量再加上另一量以後，會和所求的量一樣多；當它是減法問題時，其本質爲將一量拿走部分量以後，會和所求的量一樣多。因爲它是二個量的比較問題，因此稱爲比較型。

- 平衡型（等化型）（Equalze）：已有甲量，乙量再加入或拿走一量後，甲、乙兩量相等的語意問題。例如：「小明有 5 顆糖果，小華有 2 顆糖果，小明再少幾顆糖果就和小華一樣多？」當它是加法問題時，其本質爲將一量再加上另一量以後，會和所求的量一樣多；當它是減法問題時，其本質爲將一量拿走部分量以後，會和所求的量一樣多。因爲它是二個量的比較且呈現一樣多的語意，因此稱爲平衡型或等化型。

因爲加法、減法的概念啟蒙是合成（兩部分量合成一總量），或者分解（一總量分成兩部分量），同時改變型或合併型問題的本質就是兩部分量合成一總量，或者把一總量分解成二部分量，因此它們是加、減法的啟蒙語意；再者因爲合併型的二個部分量同時存在於語意之中，因此它是學習加法交換律的最佳啟蒙情境。至於比較型和平衡型（等化型）問題，兩量之間不是部分與全體的關係，也就是小明的量不能直接去合成或者分解小華的量，它需要進行「語意轉換」才能轉成部分與全體的關係。例如把小華的 5 顆拿走和小明一樣多的 2 顆，剩下的 3 顆就是小華比小明多的顆數，或者把小華的 5 顆分成和小明一樣多的 2 顆，以及比小明多的 3 顆。因此是概念推廣的語意。

（二）乘法

全數乘法概念的語意主要是解決部分（單位量）累加（單位數）為總量的等組型（或者等量型）、矩陣型（或者陣列型）的問題，以及概念推廣的倍數型、比例型、面積型和笛卡爾積型（又稱組合型、外積、乘法原理）問題。因為笛卡爾積型的本質是乘法原理，它只存在全數之中，因此在分數和小數不會出現此問題。矩陣型（陣列型）則只存在於（全數、分數、小數）乘以全數的語意之中。

- 等組型（或者等量型）：每組內的量一樣多，求總量的語意結構。例如：一個盤子裝 5 顆蘋果（單位量 [1]），4 個盤子（單位數）可以裝多少顆蘋果（總量）？

- 矩陣型（或者陣列型）：一組數量有規律的排列成矩形的形狀。例如，一排有 5 張桌子（單位量），4 排（單位數）有幾張桌子（總量）？

- 倍數型：以一數量為基準量，求出此數量之幾倍的語意。例如：哥哥有 5 元，妹妹的錢是哥哥的 4 倍，請問妹妹有多少錢？

- 比例型：東西互換或者兩組量成同一倍數關係的問題情境。例如一個獎卡可以用 5 個獎章來換，4 個獎卡要用幾個獎章來換？

- 面積型：在二維連續量的情境中，已知長方形的邊長，求面積。例如：一個長方形的長是 5 公尺，寬是 4 公尺，問這個長方形的面積是多少平方公尺？

- 笛卡爾積型：由兩個集合 A 和 B 所形成有序的元素對之問題。例如有不同上衣 5 件，不同褲子 4 件，一件上衣和一件褲子配成一套套裝，問可以配成幾套不同的套裝？

---

[1] 這裡單位指的是大單位「盤」，量指的是「小單位的量」。一盤有 5 顆就一個單位有多少量（單位量），4 盤有幾顆就是有多少個單位（單位數），最後的結果，20 顆就是總量。

因為全數乘法概念的主要概念是解決部分量（單位量）累加（單位數）為總量的語意，等組型（或者等量型）、矩陣型（或者陣列型）的本質就是部分量累加為總量，因此它們是乘法的啟蒙語意。因為矩陣型問題可以先直的計數或者橫的計數，因此是學習乘法交換律的最佳啟蒙情境。至於倍數型、比例型、面積型和笛卡爾積型問題的本質不是直接從語意的部分量累加為全體量，例如妹妹的錢是和哥哥的錢累加 4 次以後一樣多，因此是乘法概念的推廣語意。雖然比例型問題，也可以解釋為部分量（5個獎章）累加（4 個獎卡）為總量（幾個獎章），但因為它是對換物品的情境，加上它的生活單位（個）是相同的，在初學乘法的教學中比較少出現，因此也界定為乘法概念推廣的語意。

至於分數、小數乘以分數、小數的問題，因為日常生活中比較不會使用累加非自然數的次數（例如一瓶水 $\frac{2}{3}$ 公升，$\frac{4}{5}$ 瓶有幾公升？比較不會說 $\frac{2}{3}$ 累加 $\frac{4}{5}$ 次），因此要重新定義為由單位量 $\times$ 單位數＝總量。

（三）除法

除法則主要分為包含除（分裝）與等分除（平分）的語意結構。

- 包含除：指由已知的總量和單位量，解決單位數未知的問題，即總量 ÷ 單位量 = 單位數。例如：「有 40 顆糖果，每 8 顆分給一位小朋友，共可以分給幾位小朋友？」因為 8 顆是包含在 40 顆內的語意，因此稱為包含除。

- 等分除：指由已知的總量和單位數，解決單位量未知的問題，即總量 ÷ 單位數 = 單位量。例如：「有 40 顆糖果，平分給 8 人，每人可以得到幾顆糖果？」因為它是將 40 顆平分成 8 份，因此稱為等分除。

因為包含除的本質是累減，因此它是除法的啟蒙情境。至於包含除，它需要將 8 位小朋友轉成每次一人分一顆，所以一次分掉 8 顆，才能將問題寫成 40 − 8 = 32。因此它等分除是除法語意的概念推廣。

再從乘法來看除法，包含除是 8×（　　）＝ 40 的逆概念；等分除是
（　　）×8 ＝ 40 的逆概念；二者各有其意義。

三 運算結構

運算的結構可以區分爲所要求解的數是加（減、乘、除）數未知，被
加（減、乘、除）數未知，或者和（差、積、商）數未知；也就是說，以
學生依題意的順序列式時，未知數所在位置來區分運算的結構。下面是減
法運算結構的示例：

- 「小明有 28 元，他花 15 元買鉛筆，剩下多少元？」，它的列式是 28 －
  15 ＝（　　　）
- 「小明有 28 元，他花一些錢買鉛筆，剩下 15 元，問買鉛筆花掉多少
  元？」，它的列式是 28 －（　　　）＝ 15
- 「小明有一些錢，他花 15 元買鉛筆，剩下 28 元，問小明原來有多少
  錢？」，它的列式是（　　　）－ 15 ＝ 28

我們之所以要區分運算結構的問題，主要理由是被加（減、乘、除）
數或者加（減、乘、除）數未知的問題，學生需要進行語意轉換才能解
題，它是學生學習數學推理的前置經驗，因此相當重要。

同時二步驟以上的四則運算則是上述三個結構的合成。例如：「一
顆蘋果 85 元，一個禮盒 20 元，小明買了 6 顆蘋果用一個禮盒包裝送給朋
友，問小明要付多少元？」的問題就是離散量、乘法等組型問題和加法合
併型問題的合成。

參、單位（量）轉換

數與計算主題的內容，許多地方都涉及單位（量）轉換的問題。例如
量或者數的化聚，從量來說，20 元，在數學上的意義是 20 個一元，它也

是 2 個十元；其中一元、十元都是單位量。從數來說，20 是 20 個一的意思，它也是 2 個十；一和十都是單位。

乘法和除法也是單位（量）的轉換，「一個盤子裝 5 顆蘋果，4 個盤子可以裝多少顆蘋果（總量）？」可以說成，原來是用一個盤子來計數蘋果，它有 4 個一盤，現在要改用一顆來計數，它有 20 個一顆。「有 20 顆蘋果，每 4 顆裝一盤，共可以裝幾盤？」原來是用顆來計數蘋果，共有 20 個一顆，現在改用盤子來計數（一盤裝 4 顆），總共有 5 個一盤。

分數、小數概念也是單位（量）轉換的意義。例如：一個蛋糕平分成 10 份，其中的 3 份是 $\frac{3}{10}$ 盒或 0.3 盒。原來把蛋糕平分後，用份來計數是 3 個一份，現在改用盒來計數，它是 $\frac{3}{10}$ 個一盒或者 0.3 個一盒。

肆、二個為什麼

現在的教學大都從生活問題引入，因此在數與計算主題的教學內容，要留意二個為什麼。第一個為什麼是這個問題為什麼要用加法、減、乘、除，或者先用那個運算再用那個運算。第二個為什麼是它的答案算出來為什麼是多少。

對於第一個為什麼，假如是啟蒙情境的語意問題，我們希望學生利用基本概念來回答，例如加法的基本概念就是把二個量合起來的語意；減法就是把一量分成二個部分量，或者拿走部分量求剩餘量；乘法就是連加的語意；除法就是連減的語意，或者是乘法的逆概念。假如是概念推廣的語意，則需要利用語意轉換或者畫圖進行說明，例如面積型問題：長 5 公分、寬 4 公分的長方形面積，為什麼用乘法？那是因為這個長方形假如用一平方公分的格子來排可以排成一排有 5 個，總共可以排 4 排，所以可以用乘法來表示；或者用下圖 1-2 來表徵。

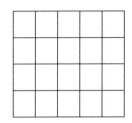

圖 1-2　長方形面積的圖形表徵

　　第二個爲什麼可以利用數的基本概念或者畫圖來說明。例如：「$\frac{2}{5}$ 瓶水是 $\frac{3}{4}$ 公升，一瓶水是幾公升？」我們先畫出一公升，找出其中的 $\frac{3}{4}$ 公升，如圖 1-3 左圖。因爲 $\frac{3}{4}$ 公升是 $\frac{2}{5}$ 瓶，所以把 $\frac{3}{4}$ 公升直切成兩份，再延伸出三份出來，就是一瓶，如圖 1-3 中圖的灰底是一瓶。爲了看一瓶是幾公升，所以把一瓶的每一份都等分的沿伸出去，發現一瓶被切成 5×3 塊，一公升被切成 2×4 塊，所以一瓶是 $\frac{3}{4} \div \frac{2}{5} = \frac{3 \times 5}{4 \times 2} = \frac{3}{4} \times \frac{5}{2}$ 公升，如圖 1-3 右圖（請記得它也是分數基本概念：單位量被平分成幾份中的幾份）。

　　大家也可以這樣想，把標準單位 $\frac{3}{4}$ 公升的水換成非標準單位是 $\frac{2}{5}$ 瓶的水，即一公升的量杯中倒入 $\frac{3}{4}$ 公升的水（左圖塗色部分），現在倒入一瓶（中圖塗色部分）中，發現只裝了 $\frac{2}{5}$ 瓶（左圖深色部分）。現在把一瓶的水（右圖的 15 塊是一瓶—左上到右下斜線）倒入一公升（8 塊—右上左下斜線）的量杯，可以倒滿一瓶又 $\frac{7}{8}$ 瓶，即 $\frac{15}{8}$ 瓶。

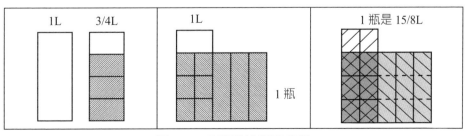

圖 1-3　分數除法圖形表徵

教科書在進行二個爲什麼的教學時，通常先出現啟蒙語意的問題，並聚焦在第二個爲什麼的學習。等學生了解運算結果的意義以後，再進行概念推廣的語意或者運算結構的問題，並聚焦在第一個爲什麼的學習。本書建議不要同時提問二個爲什麼，以減少學生的學習負荷。

第三節 教學與學習方法理論

壹、表徵之間的轉換

「表徵」（representation，張春興，1989）是認知學派的重要概念。認知心理學認爲將現實世界的事物是以抽象或符號化的形式（文字、語言是抽象的，只是人們賦予意義後，我們經歷長久的學習而感覺具體）表示的歷程，就是表徵。

Lesh、Post 與 Behr（1987）從溝通的觀點，將表徵區分爲眞實腳本（real scripts）、具體操作物（manipulative models）、圖形表徵（static pictures）、語言表徵（spoken language）以及符號表徵（written symbols），如圖 1-4。這五種表徵非常適合作爲小學數學教、學的溝通工具。

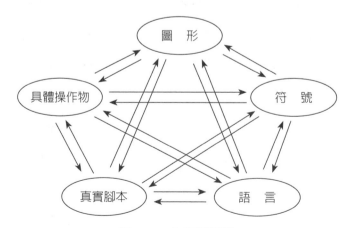

圖 1-4　表徵關係圖

（譯自 Lesh, Post, & Behr, 1987, p.34）

　　真實腳本就是日常生活中實際的物件或者實際情境。現在的教學會布一個實際情境的問題，例如：教師指著操場的學生說：「現在操場上有 8 個人，再來幾個人就會有 12 個人？」有時候，老師實際拿出一包糖果，要學生說出這包糖果有多少顆。其中的一包糖果就是實際表徵物，也是真實腳本。慢慢的老師會拿出一包有 15 顆糖果的實物圖像，它也可以稱是實物表徵，因為學生看到實物圖像就好像看到真的東西。

　　具體操作物表徵就是像積木、花片等，可以讓學生用來具體操作相關概念的物件，有時候老師會用具體操作物來表徵真實腳本，因此它已經把真實腳本稍微抽象化了。例如：拿出 10 個花片代表 10 顆糖果，拿出 15 個積木代表 15 個人。

　　圖形表徵：例如⑩和①的圖形讓我們用來代替金錢、糖果等等的事物圖形，我們稱為圖形表徵。例如我們會用 ⬛ 代表一盒有 6 個月餅。再如畫⑩⑩⑩①①代表 32 個人。圖形表徵也是具體操作物更進一步的抽象化；因為它無法隨意移動，因此有時候稱它是半具體物。

　　語言表徵：就是日常生活中常用的口語符號或者數學上使用的語言，例如生活上所說的 1 到 10 之間的數，數學上所說的「三十二」、質因數。

　　符號表徵：我們把概念書寫出來的文字或者數學符號，例如 32 就是數字的符號表徵。語言表徵和符號表徵是把圖像表徵更進一步的抽象化，它方便人們有效率的溝通。

貳、量→數

　　量是生活中帶有生活單位的概念，例如：6 元、6 顆蘋果、6 個人、6 公斤、6 公升……。數是不帶有生活單位的概念，它是所有相同數量物件的抽象化。例如：前面的物件抽象化為 6。量對學生而言是具體的、是有感覺的，數是抽象的、比較沒感覺。因此在教學過程中，任何一個單元最好都先從量的概念出發，再視學生的學習情況適時抽象化為數的概念，必

要時可以再返回量的概念進行教學。

　　和表徵的概念相呼應，真實腳本就帶有量的表徵，是具體的。為了讓學生有感，在數與計算主題的教學時，應先從具體的量引入，再視學生的學習情形抽象化為數概念。其他四種表徵：操作模型、靜態圖片、口說語言以及書寫符號則可以是量的表徵，也可以是數的表徵。因此教學建議，需要先從真實腳本出發，再連結其他四種表徵的量概念，抽象化為數概念。

參、語意轉換

　　語意轉換是學生進行邏輯推理的基礎，它的重要性不可言喻。數與計算主題四則運算的語意結構與運算結構，除了啟蒙語意之外，都需要學生進行語意轉換，才能將原來不是四則運算的啟蒙語意轉成四則運算的啟蒙語意，進而使用該運算來計算。例如改變型被減數未知的問題：「小華原有一些糖果，他給小明 3 顆以後，小華現在有 5 顆糖果，問小明原來有幾顆糖果？」學生需要將原來的語意轉換成把小華現在有的 5 顆加上他給小明的 3 顆以後，就是小華原來有的糖果；因此看起來是拿走型的減法問題，卻要用 5 + 3 =（　　）來計算。例如組合型乘法問題：「甲地到乙地有 3 條路可以走，乙地到丙地有 5 條路可以走，問從甲地經過乙地到丙地，共有幾條路可以走？」學生需要將語意轉成「從甲地走第一條路到乙地，再走到丙地，共有 5 條路可走；從甲地走第二、三條路到乙地，再走到丙地，也都有 5 條路可走；因此共有 3 個 5 條路可以走」，即 5 × 3 = 15 條路。

肆、教與學策略

　　李源順（2018）為了讓老師們容易營造數學感的教、學，綜合自己的研究經驗，加上數學教育學者的建議，提出一個起動機制（One Starting Mechanism）、五個核心內涵（Five Core Connotations）的教、學策略。

李源順（2018）認為在老師的教學，以及學生的學習，所使用的策略應該一致才對，因為學生很容易模仿老師，老師怎麼教，學生就怎麼學；同時老師用 A 的方法教，卻要學生用 B 的方法學，也不合理。因此，李源順（2018）才提出相同的教學和學習的策略。

一、一個起動機制

一個起動機制就是「讓學生說」（Let students say）。讓學生說來自溝通（NCTM, 2000；教育部，2018）的理論。大多數老師們都有的共通經驗是初為人師時的教學時常辭不達意、對數學的感受不夠深刻；可是隨著教學年資的增長，老師更清楚數學內涵、更能把數學概念說得清楚；這一切都來自於老師在說的時候，把相關的內涵統整到自己的腦中。因此老師教學時要設法讓學生說，學生在學習時也要設法把他所學的說出來。

但是老師對教學進度與時間都有壓力的問題，「讓學生說」應該有多元優選的理念；重要的概念、關鍵的概念要讓學生說，當學生會了以後不見得要讓學生說。因為一個班的學生人數很多，因此讓哪一位學生說，也要有多元優選的理念。例如：先讓高成就的學生會說，再來中、低成就的學生說，這樣才能有機會培養全班的學生都有溝通的能力。

二、五個核心內涵

五個核心內涵分別是舉例（Give an example）、簡化（Simplifying）、畫圖（Drawing）、問「為什麼」（Ask why）、回想（Rethinking）（或者連結、課程統整、後設認知、……一樣……不一樣），說明如下：

（一）舉例

我們學習許多事物，很多時候都是先從例子去了解，再慢慢抽象化為

17

形式定義。例如：小學教科書都是說：「像 $\frac{1}{2}$，$\frac{2}{3}$，$\frac{3}{8}$，……的數稱為分數」，到中學以後再慢慢到轉成 $\left\{\frac{p}{q} \mid p,q \in Z, q \neq 0\right\}$ 的形式定義。因此，對任何數學概念、運算、性質都能舉例，是讓學生有感覺的重要內涵。假如學生對任何數學概念、運算、性質都能舉例，所有的數學觀念對學生而言，都是有意義的，都是有感覺的。

舉例的理論可以說來自 example-rule（Commonwealth of learning, 2005），也可以自擬題（problem posing）（Silver, 1994），但舉例的意義比擬題的內涵更廣泛，意思是對任何概念、運算、性質，我們都希望學生心中有具體的實例，這樣學生會慢慢發現原來相同的運算也有不同的意義，例如學生會發現 6×4，有一種例子是「一條黃色積木長 6 公分，4 條接起來長多少公分？」的 6 公分連加 4 次；另一種例子是「長 6 公分、寬 4 公分的長方形面積是多少？」的不再是 6 公分連加 4 次，而是要轉成長 6 公分即一排可以排 6 個一平方公分，寬 4 公分即可以排 4 排的「6 平方公分連加 4 次」的概念推廣問題。

（二）簡化

簡化的理論來自數學學習時常在概念推廣，或者在解題與找尋規律時有時候需要先簡化來了解探究其規律，再解決或者證明它；簡化也可以說是 Mason、Burton 與 Stracy（臺北市立建國高級中學 49 屆 314 班全體同學〔譯〕，1998）所談的，在數學解題過程中，將問題特殊化來處理問題。

因為分數、小數是整數的概念推廣，分數四則運算也是整數四則運算的概念推廣。假如中、低學習成就學生，在解決分數、小數的四則運算時，對題意不了解，他能暫時性的將數字簡化成較小的整數，他便能了解題意，便能順利列式。例如：一瓶水 5 公升，$\frac{2}{3}$ 瓶是幾公升？有一種解釋方式是把 3 瓶改稱為 5 公升的 3 倍；2 瓶改稱為 5 公升的 2 倍；所以 $\frac{2}{3}$

瓶改稱為 5 公升的 $\frac{2}{3}$ 倍。因爲是倍數問題，所以用乘的。這種說法其實也和概念推廣的意義相同，當它是 3 瓶時，是 5 公升連加 3 次；2 瓶時，是 5 公升連加 2 次；一瓶時，雖然不能連加一次，但在數學上也可以寫成 5×1；0 瓶時，雖然不能連加零次，但在數學上也可以寫成 5×0，所以 $\frac{2}{3}$ 瓶時，也可以用乘法 5× $\frac{2}{3}$ 來表示它。

(三) 畫圖

數學的學習是要讓學生在心中感覺到具體，也就是在學生心中有心像（Mental image）、能夠想像，<u>畫圖的目的是在建立學生的心像或者檢驗學生是否有心像</u>。畫圖的理論依據來自表徵理論（Lesh, Post, & Behr, 1987），<u>它是將具體操作表徵過渡到抽象的文字、符號表徵的重要中介</u>。因爲數學的學習不能永遠停留在具體操作，假如學生的數學習一直都需要具體操作，那麼學生在短時間內很難學習，無法負荷更大範圍的整數或者抽象的分數、小數概念。例如：小學一、二、三年級分別學習 100, 1000, 10000 以內的數，在四、五年級便要了解整個整數，假如他還要藉具體操作物來學習，如何能快速的推廣到大數呢？此外，有些數學概念的了解必須藉助圖形表徵，使學生能有更具體的感覺，例如我們在解釋分數乘法和除法時，若能藉助圖形表徵，學生才能感覺具體，才能了解爲什麼分數除法是除數顛倒再相乘。

(四) 問「爲什麼」

數學是用語比較精準的學科，是培養學生邏輯推理論證能力最重要的學科，問學生爲什麼或者讓學生問爲什麼，就是要培養學生邏輯推理論證能力；當然也可以培養學生學習數學時，進行概念性了解再內化爲程序性知識的有意義學習。在小學的教科書中，時常用「你是怎麼知道的」來提問。例如：爲什麼小數乘法是對齊最右邊，而不是像小數加法、減法一樣，對齊位值呢？如前面提到的，在小學教學時，老師要注意<u>有二個地</u>

方需要去問為什麼，第一個是為什麼要用某一個運算（或者為什麼先做 A 運算再做 B 運算），例如：為什麼「一瓶水 0.4 公升，$\frac{3}{4}$ 瓶是幾公升？」為什麼是用乘法來計算？第二個是問為什麼算出來的結果是多少，例如上面的例子，為什麼算出來的答案是 0.3 公升。

（五）回想（或者連結、課程統整、後設認知、……一樣……不一樣）

回想（或者連結、課程統整、後設認知、……一樣……不一樣）的學理依據包含我國教育部（2018）課程綱要都強調連結與課程統整的重要性，以及後設認知（Schoenfeld, 1992）理論。假如我們想讓學生的學習不是點的學習，而是線、面的學習，我們要讓學生時常去回想、連結、課程統整以前所學的數學。例如：回想小學的帶分數和假分數之間的關係，發現帶分數都可以化成假分數，但是有些假分數可以化成帶分數，有些假分數卻是化成整數。

三 一個起動機制、五個核心內涵可以營造學生的數學感

假如學生能舉例、畫圖、問為什麼，學生便能在利用表徵進行溝通的脈絡中對所學的數學有概念性的了解（心中有例子、了解為什麼），再內化為程序性知識，使得程序性知識有意義、有感覺。假如學生能說，以及畫圖、問為什麼、舉例、簡化，他便能進行解題、推理的學習（了解為什麼，以及有什麼方法可以進行解題、推理）。假如學生能從回想、簡化的過程中，將所學的數學形成一個整體的系統，便能達到後設認知的學習（有系統性的宏觀和微觀的了解數學，知道學習的方法），他便能進一步達到從數學材料中抽取其直觀意義的高層次思維。

建議老師在教學過程中，把「舉一個例子看看」、「把它簡化看看」、「畫一個圖看看」、「告訴大家為什麼」、「現在學的和以前……一樣……不一樣」，或者「現在學的就用到以前……的概念」時常掛在嘴

邊，變成一種自動化的教學習性，以培養學生能自動化的使用五個核心內涵。

伍、多元優選的教學理念

Cooney（1999）認爲「教學活動或策略沒有所謂的好壞，最重要的是教學脈絡決定它是否有效。」李源順與林福來（2000）提出多元優選的教學理念，認爲教學的方法有很多種，教師應該選擇最適合的幫助所有的學生學習才是最好的教學理念。

因此在教學時，老師對於所布的問題，要使用哪一種教學策略，要讓哪一種程度的學生學習，都應該有自己的意圖和理由。例如：在四則運算的問題上，什麼時候應該強調運算的概念性了解（即第二個爲什麼），什麼時候應該強調概念性了解內化爲程序性知識之後的解題（即第一個爲什麼）；上面二個爲什麼，什麼時候要讓低成就的學生了解；老師要用什麼教學方法、策略幫助學生學習，都要有自己的理由。

本書建議，在概念性了解的問題上，老師盡可能使用比較簡單的數字，讓學生利用圖形、口語、文字表徵來說明，因爲它比較容易進行溝通；等概念性了解內化爲程序性知識的時候，可以試著把數字變大，讓學生適度的進行程序性知識的練習。

在概念性了解時，老師可以考慮依據學生的心理特徵，從具體操作→圖形表徵→文字、口語符號的內化順序進行教學；在複習或者讓學生解題時，應該讓學生有機會從文字、口語符號→圖形表徵→具體操作的逆向學習經驗。畢竟使用文字、口語表徵的溝通是最有效率的，不行，再讓學生了解可以退回更具體的方式學習。一般而言，低年級學生、中年級低就學生、或者第一、二次學習概念時，適合從具體操作開始學習；高年級學生、中年級高成就學生、或者第二、三次學習概念時，適合省略具體操作，試著從圖形表徵學習，甚至依據學生的程度使用口語、符號表徵來學習。

　　在讓學生了解的議題上，開始教概念性了解時，老師應留意有多少百分比的學生眞的懂了，等到一定百分比的學生懂了以後，再內化爲程序性知識。因此老師不要只教一題的概念性了解問題；在第二題的概念性問題上，老師可以檢驗特定程度的學生是否眞的了解，或者讓更低程度的學生了解。

　　在教學方法方面，有老師講述、全班溝通討論、小組合作學習、個別實作，每一種教學方法都有它的優點和缺點，老師一定要了解，同時在使用時要有自己的理由。例如：當全班溝通討論或者小組合作學習，學生都無法說明時，老師可以使用講述教學法。老師在使用全班溝通的策略時，可以有意圖的請特定程度的學生來回答，然後試著合理推論有多少百分比的學生眞的概念性了解。老師布了一個大部分學生都不懂的問題、或者想要培養更多學生可以表達概念性了解時，可以使用小組合作學習的方法進行教學。當老師想要更明確的評量有多少百分比的學生眞的懂了、或者每個單元的教學後期時，可以使用個別實作的方法進行教學。

　　在教學時，老師可以做合理的推論，也就是中等程度的學生不會的概念，其他程度中等、中下、下的學生，不會的機率很高。反之，假如程度中等的學生能說出某一概念，表示程度中等、中上、上的學生已具備此一數學概念的機率很高。

第四節　本書安排

　　本書的安排主要以數學內容（例如概念、運算、性質）爲區分依據，在每個數學內容之內細談重要的概念（例如單位轉換、二個爲什麼），學生可能的思維或者迷思概念。之後選擇幾個內容呈現教學的示例，其中會依不同的內容，包含重要概念、教學方法、教學評量，以及數學素養的實例，希望藉此讓我們的老師更清楚的了解如何進行多元優選、有感、有素

養和評量的教學。

最後再呈現十二年國教《數學領綱》（教育部，2018）中有關數計算主題的相關內容。其中分為分階段的學習表現，學習表現強調以學生為中心，重視認知、情意和應用的學習展現，且第一階段為一至二年級（國小低年級），第二階段為三至四年級（國小中年級），第三階段為五至六年級（國小高年級），第四階段為七至九年級（國中），第五階段為十至十二年級（高中）。編碼第 1 碼為「表現類別」，包含數與量（n）、空間與形狀（s）、坐標幾何（g）、關係（r）、代數（a）、函數（f）、資料與不確定性（d）；第 2 碼為「學習階段」，包含國小低年級（I）、國小中年級（II）、國小高年級（III）、國中（IV）、高中（V）；第 3 碼為流水號。

分年級的學習內容主要描述數學基礎重要的事實、概念、原理原則、技能與後設認知等知識。編碼第 1 碼為「主題類別」，包含數與量（N）、空間與形狀（S）、坐標幾何（G）、關係（R）、代數（A）、函數（F）、資料與不確定性（D）；第 2 碼為「年級階段」別，含國小至高中的一至十二年級；第 3 碼為流水號。

參考文獻

臺北市立建國高級中學 49 屆 314 班全體同學（譯）（1998）。**數學思考**（原作者：J. Mason, L. Burton, & K. Stacey）。臺北市：九章出版社。

李源順（2018）。**數學這樣教：國小數學感教育**。臺北市：五南出版社。

李源順、林福來（1998）。校內數學教師專業發展的互動模式。**師大學報，科學教育類，43**（2），1-23。

李源順、林福來（2000）。數學教師的專業成長：教學多元化。**師大學報，科學教育類，45**（1），1-25。

教育部（2014）。**十二年國民基本教育課程綱要：總綱**。臺北市：教育部。

教育部（2018）。十二年國民基本教育課程綱要：國民中小學暨普通型高級中等學校——數學領域。臺北市：教育部。

楊俊鴻（2016）。導讀：《課程發展與設計的關鍵 dna：核心素養》。**國家教育研究院教育脈動電子期刊，5**，1-5。

臺灣 PISA 國家研究中心（2012）。**數學樣本試題（中文版含評分規準）**。臺灣 PISA 國家研究中心。2012 年 12 月 07 日檢自 http://pisa.nutn.edu.tw/download/sample_papers/2009/2011_1223_mathematics_s.pdf

Commonwealth of learning (2005). *Creating learning materials for open and distance learning: A handbook for authors and instructional designers.* Vancouver, Canada Commonwealth of Learning.

Cooney, T. J. (1999). Considering the paradoxes, perils, and purposes of conceptualizing teacher development. Paper presented at the *Proceedings of the 1999 International Conference of Mathematics Teacher Education.* Department of Mathematics National Taiwan Normal University: Taipei, Taiwan.

Lesh, R., Post, T., & Behr, M. (1987). Representations and translation among representation in mathematics learning and problem solving. In C. Janvier (Ed.), *Problem of representation in teaching and learning of mathematics* (Vol., pp. 33-40). New Jersey: Erlbaum.

NCTM (2000). *Principles and standards for school mathematics.* Reston, VA: National Council of Teachers of Mathematics.

OECD (2019). *PISA 2018 assessment and analytical framewor.* Paris: PISA, OECD Publishing.

Schoenfeld, A. H. (1992). Learning to think mathematically: Problem solving, metacognition, and sense-making in mathematics. In D. Grouws (Ed.), *Handbook for research on mathematics teaching and learning,* (Vol., pp. 334-370). New York: MacMillan.

Silver, E. A. (1994). On mathematical problem posing. *For the Learning of Mathematics, 14*(1), 19-28.

第二章

整數

陳建誠

在國小階段，數概念的學習沒有負數部分，包含非負的整數、非負的分數和非負的小數等，其中，非負的整數是指正整數（或自然數）和零，為了方便起見，以下就以整數表示之。本章分成整數的概念、整數的運算及整數的性質等三節，各節分別就數學內容、數學教與學和教學示例等三部分論述。

第一節　整數的概念

本節就整數概念有關的數學內容、數學教與學和教學示例等部分，論述於後。

壹、數學內容

生活中常見使用印度－阿拉伯數碼「0, 1, 2, ..., 9」，搭配不同的位置來表示不同大小的數，如 5, 12, 136，若再結合不同單位量，可以表示生活常見的量，如 5 顆糖果、12 枝鉛筆、136 公分身高等，這些生活中常經驗的數與量，就成為學生發展整數概念的重要資源。以下分別就數與量、唱數與計數、基數與序數、十進位系統、位值概念、單位化聚、大小比較、整數數線、估算與概數等九個主題概論。

一　數與量

學生早期的數概念與量概念有著密切的關係，因為在生活情境中，兩者是交織出現的，一方面，學生經驗到各種有意義但不同的量，如 5 顆糖果、5 臺玩具車、5 塊餅乾，進而察覺到不同量的共通性而掌握數的意義。因此，在生活情境中，學生透過各種量掌握數的意義，同時也將數的意義用來處理量的計數或比較。

在生活情境中，我們經常計數著不同特徵的個物，如形狀、大小或顏色都不同的糖果、玩具車或餅乾等，會忽略這些個物間的特徵差異，將它們看成是相同的「1 顆糖」、「1 臺玩具車」或「1 塊餅乾」，就能進行該物個數的計數。因此，如果要從不同特徵的個物所成集合，抽離出此集合的元素個數，關鍵在於「不同特徵的個物視為相同」的假設，對學生而言，這個假設是隱含的或不明的，需要加以理解與澄清，以免後續數量大小比較或計算產生更多困擾，例如：「一盒 3 顆大蘋果和一包 5 顆小蘋果的數量，一盒比較多或是一包比較多？」雖然題目是以數量為標的進行比較，但是一盒大蘋果的體積或者重量可能比一包小蘋果還大或者重，因此當學生所認知的比較的標的不是數量時，容易衍生出溝通與學習的困擾。

唱數與計數

唱數主要是指能說出正整數數詞「一、二、三……」，不過，學生初期的唱數表現大多只是聲音的模仿，並沒有掌握數詞序列的意義，因此，就會發生數詞重複、數詞缺漏或數詞序列錯誤等情形，例如：唱數「一、二、三、三、四、五……」就重複三；唱數「一、二、三、四、六、七、八……」就漏掉五；唱數「一、二、五、四……」就是序列錯誤。

正確的唱數是計數的重要前置經驗，它需要使用標準的數詞序列為基礎，並隨著數詞單位的複雜性而發展，主要分成：(1)20 以內的數詞以「一」為單位累進；(2)100 以內的數詞以「一」和「十」為單位累進；(3)1000 以內的數詞以「一」、「十」和「百」為單位累進，以此類推。

學生能夠正確的唱數並不代表就能正確的計數，學者 Gelman 與 Gallistel（1978）指出學生必須同時掌握以下五個原則才算得上會計數，包含：

1. 一對一原則（the one-to-one principle）：此原則是指計數特定集合內所含物件的個數時，物件的標記（tag）必須與物件恰好一對一對應，例如：第一個物件是「一」、第二個物件是「二」、……

直至所有物件皆被對應。學生如果沒有掌握一對一對應，就容易出現物件被重複或遺漏對應的情形。

2. 固定順序原則（the stable-order principle）：此原則是指計數特定集合內所含物件的個數時，物件的標記順序是固定的，例如：「一、二、三、……。」學生如果沒有掌握這些次序，就容易出現重複、遺漏或順序錯誤的情形。

3. 基數原則（the cardinal principle）：此原則是指計數特定集合內所含物件的個數時，必須以最後一個物件對應的標記來表示該集合內所含物件的個數，例如：5 顆糖果所成的集合，利用前兩個原則，逐一唱數到最後一個物件是「五」，表示這個集合有 5 顆糖果。也就是物件被計數時所數的一、二、三、四、五，指的是第一顆、第二顆、第三顆、第四顆、第五顆，這是集合內物件的序數，而以最後數詞五表示集合內所含物件的個數 5 顆，這是集合內物件的基數概念，兩者是不同的。學生如果沒有掌握此原則，就會誤解 5 顆和第五顆的概念。

4. 抽象原則（the abstraction principle）：此原則是指計數特定集合內所含物件的個數時，任何類型的物件都可以聚集在一起進行計數，無論是可以操弄的具體物、活生生的動植物、數位的歌曲或抽象的觀點都可以被計數，例如：各式各樣的筆有 5 枝。學生如果沒有掌握此原則，就無法將不同個物視為相同類別而進行計數。

5. 次序無關原則（the order-irrelevance）：此原則是指計數特定集合內所含物件的個數時，物件被標記的次序並不會影響集合內所含物件的個數，也就是無論從哪個物件開始或是依照哪個次序，其計數的結果都是一樣的，例如：排成一列的 5 位小朋友，無論是由左至右、由右至左或是由中往兩側的計數，其結果都是相同的。學生如果沒有掌握此原則，就無法區別貼標籤（labeling）與計數的不同。

　　前三個原則定義了計數的程序，第四個原則決定什麼樣的集合類型可以使用該計數程序，而第五個原則就區別貼標籤與計數的差異。

　　學生計數集合內所含物件個數時，物件的數量與特徵都會影響其計數的表現。以物件的特徵為例，物件是否具備「規律性」或「移動性」會影響學生的一對一對應原則的展現，通常「有規律且可移動」物件是最容易，其次是「有規律但不可移動」和「沒規律但可移動」物件，而「沒規律且不可移動」物件最困難的，如下表 2-1。

⌓ **表 2-1　物件特徵與計數**

移動性 / 規律性	有	沒有
可	最容易的	
不可		最困難的

　　如果物件是可移動，排成一直線就有利於一對一對應，不過，當個數很多時，排成直線會造成計數的困擾，若能搭配手指頭對應的 5 個或 10 個一排，更有利於計數。如果物件是不可移動的，就無法重新排列，但仍可使用 5 個或 10 個圈記，便有利於計數。

三　基數與序數

　　學生計數的過程與結果會涉及序數和基數兩個意義，其中，序數（orderal number）是指用來表示有次序物件的次序之數，如第五位學生的「五」表示次序的數；基數（cardinal number）是指用來表示集合所含物件的個數之數，如五位學生的「五」表示個數。

　　學生在數量的學習上，經常會面對基數與序數雙重意義同時出現的問題，例如：長度學習使用的直尺，其刻度所標示的數字，同時表示第幾個刻度（序數）和有幾個間隔（基數）的雙重意義；同樣地，時間學習所使用的時鐘、容量學習所使用的量杯、重量學習使用的體重計等，各種工具

的刻度數字都是如此。即使抽象的數線也是如此，例如：數線上的「5」，表示從原點向右數起的「第五個」刻度，但也表示與原點相距「5個」間隔。

四 十進位系統

數字系統以十進位最為常見，它可能跟我們人類雙手有十根手指頭有關，十進位數字系統是以十為基底，每十個單位就使用另一個單位來表示，我們的中文數字系統便是，十個「一」就以「十」表示、十個「十」就以「百」表示、十個「百」就以「千」表示等，藉由這些不同的十進位單位，就可以組合出不同大小的數，例如：四百二十五就是由四個「百」、二個「十」和五個「一」所組成。

中文數字系統的整數位值名稱，從右側開始向左依序為「個位」、「十位」、「百位」、「千位」、「萬位」、「十萬位」、「百萬位」、「千萬位」、「億位」、「十億位」、「百億位」、「千億位」、「兆位」、「十兆位」、「百兆位」、「千兆位」等，其規律是四位一節再換上不同單位詞。數字的中文「讀法」以四位一節來表示，例如：「12345678」分成「1234」個萬和「5678」個一，讀作「一千二百三十四萬五千六百七十八」。在四位一節的前提下，各節內如果有多個「0」，就會省略不讀，以簡化讀法，簡化原則有二：(1) 某個不是「0」的位數開始，它的右側位數均為「0」，那麼這些都是「0」的位名就省略不讀，例如：「10005000」四位一節分別為「1000」個萬和「5000」個一，兩節後方的零都省略不讀，讀作「一千萬五千」；(2) 某兩個不是「0」的位數間的位數都是「0」，無論幾個都只讀一次零即可，例如：「10050008」四位一節分別為「1005」個萬和「0008」個一，讀作「一千零五萬零八」。

學生經常「聽到」的數字表達方式，不過，學生經常「看到」數字表達卻是「425」，這是印度－阿拉伯數字系統的表示方式，同樣是十進位數字系統，不過，它利用有序的「位置」表示不同的十進位單位，單位

「十」在單位「一」的左側、單位「百」在單位「十」的左側等,從數字擺放的位置得知其單位大小,例如:「425」當中的 4、2、5 分別表示 4 個「百」、2 個「十」和 5 個「一」,這種以位置表達不同單位大小的方式比中文記法簡潔,也是當前數字系統的主流。

五 位值概念

目前常用的數字系統,是以數碼「0, 1, 2, ..., 9」搭配位值概念所構成的十進位系統,位值是指相同數碼在不同位置就表示不同單位,例如:由三個數碼 5 組成的「555」,位置由左至右的數碼 5,分別表示 5 個百、5 個十和 5 個一,也就是 $555 = 5 \times 10^2 + 5 \times 10^1 + 5 \times 10^0$,這比中文含有單位的表示方式「五百五十五」更為簡潔些。而且這種以不同位置表示不同單位可延伸至小數的表示,例如「0.555」,由左至右位置的數碼 5 分別表示 5 個十分之一、5 個百分之一和 5 個千分之一,也就是 $0.555 = 5 \times 10^{-1} + 5 \times 10^{-2} + 5 \times 10^{-3}$。

當前電腦主要使用的二進位、八進位與十六進位數字系統,雖然基底不同,但都採用相同的位值概念,例如:八進位的表示法「555_8」,位置由左至右的數碼 5,分別表示 5 個六十四、5 個八和 5 個一,也就是 $555_8 = 5 \times 8^2 + 5 \times 8^1 + 5 \times 8^0$。在數學中,我們更可以一般地表示基底為 n,搭配位值概念形成進位系統,其 m 位數「$a_{m-1} a_{m-2} ... a_0$」就表示「$a_{m-1} a_{m-2} ... a_0 = a_{m-1} \times n^{m-1} + a_{m-2} \times n^{m-1} + ... + a_0 \times n^0$」。

使用位值概念的數字系統,數碼的位置就決定單位大小,不可以隨意更換,例如:「25」表示 2 個十和 5 個一,不同於「52」表示 5 個十和 2 個一,但是,我們使用的實物或圖像表示十進位的數字,它不具位值概念,位置改變並不影響表示的結果,例如:使用古氏積木的灰色「十」和白色「一」表示「25」,可以是「2 個十和 5 個一」、「1 個十、5 個 1 和 1 個十」或是「1 個十和 15 個一」,如圖 2-1。據此,表徵轉換的可能性就變得相當多樣。

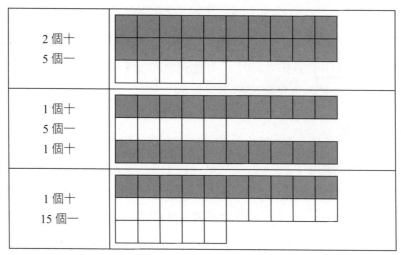

2 個十
5 個一

1 個十
5 個一
1 個十

1 個十
15 個一

圖 2-1　古氏積木

　　學生經常「聽到」的口語表達數字是帶有不同單位的，如「二十五」，學習中「操作」的實物或圖像亦帶有不同單位，如「2 個十和 5 個一」，這些表達都不使用位值概念，但「看到」或「寫下」的符號表達數字是有位值概念的，如「25」，因此，十進位數字系統下，各種不同表徵並非都有位值概念，學生初學數的表徵轉換就會出現缺乏位值概念的錯誤，如聽到「二十五」就會寫下「205」。

　　定位板是國小數學教學現場常用的表徵，可以輔助呈現數字符號同時包含位值概念，它和實物或圖像表徵的功能不同，實物或圖像主要的功能以「一」為單位，如 25 顆糖果會以 25 個實體或圖卡表示，方便操弄與計數，但定位板則是在代表單位大小的位值名稱下方記錄單位數，十位下方以 2 表示、個位下方以 5 表示，用來表示 25，如圖 2-2 的左圖。

千位	百位	十位	個位
		2	5

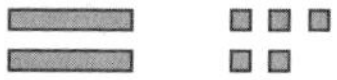

千位	百位	十位	個位
		2	5

圖 2-2　定位版與圖像表徵

藉由這個表徵的輔助，可以協助學生將不同表徵的意義轉換至數字符號的位值概念上，直到學生確實掌握位值概念後，便可卸除此輔助表徵。爲了協助學生掌握位值概念，有些教學材料甚至將實體或圖像表徵加入定位板格內，同時呈現位值名、圖像與數字符號，學者李源順（2018）就建議保持原有位值概念的定位板格式，並將不具位值概念的實體或圖像表徵置在定位板外，如圖 2-2 的右圖。教學時，將實體或圖像表徵的加入定位板上方，可以呼應定位版位值名的單位和單位數，如：十有 2 個和一有 5 個，以強化位值概念的學習，而且還不影響定位版原有的格式。

六 單位化聚

單位化聚中的「化」是指將較大的單位化成較小的單位，而「聚」則是將較小的單位化成較大的單位。在整數中，單位「1 個百」可以化成較小單位「10 個十」或「9 個十和 10 個一」，反之，可將「10 個十」或「9 個十和 10 個一」聚成「1 個百」。在長度量中，單位「1 公里」可以化成較小單位「1000 公尺」或「999 公尺和 100 公分」，反之，「1000 公尺」或「999 公尺和 100 公分」可聚成「1 公里」。數或量的單位化聚，就是將數或量以不同大小單位進行表達，這是單位轉換概念的核心，也是數或量的加法、減法時所需進位、退位的基礎。

數量的化與聚是雙向互逆的概念，化或聚得視表達的「單位」變小或變大來決定，例如：425 顆糖果，是從 425 個「一」顆糖果，轉變成 4 個「百」顆和 25 個「一」顆糖果，是將小單位「一」聚成大單位「百」，

就是聚；反之，若從 4 個「百」顆、2 個「十」顆和 5 個「一」顆糖果，轉變成 42 個「十」顆和 5 個「一」顆糖果就是化。如果掌握數的化與聚，就能使用不同單位表達特定數，例如：25 可以是「25 個一」、「2 個十和 5 個一」或「1 個十和 15 個一」，當進行數的加法或減法時，這些不同的化或聚的表達，有助於需要進位或退位計算的理解，例如：兩位數的直式計算「25－18」問題，被減數表示成「2 個十和 5 個一」的單位「一」並不夠，若化成「1 個十和 15 個一」就足夠，這正是退位概念的基礎。

七 大小比較

　　學生早期數概念從量概念抽象而來，因此，數的大小比較就會由量的多少比較經驗而來，例如：學生透過可操作物件的一對一對應可以得知「5 臺小汽車比 3 臺小汽車多」，因而得出「5 比 3 大」或「5 大於 3」，並記成「5＞3」，其中大於（＞）或小於（＜）的符號意義。

　　數含有序數與基數的雙重意義，比較時就會有兩種情形，序數的比較通常以先後表示，例如：「第 7 比第 4 後面」或「第 6 後於第 4」，而基數的比較是以大小表示，例如：「6 比 4 大」或「6 大於 4」，學生對於大小比較的學習需要留意兩種意義的區辨和整合。

　　數的大小比較策略隨著數概念的發展而有不同，早期的一位數大小比較，可以藉由真實物體、具體操作物、圖形表徵或口說語言進行一對一對應達成，兩數量透過對應後有剩餘者就是比較多的，其數就比較大。但是進入二位數大小比較時，從量的比較轉換成數的比較之舊經驗，就需要有位值概念才能順利拓展，需將二位數看成幾個「十」和幾個「一」，並先從大單位的個數比較再到小單位個數比較，例如：38 是 3 個「十」和 8 個「一」，41 是 4 個「十」和 1 個「一」，因為 41 有 4 個「十」比 38 的 3 個「十」多，因而得到「41 比 38 大」。最後，再將二位數大小比較經驗延拓至其他更多位數的比較上，關鍵是掌握位值概念，將數看成幾個「一」、幾個「十」、幾個「百」、……，並從最高位數比至最低位數，

例如：412 大於 397 是因為 4 個「百」大於 3 個「百」。

　　量的大小關係表示，通常包含參考量和比較量，例如：「40 張比 35 張多」，其中 35 張是參考量，40 張是比較量。不過，有些量的大小關係僅以代名詞表示，例如：「小明的獎卡比小華的獎卡多」，甚至還會省略參考量或比較量，例如：「小明的獎卡比較多」。大小關係的表達方式的明確性與否，對於參考量與比較量的辨識會有直接的影響。

　　數量的大小比較具有遞移性，例如：已知「甲比乙大」且「乙比丙大」，那麼就可推得「甲比丙大」，這部分將於第三節再做說明。

八 整數數線

　　數線是一條直線，在直線上取一點，稱為原點，表示的數是 0；在直線的某端標上箭頭，表示的是正向；在直線上取固定長度，表示單位長度 1，由原點往正向每隔 1 單位長度給一個刻度，依序標示 1, 2, 3, ...，往負向每隔 1 單位長度給一個刻度，依序標示 –1, –2, –3, ...。數線可用來表示實數，又稱為實數線，直線上的點與實數集合內的數恰好一對一對應。

　　數線是整合整數、分數與小數的重要模式，藉由數線可以理解特定整數、分數與小數相等的意義，亦是日後學習數系、坐標、坐標幾何和函數等概念的基礎。在國小階段，數線的學習是以整數數線（不含負數）為啟蒙，學生得先有數的次序表示和點數方法，以及長度刻度尺使用的先備經驗，藉由長度刻度尺模式引入，先認識整數數線模式，包含起點為 0，單位（長度）為 1，由起點向右每隔 1 單位（長度）給一個刻度，依序標示 1, 2, 3, ...，而且能一直延伸等要點。接著，再學習報讀或標示刻度所在位置及其對應的數；比較兩個不同位置表示數之大小，並能歸納出刻度位置的左右與數的大小之關係；以及在數線上進行加減，並以算式檢驗等重點。

　　整數數線的啟蒙學習是以數線的認識、報讀或標示、大小比較和加減為主，應提供學生數線而不要求繪製，而提供的數線以起點是 0 為主，學生熟悉後再搭配使用斷尺測量長度的經驗，延伸至起點非 0 的情形。學生

在數線的報讀或標示時，可能會有點數錯誤的情形，如刻度 9 向右三格，學生重複點數起點刻度得 9, 10, 11，建議教師可搭配數線表徵，強調起點刻度及向右一格刻度的關係結構。另外，學生在數線的加減時，可能會有先以算式進行加減，再標示數線的情形，不但忽略數線的加減學習，也可能因計算錯誤而導致數線的錯誤，建議教師強調數線的加減及其優勢，再以算式的加減予以檢驗，強化學生的解題策略能力。隨著學生的數概念學習，從整數延伸至分數和小數，數線的學習亦隨之延伸與整合。

九 估算與概數

估算是指「取概數後的計算」，例如：「一盒蛋糕 199 元，買 3 盒大約幾百元？」先將一盒蛋糕 199 元取概數為 200 元，再計算 3 盒的價錢為 $200 \times 3 = 600$（元）。估算有三項特徵：(1) 簡化計算程序；(2) 獲得近似的結果；(3) 以取概數的單位溝通數的大小，例如：前述蛋糕價格案例就是以「百」為單位，1 盒約為 2 個百，3 盒就是 $2 \times 3 = 6$ 個百。

估算經常被應用在生活的、學術的或職業的情境中，以便進行數量的推理與溝通，例如：「臺灣現有 23566471 位國民，新冠病毒疫苗一劑 30 美元，一美元相當於新臺幣 28.595 元，如果每位國民施打一劑，所需預算大約為多少億元？」我們可先以「百萬」和「元／劑」為單位，將人數與疫苗金額取概數而得 24 百萬人和 9 百元／劑，就可簡化計算，以心算方式可得出預算金額約為 216 億元。

某數取概數是指利用較大位值為單位，結合四捨五入、無條件捨去或無條件進入等方法，將原數在某單位以下位值調整為 0，僅以某單位的整數倍表示，雖不同於原數，但其大小與原數相近，而差值並不會超過 1 個某單位。就以臺灣 23566471 人取概數為例說明如下：

1. 四捨五入法：若採用四捨五入法取至「百萬位」，就是以「百萬」為單位，將原數看成是 23.566471 個百萬，不足 1 個百萬的小數部分，如果有 0.5 個百萬（含）以上就調整為 1 個百萬，不

足 0.5 個百萬就調整爲 0 個百萬，因此，取得概數爲 24 個百萬或是 24000000。

2. 無條件捨去法：若採用無條件捨去法取至「百萬位」，將不足 1 個百萬的小數部分捨棄，可得概數爲 23 個百萬或是 23000000。

3. 無條件進入法：若採用無條件進入法取至「百萬位」，將不足 1 個百萬的小數部分捨棄，可得概數爲 24 個百萬或是 2400000。

無論何種取概數的方法，結果都是找出某單位（百萬）的整數倍，而與原數相差不超過 1 單位。換句話說，原數會落在兩個相鄰整數倍單位之間，以上述案例來說，原數和可能概數關係以數線表示，如下圖 2-3。

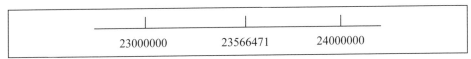

23000000   23566471   24000000

圖 2-3　原數與概數關係

貳、數學教與學

一 學習啟動

教學關鍵在於啟動學生的學習，而啟動學習的機制是讓學生表達想法，表達的方式有許多不同方式。學者 Lesh、Post 與 Behr（1987）提出五種表徵，包含眞實腳本、具體操作物、圖形、語言和符號等。如果將其運用在學生學習數概念上，就是讓學生能使用不同表徵來溝通數概念，因此，學習可聚焦在各種表徵轉換活動上。表徵轉換活動類型以下表 2-2 呈現，左側是來源表徵，上方是目標表徵，每個格子都是表徵轉換，但如果從學生表徵轉換的外顯行爲來看，主要是聽、說、讀、寫、做等認知行爲。

⟳ 表 2-2　五種表徵轉換活動

來源／目標	情境	具體	圖像	口語	符號
情境					
具體					
圖像					
口語					
符號					

以下就列舉幾個主要活動說明如下：

1. 說數活動，教師可提供情境（如種下 7 朵花）、具體操作物（如 7 個花片）、圖形表徵（如 7 個花朵圖案）或數字符號表徵（如數字 7），讓學生聽出或讀出數量後，說出對應的數量語詞（如「七朵花」或「七」）。

2. 寫數活動，教師可提供情境（如組成 5 人小組）、具體操作物（如 5 個人偶）、口語表徵（如「五個人」語詞）或圖形表徵（如 5 個人圖案），讓學生讀出或聽出數量後，寫下對應的數字符號（如數字「5」或國字「五」）。

3. 做數活動，包含：(1) 操作具體物，教師可提供情境（如購買 6 盒布丁）、圖形表徵（如 6 盒布丁圖案）、口語表徵（如「六盒布丁」語詞）或數字符號表徵（如數字「6」或國字「六」），讓學生聽出或讀出數量後，操作出對應的具體物（如拿出 6 盒布丁）。(2) 畫出圖形，教師可提供情境（如汽車的 4 個輪子）、具體操作物（如 4 個輪子模型）、口語表徵（如「四個輪子」語詞）或數字符號表徵（如數字「4」或國字「四」），讓學生聽出或讀出數量後，畫出對應的圖案（如畫出 4 個圈圈）。

二、學習重點

（一）唱數與計數

學生入學前或多或少都有唱數經驗，在此基礎上發展出正確的計數是學習重點。因此，教師首先得確認個別學生的唱數表現，並給予無法正確唱數的學生協助；再適時導入具體物或可操作圖片，讓學生進行個別物件的計數活動，將唱數發展成正確的計數。學生的計數概念的學習發展過程中，教師可利用計數的五原則評估學生的表現，特別是了解學生計數錯誤的類型與原因，例如：學生不會以最後唱數的數表示集合所有物件的個數就是沒掌握「基數原則」。學生學會一個一個的唱數和計數後，以此為基礎發展出其他個數單位的唱數與計數，並發展出使用單位表達數量的概念，例如：以 2 個、5 個或 10 個為單位，尤其是要發展出以十為單位的唱數與計數，並能了解 3 個十就是 30 的意義。隨著十進位單位從一、十、百等向上拓展，學生的唱數與計數能力也隨之發展。

（二）位值與分合

學生學會使用一個和十個為單位的唱數和計數後，便能以此為基礎發展出位值和化聚等概念。教師可利用錢幣或積木等可操作的表徵，協助學生發展新的計數單位十，並結合原有的計數單位一，以發展出數的位值概念，例如：能理解 53 的 5 所在位置是以十為單位，表示 5 個十。進而能使用一和十兩個單位發展出數的化聚概念，例如：53 是 5 個十和 3 個一合起來，就是將數化成兩個不同單位的結合；反之，5 個十和 3 個一合起來是 53，就是將兩個不同單位結合成一數。這是數的合成與分解的一種，不過，它著重在十進位系統單位的合成與分解，而非只是看成兩數的和，例如：53 是 27 和 26 合起來。值得注意的是，使用位值概念進行數的合成與分解，其方式也非唯一，例如：53 是 5 個十和 3 個一合起來，但也可以是 4 個十和 13 個一合起來。為了後續發展加法與減法，能否結

合位值概念並彈性地合成與分解，就是重要的基礎。隨著十進位單位從一、十、百……向上拓展，學生的位值概念與單位化聚概念也隨之發展。

（三）位值與比較

學生學會位值概念和單位化聚概念後，便能以此為基礎發展數的大小比較與策略。就以一百以內的數為例，首先，學生應該發展出能知道並解釋二位數比一位數大的事實，例如：「23 和 8 的大小比較」，學生能以單位十為比較基準（8 不到 10、23 超過 10），描述並推論出大小關係（23 比 8 大）。其次，學生應發展出使用位值概念進行大小比較與表達，例如：「29 和 41 的大小比較」，若從 29 元與 41 元的比較活動切入，學生能以各種表徵掌握比較的基準（如 40 元或 4 個 10 元），並推理出 41 元比 29 元多，進而能以符號「41 > 29」或「29 < 41」表達，最終掌握兩數比較時，先以高位的十位數為基準比較，若相同再以個位數為基準比較的策略知識。隨著十進位單位從一、十、百等向上拓展，學生的比較能力也隨之發展。

（四）結構的延拓

根據《數學領域課程綱要》的規劃（教育部，2018），國小整數概念的學習表現有：(1) 未涉及位值結構的唱數與計數；(2) 一千以內的位值結構，並作為四則運算基礎；(3) 一億以內位值結構，並作為運算與估算基礎；(4) 十進位的位值結構，用以認識更大或更小數。

參、教學示例

領域／科目	數學	設計者	阮正誼、陳建誠
實施年級	二年級	總節數	共一節，40 分鐘
單元名稱	認識百位		

設計依據				
學習 重點	學習表現	n-I-1	核心 素養	數-E-A2、數-E-B1
	學習內容	N-2-1		
議題 融入	議題 實質內涵	視實際設計需求使用		
	所融入之 學習重點	視實際設計需求使用		
與其他領域／ 科目的連結		視實際設計需求使用		
教材來源		自編		
教學設備／資源		積木、定位版、學習單		
學習目標				
N-2-1 一千以內的數：含位值積木操作活動。結合點數、位值表徵、位值表。位值單位「百」。位值單位換算。 學生藉由操作活動表達 200 以內的數量並認識百位數。				

教學活動設計		
教學活動內容及實施方式	時間	備註
一、準備活動 1. 複習舊經驗 • 教師使用問題情境，協助學生複習 200 以內的計數 　(1) 忠成有零用錢 98 元，再存 1 元會是多少元？再存 1 元會是多少元？說說看（如九十九、一百、……） 　(2) 曉華現有零用錢 120 元，再存 10 元會是多少元？再存 10 元會是多少元？說說看（如一百三十、一百四十、……） 　(3) 大英有零用錢 168 元，再存 10 元會是多少元？再存 10 元會是多少元？說說看（如一百七十八、一百八十八、……） 2. 指出新學習目標 • 教師協助學生使用積木表達 200 以內的數量並認識百位	5	

教學活動設計		
教學活動內容及實施方式	時間	備註

二、發展活動
 	
1. 使用表徵表達 200 以內的數量
 	
• 教師介紹糖果販賣，並以特定積木表達數量
 	
  (1)曉華家的雜貨店有賣糖果，她有糖果數量的問題需要同學們的幫忙。請用積木來代表糖果，1 個（白色）積木表示 1 顆糖果。
 	
  (2)這 1 條（橘色）積木表示幾顆糖果呢？拿出積木來數一數並說說看（如：10 顆，因為 1 條〔橘色〕積木有 10 個〔白色〕積木）。
 	
  (3)這 1 片（百格版）積木表示幾顆糖果呢？拿出積木來數一數說說看（如：100 顆，因為 1 片〔百格版〕積木有 100 個〔白色〕積木）。
 	
  (4)你是怎麼知道的？說說看（如：1 個 1 個數、1 條 1 條數）。
 	
  (5)想一想，圖片中的積木（1 片〔百格版〕積木、3 條〔橘色〕積木、6 個〔白色〕積木）表示幾顆糖果？拿出積木來數一數並說說看（如：136 顆）。
 	
  (6)你是怎麼知道？說說看（如，1 片〔百格版〕積木代表 100 顆、3 條〔橘色〕積木代表 30 顆、6 個〔白色〕積木代表 6 顆，合起來是 136 顆）。
 	
• 教師引導學生將特定積木表示的數量轉換為數字符號
 	
  (1)曉華家 1 月份賣出的糖果用積木（1 片〔百格版〕積木、5 個〔白色〕積木）表示幾顆？數一數並寫寫看。
 	
  (2)曉華家 2 月份賣出的糖果用積木（1 片〔百格版〕積木、5 條〔橘色〕積木）表示幾顆？數一數並寫寫看。
 	
  (3)曉華家 3 月份賣出的糖果用積木（1 片〔百格版〕積木、7 條〔橘色〕積木、2 個〔白色〕積木）表示幾顆？數一數並寫寫看。
 	
• 教師引導學生將數字符號表示的數量轉換為特定積木
 	
  (1)曉華家 4 月份賣出 152 顆糖果，使用這三種積木表示？拿出積木做一做。
 	
  (2)曉華家 5 月份賣出 105 顆糖果，使用這三種積木表示？拿出積木做一做。
	15	.

教學活動設計		
教學活動內容及實施方式	時間	備註
2. 使用百、十和一表示 200 以內的數	15	
• 教師引導學生以三個數量單位表示數量		
說說看1片（百格版）積木、8 條（橘色）積木和 9 個（白色）積木，		
表示多少顆？		
在定位版上記錄下來（記錄幾個百的位置就是百位）。		
189 是幾個百？幾個十？幾個一？說說看（如：1 個百、8 個十、		
9 個一）。		
• 教師引導學生以三個位值單位表示數量		
(1) 1 個百、4 個十又 2 個一合起來是多少？拿出積木做做看，並		
記錄在定位版上（如：142）。		
(2) 1 個百、5 個十又 13 個一合起來是多少？拿出積木做做看，並		
記錄在定位版上（如：163）。		
(3) 11 個十又 8 個一合起來是多少？拿出積木做做看，並記錄在定		
位版上（如：118）。		
三、綜合活動	5	
• 教師回顧並摘要本節以百、十、一表示數量的重點		
• 教師再評估學生的概念		
想一想，12 個十又 17 個一合起來是多少？		

第二節　整數的運算

　　本節就整數運算有關的數學內容、數學教與學和教學示例等部分，論述於後。

壹、數學內容

　　有關整數運算的數學內容分成加減法的知識、乘除法的知識和四則運算的規約等三部分說明如後：

一 加減法的知識

（一）數的合與分

數量的合成與分解是加法和減法概念的先備知識，可以用簡單模式表示。首先是合成，如圖 2-4，從上而下來看，部分數量 B 和數量 C 合成整體數量 A，它是加法概念的前置概念，藉此理解兩個部分數量合成整體數量的加法意義。

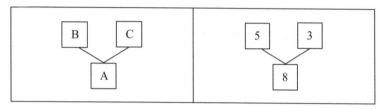

圖 2-4　合成的模式

從合成的模式中，可區別整體數量 A 未知，如「5 和 3 合起來是哪個數？」部分數量 B 未知，如「哪個數和 3 合起來是 8？」以及部分數量 C 未知，如「5 和哪個數合起來是 8？」等問題。

其次是分解，如圖 2-5，從上而下來看，整體數量 A 可分解成部分數量 B 和數量 C，它是減法概念的前置概念，藉此理解一個整體數量分成兩個部分數量是減法意義。

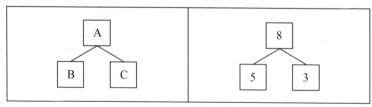

圖 2-5　分解的模式

同樣地，從分解的模式中，可區別整體數量 A 未知，如「哪個數可以分成 5 和 3？」部分數量 B 未知，如「8 可以分成哪個數和 3？」以及部分數量 C 未知，如「8 可以分成 5 和哪個數？」等問題。

（二）算式的類型

國小階段的算式類型，可從算式紀錄與算式填充題以及直式紀錄與直式算則兩方面論述：

1. 算式紀錄與算式填充題

學生尚未學過使用符號「＋」與「＝」表達算式前，教師可先布置「5 張圖卡和 3 張圖卡，合起來共有幾張？」的加法問題，引導學生使用具體物或圖畫表徵表示兩個數量，再計數出合起來的結果，此時出現的算式「5 ＋ 3 ＝ 8」當作問題解決的紀錄，稱之為「算式記錄」，利用這個算式協助學生從自身解題經驗掌握算式符號意義。同樣地，算式紀錄也會出現在認識分數或小數的加減法意義的學習上，例如：教師布置同分母分數的合與分問題，引導學生藉由具體物或圖形表徵個別的數量，再計數出合起來的結果，隨後才導入含有加減法的算式當作解題後的紀錄，同樣是協助學生從解題經驗理解算式符號的意義。

學生掌握加法符號的意義後，教師隨後布置的加法問題，如「8 張色紙和 5 張色紙，合起來共有幾張？」就可要求學生使用算式「8 ＋ 5 ＝（　）」表達問題的數量關係，此算式稱為「算式填充題」，然後學生再利用學過的方法得出結果並完成算式「8 ＋ 5 ＝（13）」，這個算式用來表示數量關係並計算出結果，這與先前算式用來表示解題後的紀錄是不同的。

雖然算式「8 ＋ 5 ＝（　）」可表達問題數量關係且可用於計算出結果，不過，有些問題的數量關係表達和結果計算之算式是不同的，例如：「原有一些色紙，用掉 8 張後，還剩下 5 張，問原來有多少張色紙？」從問題描述的數量關係轉譯成數量關係為「（　）－ 8 ＝ 5」，這是算式填充

題，但這個算式不容易直接計算出括號內的未知結果，通常需要回到原來問題情境，並藉由語意的轉換，逐漸抽象出加減互逆概念，也就是「原數量減少某數量後的結果，再加回該數量就會是原數量」，以列出未知結果在等號右側的算式「5 + 8 = （　　）」或「8 + 5 = （　　）」，它也是算式填充題，學生再搭配往上數的策略可得出結果。因此，即使是相同問題的算式填充題，但用來「表達關係」和用來「計算結果」的形式與功能卻可能有所不同。

2. 直式紀錄與直式算則

當學生面對較多位數的加減問題時，若能使用直式算式相對於橫式較有效率，通常，教師可以先引導學生利用原有的橫式算式的經驗去認識「直式紀錄」，例如：教師布置二位數加法問題，如「原子筆一枝 25 元，自動鉛筆一枝 38 元，各買一枝共多少元？」學生利用舊經驗列出算式填充題為「25 + 38 = （　　）」，並在具體物或圖形表徵的協助下，如積木或錢幣，提出不同的解決策略，如下圖 2-6 中的「加加數」、「十位先加」或「個位先加」三種可能的解題想法，簡要說明請參考第二列。

加加數	十位先加	個位先加
先加加數的十位，再加加數的個位 25 + 30 = 55, 55 + 8 = 63	先加十位，再加個位，最後加總 20 + 30 = 50, 5 + 8 = 13, 50 + 13 = 63	先加個位，再加十位，最後加總 5 + 8 = 13, 20 + 30 = 50, 13 + 50 = 63

$$
\begin{array}{r}
2\ 5 \\
+\ 3\ 0 \\
\hline
5\ 5 \\
+\ \ \ 8 \\
\hline
6\ 3
\end{array}
\qquad
\begin{array}{r}
2\ 5 \\
+\ 3\ 8 \\
\hline
5\ 0 \\
+\ 1\ 3 \\
\hline
6\ 3
\end{array}
\qquad
\begin{array}{r}
2\ 5 \\
+\ 3\ 8 \\
\hline
1\ 3 \\
+\ 5\ 0 \\
\hline
6\ 3
\end{array}
$$

圖 2-6　加法的直式紀錄

如果將學生的解題想法轉換成加法的直式紀錄，請參考圖 2-6 的三列，其中，「加加數」是以被加數為基準往上數的延伸，如果加數較小則比較快速，但如果加數較大則反而費時；「十位先加」是先算高位數再算低位數，優勢是計算的次序與報讀的次序相同，而且容易立即掌握加總的大小，但缺點是低位數有進位時，高位數需要調整加 1；「個位先加」是先算低位數再算高位數，優點和缺點剛好與前一種相反，優點是依此次序計算不需要調整，缺點是不容易立即掌握加總的大小，不過，此策略及其直式紀錄類似於標準的直式算則。

學生自發地處理二位數加法的各種可能策略，都能對應出相關的直式紀錄，然而，並非所有策略及其對應的直式紀錄都能呼應標準的「直式算則」。標準的直式算則是從最低位數開始計算，若有進位就帶到下個較高位數內一併計算，需要計算的次數比其他方式少，相對較有效率。上圖 2-6 中的「個位先加」的策略就類似直式算則，但還需要調整紀錄方式使其更為簡潔。就以「28 + 56 =（　　）」為例，標準的直式算則從最低位數先加，若有進位則記錄在該位值最上方，以此類推至最高位，參見圖 2-7。

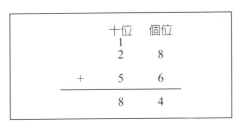

圖 2-7　直式算則案例

不過，從低位數開始相加的過程不容易掌握加總的大小，反而從最高位開始相加比較能掌握加總的大小，參見圖 2-8。

值得注意的是，教科書內容所呈現的標準直式加法是正確的，但不代表教科書沒有呈現的其他直式加法就是錯誤的，如學生解題時使用從高位

加至低位的算法，教師不能說他是錯的，而是應該讓學生確認不同方法都能夠算出答案，並且進行不同方法的優缺點比較，然後再強調往後學習大數的加減計算時，使用直式算則較為簡潔且有效率的重點。

	十位	個位
	2	8
+	5	6
	7	
	1	4
	8	4

圖 2-8　高位先加案例

減法的直式算式紀錄與直式算則的學習內容類似加法。同樣地，小數的減法的意義導入亦可類比。總結來說，算式在形式上分成「橫式」與「直式」，在功能上分成「紀錄」、「表達關係」和「計算結果」，並對應學生的學習與發展。

(三) 加減法文字題的語意結構

文字題是紙筆評量中常見的試題型式，主要使用文字和圖形描述數學問題，例如：「阿明有 4 張獎卡，阿華給他 3 張後，問阿明會有幾張獎卡？」此文字題描述獎卡數量的改變情形，要求的是改變後的數量，對應的算式是「$4 + 3 = 7$」，因為只使用一次加法步驟便能解決，習慣稱之為單步驟加法問題。

單步驟加減法文字題有著相同結構「$A + B = C$」，其中三個數量 A、B 和 C 的關係，如圖 2-9。雖然有著相同的數量結構，但因為文字題所描述的關係型式、所求的未知數量及使用的數量特徵都不盡相同，就被區分成不同類型的文字題。區分的向度大致可分為：(1) 語意結構，以問題所描述的數量關係區分，有改變型、合併型、比較型與平衡型四種（Fuson,

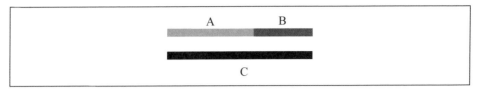

圖 2-9　加減法結構

1992）；(2) 運算結構，以問題所求的未知數量區分，有求出數量 A、數量 B 和數量 C 三種；(3) 情境結構，以問題情境使用的數量特徵區分，有離散量和連續量兩種，或區分爲整數、分數或小數三種。以下就以整數且離散量爲例，從數量關係描述和所求的未知數量兩面向，整理出不同的文字題類型，並以案例逐項說明如後：

1. 改變型（Change）

	和未知	被加數未知	加數未知
添加型	阿明有 4 張獎卡，阿華給他 3 張後，問阿明會有幾張獎卡？	阿明有一些獎卡，阿華給他 3 張後，阿明就有 7 張獎卡，問阿明原有幾張獎卡？	阿明有 4 張獎卡，阿華給他幾張後，阿明就有 7 張獎卡，問阿華給阿明幾張獎卡？
	4 + 3 =（　）	（　）+ 3 = 7	4 +（　）= 7
	差未知	被減數未知	減數未知
拿走型	阿明有 7 張獎卡，他給阿華 3 張後，問阿明剩下幾張獎卡？	阿明有一些獎卡，他給阿華 3 張後，剩下 4 張獎卡，問阿明原有幾張獎卡？	阿明有 7 張獎卡，他給阿華幾張後，剩下 4 張獎卡，問阿明給阿華幾張獎卡？
	7 - 3 =（　）	（　）- 3=4	7 -（　）= 4

2. 合併型（Combine）

	和未知	被加數未知	加數未知
合併型	阿明有 4 張獎卡，阿華有 3 張獎卡，兩人共有幾張獎卡？	阿明有些獎卡，阿華有 3 張獎卡，兩人共有 7 張獎卡，問阿明有幾張獎卡？	阿明有 4 張獎卡，阿華有些獎卡，兩人共有 7 張獎卡，問阿華有幾張獎卡？
	4 + 3 =（　）	（　）+ 3 = 7	4 +（　）= 7

3. 比較型（Compare）

	和未知	被加數未知	加數未知
比多型	阿明有些獎卡，阿華有 4 張獎卡，阿明比阿華多 3 張，問阿明有幾張獎卡？	阿明有 7 張獎卡，阿華有些獎卡，阿明比阿華多 3 張，問阿華有幾張獎卡？	阿明有 7 張獎卡，阿華有 4 張獎卡，問阿明比阿華多幾張獎卡？
比多型	4 + 3 =（　）	（　）+ 3 = 7	4 +（　）= 7
	差未知	被減數未知	減數未知
比少型	阿明有些獎卡，阿華有 7 張獎卡，阿明比阿華少 3 張，問阿明有幾張獎卡？	阿明有 4 張獎卡，阿華有些獎卡，阿明比阿華少 3 張，問阿華有幾張獎卡？	阿明有 4 張獎卡，阿華有 7 張獎卡，問阿明比阿華少幾張獎卡？
比少型	7 − 3 =（　）	（　）− 3 = 4	7 −（　）= 4

4. 平衡型（Equalze）

	和未知	被加數未知	加數未知
再多型	阿明有 4 張獎卡，阿華有一些獎卡，阿明再多 3 張獎卡就和阿華一樣多，問阿華有幾張獎卡？	阿明有一些獎卡，阿華有 7 張獎卡，阿明再多 3 張就和阿華一樣多，問阿明有幾張獎卡？	阿明有 4 張獎卡，阿華有 7 張獎卡，問阿明再多幾張獎卡就和阿華一樣多？
再多型	4 + 3 =（　）	（　）+ 3 = 7	4 +（　）= 7
	差未知	被減數未知	減數未知
再少型	阿明有 7 張獎卡，阿華有一些獎卡，阿明拿走 3 張獎卡後就和阿華一樣多，問阿華有幾張獎卡？	阿明有一些獎卡，阿華有 4 張獎卡，阿明拿走 3 張後就和阿華一樣多，問阿明有幾張獎卡？	阿明有 7 張獎卡，阿華有 4 張獎卡，問阿明拿走幾張獎卡後就和阿華一樣多？
再少型	7 − 3 =（　）	（　）− 3 = 4	7 −（　）= 4

上述分類表中的算式呈現文字題的數量關係結構，不見得是學生解題時所使用的算式。在解題歷程中，算式有多樣的意義與功能，包含數量關係的表達、數值的計算和計算結果的紀錄等，例如：改變的添加型中，

被加數未知問題的數量關係轉譯為「（　）＋3 ＝ 7」，這是算式填充題，但不易直接計算出括號內的未知數量，通常需要回到問題情境，並藉由語意的轉換，逐漸抽象出加減互逆概念，也就是「原數量加上某數量後的結果，再減去該數量就會是原數量」，藉以列出未知數量在等號右側的算式「7 － 3 ＝（　）」，學生再搭配往下數的策略可得出結果。因此，學生學習如何區辨數量關係和執行計算的算式，並能理解兩者的意義，在解題時能適時地轉換就相當重要。

二 乘除法的知識

（一）數的累加與累減

相同數量的累加是乘法的先備知識，可以用簡單模式表示，如下圖 2-10，其中相同數量 A 累加 B 次就成為數量 C，藉此理解乘法的意義。例如：「月餅 1 盒有 4 塊，5 盒月餅共有幾塊？」的問題，就可以 4 塊為單位量累加 5 次得到 20 塊。

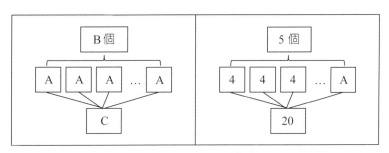

圖 2-10　累加的模式

同樣地，相同數量的累減是除法的先備知識，可以用簡單模式表示，如下圖 2-11，其中數量 C 累減相同數量 A 有 B 次並剩餘數量 R，藉此理解除法的意義。例如：「有 23 塊月餅，1 盒裝 4 塊，可裝幾盒？剩下幾塊？」的問題，就是將 23 塊以 4 塊為單位量累減 5 次並剩餘 3 塊。

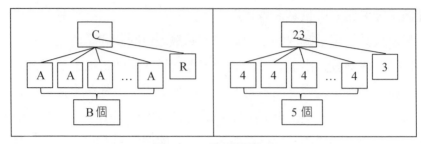

圖 2-11　累減的模式

　　數量的累加與累減概念是學生學習乘法與除法意義、認識乘法與除法語意結構及有規律地處理乘法與除法問題的重要基礎。

（二）算式的類型

1. 算式紀錄與算式填充題

　　學生還沒有學習使用符號「×」表達算式前，教師可先布置累加問題，如「1 臺車有 4 個輪子，3 臺車有幾個輪子？」引導學生使用表徵表示問題描述的單位量及單位數，再使用累加的方法計算出結果，接著導入乘法算式「4×3 = 12」當作解題後的紀錄，並引導學生以自身的累加經驗，認識該乘法算式紀錄的乘法意義。同樣地，學生認識分數或小數的整數倍之乘法意義，亦可以倍的累加經驗為基礎，先認識乘法符號再發展其意義。

　　當學生認識乘法符號的意義後，教師就可布置的乘法問題，如「煎餅 1 包有 3 片，5 包有幾片？」要求學生使用乘法算式填充題「3×5 =（　　）」表達問題的數量關係，再利用學過的累加方法「3 + 3 + 3 + 3 + 3 = 15」或乘法事實「3×5 = 15」計算出結果，這個算式填充題是用來表示數量關係與引出計算，並不是解題後的紀錄。

　　學生對於除法符號意義的認識，以及除法算式表達數量關係與計算結果的內容也類似乘法。學生尚未學習以符號「÷」表達算式，教師可先布置分裝問題，如「有 12 張卡片，每 4 張裝 1 盒，可裝幾盒？」引導學生

使用表徵表示問題描述的總量、單位量和單位數的關係，再使用累減的概念計算出結果，接著導入除法算式「12 ÷ 4 = 3」當作解題後的紀錄，引導學生以自身累減的經驗，認識該除法算式紀錄的符號意義。當然，學生認識分數或小數除以整數的除法意義時，亦可以分裝的累減經驗為基礎，先認識除法符號再發展其意義。

當學生認識除法符號的意義後，教師就可布置的除法問題，如「24顆牛奶糖，1 盒裝 6 顆，可以裝幾盒？」就可要求學生使用除法算式填充題「24 ÷ 6 =（ 　 ）」表示問題的數量關係，再利用學過的累減方法「24 − 6 = 18, 18 − 6 = 12, ……」或以乘法事實「6×4 = 24」計算出結果。當然，這個算式填充題用來表示數量關係與引出計算，不同於解題後的紀錄。

2. 直式紀錄與直式算則

當學生面對較多位數的乘法問題時，如果能夠使用直式算式相對於橫式較有效率。通常，教師可先引導學生利用原有的橫式算式的經驗去認識「直式紀錄」，例如：教師布置乘法問題「原子筆一枝 23 元，買 4 枝共多少元？」學生利用舊經驗列出算式填充題為「23×4 =（ 　 ）」，在表徵的協助下，學生可能提出不同的解決想法，例如「先乘十位」和「先乘個位」方法，參見下圖 2-12 的第二列說明。

學生解題想法對應的乘法直式紀錄，參見圖 2-12 的第三列，主要有：(1) 先乘十位，是先乘高位數再乘低位數，這與報讀的次序相同，而且容易掌握乘積的大小，不過，低位數的結果有進位時，得需要再調整高位數的值；(2) 先乘個位，是先乘低位數再乘高位數，優點是低位數有進位可立即帶入高位數而不需要調整，但缺點是不容易立即掌握乘積的大小，而此種解題想法與對應的直式紀錄比較符合標準的直式算則。

圖 2-12 顯示學生使用舊經驗處理二位數乘以一位數的問題時，可能的想法及其對應出的直式紀錄，然而，並非所有想法與對應的紀錄都能呼應標準的「直式算則」，它是從最低位數開始計算，若有進位就帶到下個較高位數。只有「個位先乘」的解題想法類似，不過，進位的紀錄方式得

先乘十位	先乘個位
先乘十位，再乘個位，最後加總 $20 \times 4 = 80$ $3 \times 4 = 12$ $80 + 12 = 92$	先乘個位，再乘十位，最後加總 $3 \times 4 = 12$ $20 \times 4 = 80$ $12 + 80 = 92$

	2	3			2	3
×		4		×		4
	8	0			1	2
+	1	2		+	8	0
	9	2			9	2

圖 2-12　乘法的直式紀錄

再進行調整，以便更精簡地呈現計算過程與結果。精簡為算則的重點有二，就以「$23 \times 4 = （　）$」為例，首先是得有結合位值概念的乘法，無論是看成往下乘的「3 和 20 乘以 4」或往上乘的「4 乘 3 和 20」，都需要結合位值概念，將 20 看成 2 個 10，並逐漸內化而省略「個 10」，將乘法轉化為「3 和 2 乘以 4」或「4 乘 3 和 2」，如此，學生就只需使用一個 4 的乘法公式便能處理。其次是計算程序的簡化，先將被乘數個位 3 與乘數個位 4 相乘得 12，將 2 記錄於個位，1 記錄於十位上方，接著，再將被乘數十位 2 與乘數個位 4 相乘得 8，並加上進位 1 得 9 記錄於十位，如圖 2-13 的左圖。簡單地說，學生只要具備九九乘法的基本事實，就能處理二位數乘以一位數的計算。

　　學生如果要將直式乘法延拓至乘以多位數，就得以乘以一位數的位值系統概念（含多階單位分解、結合與互換）和倍的概念（含乘數視為倍）為基礎進行延拓，例如：學生處理「1 枝自動鉛筆 32 元，買 28 枝需要多少元？」的乘法問題，先以算式填充題「$32 \times 28 = （　）$」表示數量關係，接著使用直式計算時，乘數 28 看成 28 倍，並分成「8 倍和 20 倍」，再

以先前的直式算則分別計算再加總，如圖 2-13 的右圖。

		十位	個位			百位	十位	個位
		1					1	
		2	3				3	2
×			4		×		2	8
		9	2			2	5	6
					+	6	4	
						8	9	6

圖 2-13　直式乘法

　　學生如果要將以二位乘以一位的算則延拓至二位乘以二位或更多位數，關鍵就在於得理解位值單位的提升，以上例來說，乘數的 20 倍是 2 個 10 倍，相較於 2 倍會有單位層級提升一級的效果，如個位 2（2 個一）的 20 倍（2 個 10 倍）是 40（4 個十），被乘數的單位一提升至乘積的單位十，同樣地，十位 3（3 個十）的 20 倍（2 個 10 倍）是 60（個十）或 6（個百），被乘數的單位十會提升至乘積的單位百。

　　學生需要掌握位值單位提升，才有利於延拓乘以一位數的直式算則至乘以二位（含）以上位數的直式算則。不過，值得注意的是，計算的程序化可以簡化計算步驟與確保計算的正確性，但程序化就易忽視原有量的意義與大小關係，學生如果要將算則應用在解決問題時，如何正確選用正確的運算及其算則，以及如何監控程序化算則的執行都是應該要學習發展的。

　　同樣地，當學生處理除法問題時，使用直式算則比較有效率，教師可從學生原有橫式紀錄連結乘法概念去認識「直式紀錄」，通常需要使用有直式紀錄需求且除數為一位數的問題出發，例如：等分除問題「買 8 枝自動鉛筆需要 224 元，買 1 枝需要多少元？」學生可先列出算式填充題為「224 ÷ 8 =（　　）」，再經由表徵的協助下，提出不同的解決策略，逐漸

朝向程序化的直式。學生可能的解題想法，參見圖 2-14 的第二列說明。

以每個 10 元計算	以 2 個 10 元計算	以位值計算
以金額計算，每枝不足 100 元，以每 10 元計算，再以 1 元計算 $10 \times 8 = 80$ $224 - 80 = 144$ $10 \times 8 = 80$ $144 - 80 = 64$ $8 \times 8 = 64$ $64 - 64 = 0$	以金額計算，每枝不足 100 元，以 2 個 10 元計算，再以 1 元計算 $20 \times 8 = 160$ $224 - 160 = 64$ $8 \times 8 = 64$ $64 - 64 = 0$	以數值單位計算，商不足百，以十為單位計算，再以一為單位計算 $22 \div 8 = 2...6$ $60 + 4 = 64$ $64 \div 8 = 8$

```
以每個 10 元計算                以 2 個 10 元計算            以位值計算

            8
        1   0                            8                        2   8
        1   0                        2   0
    8 ) 2   2   4              8 ) 2   2   4            8 ) 2   2   4
        8   0                      1   6   0                  1   6
        1   4   4                      6   4                      6   4
        8   0                          6   4                      6   4
        6   4                          0                          0
        6   4
            0
```

圖 2-14　除法的直式紀錄

　　學生的解題想法及其對應的除法直式紀錄，參見圖 2-14 的第三列說明，基本上都是以乘法為基礎，包含：(1) 以每個 10 元計算，是使用較大的 10 元為單位進行累減，剩餘再化成 1 元為單位計算；(2) 以 2 個 10 元計算，也是使用較大的 10 元為單位，但先估出 2 個 10 元，剩餘再化成 1元為單位計算；(3) 以位值計算，是以最高位值開始計算至個位。

　　學生如果要將除以一位數的直式除法算，推廣至除以二位（含）以上時，關鍵在於使用「估商」，特別是超越九九乘法事實的，例如：學生處理「買 24 個鉛筆盒需要 1728 元，買 1 個需要多少元？」的除以二位數問題，可能提出的解決想法會類似上述的第三種作法，從最高位數千位依序至個位，過程中需要以除數 24 進行估商，發展出程序化的直式除法算則，參見圖 2-15。

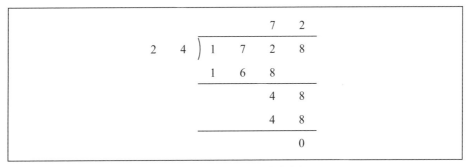

圖 2-15　直式除法案例

（三）乘除法文字題的語意結構

　　單步驟乘除法文字題有著相同結構「A×B＝C」，其中 A、B 和 C 是文字題中的三數量。雖然有著相同的數量結構，但因爲文字題所描述的關係型式、所求的未知數量及使用的數量特徵都不盡相同，就被區分成不同類型的文字題。區分的向度大致可分爲：(1) 語意結構，以問題所描述的數量關係區分，有等組型、矩陣型、倍數型、比例型、面積型與笛卡兒積型六種（李源順，2018）；(2) 運算結構，以問題所求的未知數量區分，有求出數量 C、數量 A 和數量 B 三種；(3) 情境結構，以問題情境使用的數量特徵區分，有離散量和連續量兩種，或有整數、分數或小數等三種。以下就以整數且離散量爲例，從語意結構和運算結構兩向度，列出不同的文字題類型，並以案例說明如後：

1. 等組型（或等量型）

	積未知	被乘數未知	乘數未知
等組型	1 盒有 4 顆糖果，問 3 盒共有幾顆糖果？	每盒糖果一樣多，3 盒共有 12 顆糖果，問 1 盒有幾顆？	1 盒有 4 顆糖果，問 12 顆糖果可裝幾盒？
	4×3 =（　）	（　）×3 = 12	4×（　）= 12

2. 矩陣型（或陣列型）

	積未知	被乘數未知	乘數未知
矩陣型	1 排有 4 位小朋友，問 3 排共有幾位小朋友？	每排小朋友一樣多，3 排共有 12 位小朋友，問 1 排有幾位小朋友？	1 排有 4 位小朋友，問 12 位小朋友可排成幾排？
	4×3 = （　）	（　）×3 = 12	4×（　）= 12

3. 倍數型

	積未知	被乘數未知	乘數未知
倍數型	阿明有 4 張獎卡，阿華的獎卡是阿華的 3 倍，問阿華有幾張獎卡？	阿華有 12 張獎卡，阿華的獎卡是阿明的 3 倍，問阿明有幾張獎卡？	阿明有 4 張獎卡，阿華有 12 張獎卡，問阿華的獎卡是阿明的幾倍？
	4×3 = （　）	（　）×3 = 12	4×（　）= 12

4. 比例型

	積未知	被乘數未知	乘數未知
比例型	兌換 1 枝鉛筆需要 4 張獎卡，問兌換 3 枝鉛筆需要幾張獎卡？	兌換 3 枝鉛筆需要 12 張獎卡，問兌換 1 枝鉛筆需要幾張獎卡？	兌換 1 枝鉛筆需要 4 張獎卡，問 12 張獎卡可以兌換幾枝鉛筆？
	4×3 = （　）	（　）×3 = 12	4×（　）= 12

5. 面積型

	積未知	被乘數未知	乘數未知
面積型	長方形的長 4 公尺，寬 3 公尺，問面積是幾平方公尺？	長方形的寬是 3 公尺，面積 12 平方公尺，問它的長是幾公尺？	長方形的長是 4 公尺，面積 12 平方公尺，問它的寬是幾公尺？
	4×3 =（ ）	（ ）×3 = 12	4×（ ）= 12

6. 笛卡兒積型

	積未知	被乘數未知	乘數未知
笛卡兒積型	套餐由主食和飲料各 1 個搭配而成，主食有 4 種，飲料有 3 種，問可組合出幾種套餐？	套餐由主食和飲料各 1 個搭配而成，飲料有 3 種，可組合 12 種套餐，問主食有幾種？	套餐由主食和飲料各 1 個搭配而成，主食有 4 種，可組合 12 種套餐，問飲料有幾種？
	4×3 =（ ）	（ ）×3 = 12	4×（ ）= 12

如果以等組型當作乘法意義的啟蒙，例如：以「一盒禮盒有 4 顆蘋果，3 盒共有幾顆？」為例，數量結構為「4 顆／盒×3 盒 = 12 顆」，其中，被乘數「4（顆／盒）」是等組的單位，被稱為「單位量」，而乘數「3 盒」是等組的次數，被稱為「單位數」，兩者的意義相當不同。因此，單位量未知與單位數未知的問題，以及兩問題對應的除法算式的意義，也就有所不同，通常會以「等分除」和「包含除」名稱加以區別，說明如下：

• 等分除問題：就是將某數量依指定份數等分後，求出每份的數量（單位量）問題，例如：「每盒蘋果一樣多，3 盒共有 12 顆蘋果，問 1 盒有幾顆？」或「12 顆蘋果平分成 3 盒，問 1 盒有幾顆？」學生解題時，需將總量（12 顆）以單位數（3 盒）進行平分後，才能得出單位量（4 顆／盒），因此，稱之為「等分除」問題。

• 包含除問題：就是將某數量依照特定數量分割後，求出可分割的次數（單位數）問題，例如：「1 盒裝 4 顆蘋果，問 12 顆蘋果可裝幾盒？」

或「有 12 顆蘋果，每 4 顆裝成 1 盒，問可裝成幾盒？」學生解題時，需將總量（12 顆）以單位量（4 顆／盒）進行分裝後，才能得出單位數（3 盒），因此，稱之爲「包含除」問題。

矩陣型中的「1 排有 4 位小朋友」、倍數型中的「阿明有 4 張獎卡」和比例型中的「兌換 1 枝鉛筆需要 4 張獎卡」都可看成等組型中的單位量，因此，找出單位量未知的問題，就相當於是等分除問題，而找出單位數的除法問題，就相當於是包含除問題。不過，面積型和笛卡兒積型的問題中，相乘兩數量的意義並無區別，因此，兩數量未知的問題及其對應的除法算式都可視爲相同的，對應的除法問題就不需要再細分成兩類。

三 四則運算的規約

（一）紀錄的形式

課程或教材常用「兩步驟」和「多步驟」問題，以區別「單步驟」問題，其中，步驟數通常是指解決該問題時所需使用的「最少」運算次數，例如：「1 包軟糖有 5 顆橘子軟糖和 3 顆草莓軟糖，買 6 包共有幾顆軟糖？」尚未學習併式的學生可能會列出的算式有「$5 \times 6 = 30, 3 \times 6 = 18, 30 + 18 = 48$」或「$5 + 3 = 8, 8 \times 6 = 48$」，前者使用三次運算（2 次乘和 1 次加），後者使用二次算式（1 次加和 1 次乘），因此，此問題被歸類爲「兩步驟」問題。

當學生剛開始遇到多步驟問題時，通常會使用分段算式紀錄，在前述案例中，每個運算都會自成一個算式，並依運算的使用次序分別呈現算式，稱之爲分段算式，不過，相同問題的分段算式也不盡相同，如前述案例就有三個和兩個分段算式的差異，而學習併式前，最好能先掌握不同運算數（或步驟數）的分段算式，並比較不同分段算式的相異和相同處。

併式紀錄的學習能讓解題的計算程序更加簡單化，同時更能讓已知數量間關係更加結構化，學生要從分段算式轉換爲併式紀錄的關鍵，在於將

分段算式依序呈現並以括號包裹併入下個算式，例如：前述案例中的二個分段算式「5 + 3 = 8, 8×6 = 48」，將先算的算式「5 + 3」，以括號包裹成「(5 + 3)」，帶入下個算式「(5 + 3)×6」；同樣地，案例中的三個分段算式「5×6 = 30, 3×6 = 18, 30 + 18 = 48」，亦可以相同方式併式，只是前兩個無法合併，而是一起併入第三個算式「(5×6) + (3×6)」。儘管兩種分段算式帶出的併式略有不同，而且從運算次數來說，前者較少而顯得更為簡潔，但提供學生比較與整合兩種併式的機會仍是必要的。

　　學生初學使用併式紀錄進行計算時，因對於算式紀錄的規約和等號意義的不了解而容易產生錯誤，如學生誤將二個分段算式「5 + 3 = 8, 8×6 = 48」合併為「5 + 3 = 8×6 = 48」，就是將等號看成是得到計算結果而非相等的意義。

（二）算式的規約

　　整數算式中常見的符號有數字、括號、次方（國小階段沒有）、乘、除、加、減和等號，運算的優先次序有共同的約定，包含：(1) 括號先於次方，次方先於乘除、乘除先於加減；(2) 由左至右。例如：算式「6×(2 + 3) ÷ 2 - 3²」中，可先計算括號得「6×5 ÷ 2 - 3²」，再算次方得「6×5 ÷ 2 - 9」，再算乘與除得「15 - 9」，再算減得「6」，就是結果。學生初學四則運算時，多為單運算的紀錄或兩個單運算的記錄，並沒有認識規約的需求，因此，如果要學習規約，就需要併式問題的介入與引導，以迫使學生將多個單運算式合併成一個，才能認識運算的規約。

　　算式規約的學習重點有二，首先是等號的意義會從「產生結果」轉換到「等價關係」並發展出等價關係的「遞移性」；其次是運算的次序從「由左至右」轉換到「約定次序（優先序與由左至右）」。建議教師可從多步驟問題解決的觀點導入，先以括號區隔每個計算步驟，再從如何省略括號來論述可能的規約，藉以發展出學生對於規約觀點，並以「如果 P 則 Q」的方式論述，包含：(1) 如果算式混有括號，則括號先做；(2) 如果算式沒

有括號且只有加減法，則由左至右計算；(3) 如果算式沒有括號且混有乘除法與加減法，則先計算乘除法再計算加減法。

（三）解題的紀錄

　　數學教學對於算式紀錄的約定問題，最常見的是學生的乘法意義透過數量的累加概念建立，初學時，累加的單位量與單位數分別對應乘法算式紀錄中的被乘數與乘數，例如：「1 組有 6 位小朋友，3 組共有幾位小朋友？」要求紀錄得算式為「6×3 = 18，答 18 位」。但是，學生在解決問題時，算式紀錄可能會出現「3×6 = 18，答 18 位」，這兩種紀錄是否為錯誤？是否需要糾正調整？顯然，從數學學習來看，學生顯然沒有依照約定紀錄算式，但就數學解題來看，這兩種方式都是正確的，尤其是當學生已認識乘法交換律的事實並能正確列出單位。因此，當學生認識乘法的意義與乘法的交換律後，上述乘法問題的解題紀錄，無論採用「3×6 = 18」或「6×3 = 18」都是正確的，如果再以特定方向紀錄格式要求而評定「3×6 = 18」是錯誤的，學生很容易產生衝突而不利於後續數學結構發展。建議乘法的意義與乘法的交換律可同時學習並加以整合，目前就有許多個國家課程引入乘法的意義時，同時導入交換律的事實，可使用矩陣型問題，同時認識兩種乘法紀錄的意義之共通性，避免後續學習的衝突。我國十二年國民基本教育課程數學領域亦將乘法的意義與乘法的交換律，同時安排在小二同時學習，請見學習內容 N-2-4（教育部，2018）。

貳、數學教與學

一 學習策略

　　啟動學習的機制是讓學生表達想法，藉由不同表徵轉換活動，提供學生充分表達、溝通與澄清想法的機會。不過，學生的表達必須搭配有目標導向的行動，通常在學習活動脈絡中（如乘法的意義），學生通常會經歷

這些了解層次：(1) 能以自己原有的經驗為起點（如加法的意義與計算）；
(2) 能透過操弄活動產生各種心像（如等組形物件操弄的心像）；(3) 能逐
漸掌握某些心像（如心像中操弄等組型物件）；(4) 能反思這些心像並察
覺共通的性質（如等組型物件總數量是相同數量的累加）；(5) 能發展出
形式化的概念（如形式為 4×3 = 12 的意義）（Pirie & Kieren, 1994）。教
師可視學生的表現而決定協助方式，包含推他們朝向後續層次發展，或確
認他們當前層次是否穩定，或是拉他們回前面層次整合發展等。教師的提
問是方便經濟的協助方式，建議可從五個核心內涵進行提問，包含：「你
能舉出一個例子來嗎？」、「你能試著把它變得簡單一點嗎？」、「你能
畫一個圖來表示嗎？」、「你能告訴大家為什麼會這樣呢？」、「你能想
想看現在學的和以前有什麼一樣？有什麼不一樣呢？」學生不僅能夠概念
理解，還能發展出舉例、簡化、畫圖、問為什麼和反思學習的思考習慣。

學習重點

（一）從合與分到加與減

　　數量的合成與分解是學習整數加法與減法的基礎，學生得以前者為
基礎以便發展出後者。因此，教師得先協助學生發展數量的合成與分解，
可以學生熟悉的情境為底，並提供各種表徵與轉換活動，先建立量的合成
與分解的經驗，再抽象到數的合成與分解，最後將兩者經驗整合。例如：
「老師想要買 5 枝筆，文具店的筆只有紅色與藍色兩種，那麼紅色和藍色
可以各買幾枝呢？」教師可提供具體表徵給學生操弄，學生表達各種買法
時，可以操作具體物、畫出圖案、說出口語或寫出符號等方式呈現，最後
再以符號整合。學習內容會隨著位值單位從一、十、百等向上拓展，學生
的合成與分解的能力也隨之發展，例如：45 是 4 個十和 5 個一就是結合
位值單位的單位化聚，它是加法與減法的重要基礎概念，特別是用來理解
含有位值概念的直式計算法則。

　　學生有合成與分解的概念基礎後，便能發展出加法與減法的概念。教

師可以學生熟悉的情境為底，分別使用合併型和改變型問題為啟蒙，學生透過各種表徵操弄與轉換，形成合成與分解的歷程心像，並從心像中掌握合成與分解的數量關係，再以形式化的加（＋）與減（－）符號表達，以便形成加法與減法的概念。學習內容會隨著位值單位從一、十、百等向上拓展，學生的加法與減法的能力也隨之發展，特別是要發展出直式計算法則，需要有幾項關鍵概念（李源順，2018），包含：(1) 學生對於直式計算法則的需求，通常來自二位數且有進位或退位的數量計算問題；(2) 學生自發的數量相加與相減都是從高位數處理到低位數，但標準直式計算是從低位數到高位數，因此，需要有轉換的學習；(3) 學生需發展出使用位值概念和基本的加減概念，以便解釋與執行加法和減法的計算，例如：「28＋56」就是「8 個一加上 6 個一是 14 個 1，也就是 1 個十和 4 個一，1 個十加上 2 個十和 5 個十是 8 個十」，在直式算則中，使用都是一位數的加法事實，請見圖 2-7。

（二）從加與減到乘與除

學生有加法與減法的概念基礎後，便能發展出乘法與除法的概念。先從乘法來說，教師可以學生熟悉的情境為底，使用可以累加的等組型或矩陣型問題為啟蒙，讓學生透過各種表徵操弄與轉換，形成以某特定數量為單位進行特定次數累加的歷程心像，並從心像中掌握累加的單位、次數和結果關係，再以形式化的加（＋）和乘（×）符號表達，以便在加法為基礎下形成乘法的概念。

同樣地，就除法來說，教師可以學生熟悉的情境為底，使用可以累減的包含除問題為啟蒙，讓學生透過各種表徵操弄與轉換，形成以某特定數量為單位進行特定次數累減的歷程心像，並從心像中掌握累減的單位、次數和結果（含餘數）關係，再以形式化的減（－）和除（÷）符號表達，以便在減法為基礎下形成除法的概念。

不過，值得注意的是，當除法的意義轉化到計算時，若能借助乘法的

事實，就不需要額外再記憶除法的事實，因此，除法計算多採用逆向的乘法事實，例如：「56÷8」採用逆向的乘法事實「8×1 = 8, 8×2 = 16, ...」，以估計出商值，而這正是除法計算所需關鍵概念。

學習內容隨著位值單位從一、十、百等向上拓展，學生的乘法與除法的能力也隨之發展，特別是要發展出直式計算法則，需要有幾項關鍵概念，包含：(1) 學生對於直式計算法則的需求，通常是以乘法事實（九九乘法表）無法直接處理的數量計算問題；(2) 學生自發的數量相乘會從高位數處理到低位數，但標準直式計算是從低位數到高位數，因此，亦需要有轉換的學習，不過，應該注意的是，數量相除是從高位數至低位數處理，並符合學生自發想法，這與其他運算的算則不同；(3) 學生需發展出使用位值和一位數乘法和加減法概念去解釋與執行乘除計算，例如：「224÷8」先以「2 個百除以 8 不足，換成 22 個十除以 8，得 2 個十，剩下 6 個十，就是 60 個一，與 4 個一合起來是 64 個一，除以 8，得 8 個一而餘 0 個一」，在直式算則中，都使用乘以一位數的乘法事實，請見圖 2-14。

（三）從計算到解題

學生解決問題的算式，從形式上可區成「橫式」與「直式」，從功能上可區分成「記錄」、「表達關係」和「計算結果」。若學習面向來看，問題解決是為了學習新概念，那麼就得考慮學生的先備經驗與新概念的學習後續發展，無論是加法、減法、乘法或除法的意義與計算法則，通常都先導入橫式再學習直式，先從記錄再到表達關係和計算結果，並可隨著數量的大小進行多次螺旋式發展，如從一百以內到一萬以內再到一億以內。若從應用面向來看，四則運算意義與計算法則固然是問題解決不可或缺的重要部分，但更重要的是學生能夠使用它們處理周遭問題的能力（或稱素養），至少包含將面對的現實問題轉化成數學問題（形成），使用數學概念或方法解決該數學問題（運用），以及根據數學結果解釋原現實問題

（解釋）等能力（OECD, 2018）。

　　據此，學生亦應學習如何轉化問題、運用數學方法和解釋數學結果，對此，教師可培養學生有思考二個為什麼的習慣，第一個為什麼是針對轉化成數學問題的形成能力，也就是現實問題的數量資訊如何轉化到數學概念或運算的提問，引導學生思考「為什麼要用加法、減、乘、除？或者為什麼要先用這個運算再用那個運算？」第二個為什麼涉及到運用與解釋能力，引導學生思考「為什麼算出來的結果是這樣？意思是表示什麼？」例如：「曉華全家逛夜市，飲料攤推出彈珠汽水促銷活動：『原價一罐 30 元的彈珠汽水，買兩罐送一罐。』曉華想買 6 罐，需要付多少元？」其中，「買兩罐送一罐」的非例行性的數量關係，學生就得學習如何加以轉化與詮釋。

參、教學示例

領域／科目	數學		設計者	陳建誠
實施年級	一年級		總節數	共一節，40 分鐘
單元名稱	加法			
設計依據				
學習重點	學習表現	n-I-2	核心素養	數-E-A2、數-E-B1
	學習內容	N-1-3		
議題融入	議題實質內涵	無		
	所融入之學習重點	無		
與其他領域／科目的連結		無		
教材來源		自編		
教學設備／資源		撲克牌、學習單		

學習目標
N-1-3 基本加減法：以操作活動為主，以熟練為目標。指 1 到 10 之數與 1 到 10 之數的加法，及反向的減法計算。 學生藉由遊戲情境中的操作活動熟練 10 的合成，以作為基本加法的基礎。

教學活動設計		
教學活動內容及實施方式	時間	備註

一、準備活動
1. 認識撲克牌並複習舊經驗
• 教師以撲克牌遊戲情境，引起學生的注意與興趣
• 教師以大型撲克牌道具，介紹撲克牌的主要特徵
  (1) 這張撲克牌的圖案是什麼？數字是多少？表示什麼意思？說說
    看（如愛心、4、有 4 個愛心）。
  (2) 這張撲克牌的圖案是什麼？數字是多少？表示什麼意義？說說
    看（如方塊、7、有 7 個方塊）。
  (3) 這兩張撲克牌的「點數」誰比較大？說說看（如 7，7 個比 4
    個多）。
2. 指出遊戲與學習目標
• 教師以競賽和遊戲，促成學生認識與熟練 10 的分解與合成
	5	

二、發展活動
1. 認識 10 的合成
• 教師以大型撲克牌道具，介紹小組競賽
  (1) 這張撲克牌點數是多少？這張點數是多少？兩張點數合起來是
    多少？說說看（如 8 點、2 點、合起來是 10 點）。
  (2) 如果要將兩張撲克牌的點數紀錄在學習單內，可以怎麼記錄？
    說說看（如 8、2、8 + 2 = 10）。
  (3) 還有別種紀錄方式嗎？說說看（如 2、8、2 + 8 = 10）。
  (4) 這兩種都對嗎？都給分嗎？為什麼？說說看。
  (5) 想一想，除了這兩張（8 點和 2 點）之外，還有哪兩張的點數
    合起來也是 10 點？我們來比賽，看看哪組想出最多，並正確
    記錄在學習單內。
	30	

教學活動設計			
教學活動內容及實施方式		時間	備註

編號	圖卡	算式
1	8　　2	（ 8 ）+（ 2 ）= 10
2	□　　□	（　 ）+（　 ）= 10

* 教師引導各組以算式紀錄發表，並予以澄清與確認
  (1) 你們那組找到幾種？每組都上臺寫寫看。
  (2) 各組找到的都是對嗎？可得幾分？我們一起來看看。
* 教師引導獲勝組別發表致勝策略，並歸納 10 的合成
  (1) 你們怎麼找出這麼多種？有什麼祕訣嗎？說說看。
  (2) 其他組有沒有其他祕訣呢？說說看。
2. 熟練 10 的合成
* 教師以大型撲克牌道具，介紹「湊 10」遊戲
  (1) 四人一組。
  (2) 使用點數 1～9 的撲克牌共 36 張，每人發 4 張（共 16 張），檯面翻開 4 張，蓋住牌堆 16 張。
  (3) 輪流出牌，(1) 先丟出手上牌一張，若與檯面翻開牌湊成 10，可將兩張牌取回；(2) 翻開檯面蓋牌一張，若與檯面翻開牌湊成 10，也可將兩張牌取回。
  (4) 取回最多牌數的獲勝（獲勝者可能不只 1 人）。
* 教師行間指導各組進行「湊 10」遊戲競賽

三、綜合活動
* 教師以圖形回顧 10 的合成（含交換律）

* 教師延伸學生的概念
  (1) 想一想，還沒有其他兩數合起來是 10？

時間欄：10、5

第三節　整數的性質

本節就整數性質有關的數學內容、數學教與學和教學示例三部分，分別論述於後。

壹、數學內容

整數的性質分成大小關係性質與運算性質兩大類，前者著重在大小關係推理的遞移律；後者著重在數的運算不變性，包含加減互逆與乘除互逆，以及交換律、結合律和分配律。另外，學生也會自發地歸納出暫時的規律，如「加（乘）會變大」、「減（除）會變小」。

一　關係性質

數量概念啟蒙經常使用物件比較的任務，例如：數的大小比較概念的啟蒙經常是以兩個離散數量的比較活動而推展開來，不過，比較活動通常會從兩物件的比較延伸到多物件，而且比較策略亦隨著物件數量與特徵變得更多樣，特別是利用部分兩兩關係而推理出其他關係或整體關係的策略，這種關係的推理就會使用到遞移律。以下分別就相等、大於和小於等三種大小關係，說明大小關係推理的遞移律：

- 相等關係：如果且 a = b，那麼 a = c
- 大於關係：如果且 a > b，那麼 a > c
- 小於關係：如果且 a < b，那麼 a < c

通常，學生能在特定物件大小比較的具體案例中，認識與使用這些規律進行推理即可，例如：身高的比較案例「小組內有天明、曉華和得瑛三人，已經知道天明比曉華高，曉華比得瑛高，那麼天明和得瑛誰比較高？」學生能夠在此案例推理即可，無需特別以符號說明一般性意義。

運算性質

（一）加減互逆

單步驟加減法問題的結構是「A + B = C」。如果原數量 A 加上特定數量 B 後，再減去該特定數量 B，就會是原數量 A，這就稱之為加減互逆，可表示成「如果『A + B = C』，那麼『C − B = A』」；同樣地，當原數量 C 減去特定數量 B 後，再加上該特定數量 B，就會是原數量 C，也稱之為加減互逆，可表示成「如果『C − B = A』，那麼『A + B = C』」。

學生通常是在特定數量問題案例中，認識與使用加減互逆，而不是在代數符號下學習一般性意義，例如：「曉華原有一些錢，買筆記本花掉 18 元，剩下 35 元，問他原有多少元？」若先根據問題敘述列出關係算式為「（　　）− 18 = 35」，再從數量關係的語意轉換認識加減互逆，也就是花掉的再加回來會還原，就可以得出算式「35 + 18 =（　　）」，此算式就能計算結果。

不過，有時學生對於加減互逆會有些誤解，例如：「曉華原有 40 元，買一枝自動鉛筆後剩下 13 元，問一枝自動鉛筆多少元？」若根據問題敘述列出關係算式「40 −（　　）= 13」，但學生可能以為加減互逆是指加減運算互換就好，而錯誤的列出算式「13 + 40 =（　　）」，沒有理解加減互逆的關鍵不變性是「某數減去特定數再加回該特定數會還原」，才能正確得出算式「13 +（　　）= 40」，再用加法交換律變成「（　　）+ 13 = 40」，再使用加減互逆的性質得出「40 − 13 =（　　）」，才能方便地計算結果。

（二）乘除互逆

同樣地，單步驟乘除法問題的結構是「A×B = C」。當原數量 A 乘以特定數量 B 後，再除以該特定數量 B，就會是原數量 A，這就稱之為乘除互逆，可表示成「如果『A×B = C』，那麼『C÷B = A』」；反之，

當原數量 C 除以特定數量 B 後，再乘以該特定數量 B，就會是原數 C，也稱之為乘除互逆，可表示成「如果『C÷B＝A』，那麼『A×B＝C』」。

學生通常是在特定數量問題案例中，認識與使用乘除互逆，而不是在代數符號下學習一般性意義。例如：「老師原有一些花片，平分給 8 位小朋友，每人剛好分到 15 個，問原有多少個花片？」若根據問題描述列出關係算式為「（　）÷8＝15」，接著可從數量關係的語意轉換認識乘除互逆，也就是先除以 8 再乘 8 會還原，並可得出算式「15×8＝（　）」。

不過，有時學生對乘除互逆會產生誤解，例如：「老師原有 108 個花片，平分給班上小朋友，每人剛好拿到 9 個，問班上小朋友有幾位？」若以題意列出關係算式「108÷（　）＝9」，而學生可能誤以為乘除互逆就是乘除互換，並錯誤地列出算式「9×108＝（　）」，沒有理解乘除互逆的關鍵不變性是「除以特定數再乘以該數會還原」，藉此才能正確得出算式「9×（　）＝108」，變成「（　）×9＝108」，再次利用乘除互逆便得出「108÷9＝（　）」，就能方便地計算出結果。

（三）交換律

交換律是指運算的兩數交換位置後，計算結果並不會改變的規律，例如：「5＋3」的兩數交換為「3＋5」，結果是相同的，即「5＋3＝3＋5」。事實上，任兩數相加都符合此規律，稱為加法交換律，同樣地，任兩數相乘也有此規律，稱為乘法交換律，不過，兩數相減或相除就沒有此規律。交換律通常表示成：

• 加法交換律：a＋b＝b＋a
• 乘法交換律：a×b＝b×a

學生通常是在特定數量問題案例中，認識與使用交換律，而不是在代數符號下學習一般性意義。首先，就加法交換律而言，學生從數的計算就能認識並察覺此規律，如果加法交換律要賦予情境意義，建議以合併型問

題為先，例如：「教室裡有 5 位男生和 3 位女生，問教室共有多少人？」在此類問題中，兩數量相加、次序交換且結果相同是很自然的，並藉此引入「5 + 3 = 3 + 5」的表示法，以認識與區辨等號的等值意義而非產生結果。如果使用合併型問題奠定加法交換律的情境意義後，可再延伸至其他加法語意結構問題，如改變型或比較型。

其次，就乘法交換律來說，學生從數的計算就能認識並察覺此規律，但如果此規律要賦予情境意義，建議以矩陣型問題為先，例如：「一排有 6 個花片，有 4 排，共有幾個花片？」在此類問題中，兩數量相乘、次序交換且結果相同是很自然的，並可藉此引入「6×4 = 4×6」的表示法，以認識與區辨等號的等值意義而非產生結果。當矩陣型奠定乘法交換律的情境意義後，可再延伸至其他乘法語意結構問題，如等組型或倍數型。

（四）結合律

結合律是指多個相同運算的計算次序不同，計算結果並不會改變的規律，例如：「5 + 3 + 6」中有兩個加法運算，如果左先右後得「(5 + 3) + 6」；如果右先左後得「5 + (3 + 6)」，這兩個結果是相同的，即「(5 + 3) + 6 = 5 + (3 + 6)」。事實上，任意三數連加都符合此規律，稱為加法結合律，同樣地，任三數連乘也有此規律，稱為乘法結合律，不過，任意三數連減或連除就沒有此規律，如「(9 − 5) − 2」和「9 − (5 − 2)」的結果並不相同。結合律通常表示成：

• 加法結合律：$(a + b) + c = a + (b + c)$
• 乘法結合律：$(a×b)×c = a×(b×c)$

同樣地，學生通常是在特定數量問題案例中，認識與使用結合律，而不是在代數符號下學習一般性意義，相關的學習要點請參考前面交換律的說明。

（五）分配律

分配律是指兩個不同運算如何保持計算結果不變的規律，例如：「5×(3 + 4)」是先加再乘的運算，若表示成先個別乘後再相加「5×3 + 5×4」，兩結果是相同的，也就是「5×(3 + 4) = 5×3 + 5×4」。事實上，任意三數都符合此規律，稱為乘法對加法的分配律；同樣地，乘法對減法亦有分配律，通常表示如下：

- 乘法對加法的左分配律：a×(b + c) = a×b + a×c
- 乘法對加法的右分配律：(a + b)×c = a×c + b×c
- 乘法對減法的左分配律：a×(b − c) = a×b − a×c
- 乘法對減法的右分配律：(a − b)×c = a×c − b×c

不過，除法對加法與減法僅有右分配律而沒有左分配律，如「18 ÷ (3 + 6)」和「18 ÷ 3 + 18 ÷ 6」的結果並不相同。

- 除法對加法的右分配律：(a + b) ÷ c = a ÷ c + b ÷ c
- 除法對減法的右分配律：(a − b) ÷ c = a ÷ c − b ÷ c

同樣地，學生通常是在特定數量問題案例中，認識與使用分配律，而不是在代數符號下學習一般性意義，相關的學習要點請參考前面交換律的說明。運算規律的學習重點，不是僅只在於認識規律，更重要的是要去感受這些規律的用途並能運用，例如：當我們要計算「189 + 78 + 11」時，可利用交換律和結合律調整算式為「(189 + 11) + 78 = 200 + 78」；或是計算「28×99」時，可將99看成 (100 − 1) 並用分配律調整算式為「28×(100 − 1) = 28×100 − 28」，就能更快且不容易出錯地得出結果。

三 自發性質

學生經常會自發地從數量計算問題上，歸納出暫時可行的性質，例如：學生處理整數加減問題時，如果關注原有量和經過加減所得的結果量

兩者，很容易歸納出「加會變大」和「減會變小」的性質；同樣地，處理整數乘除問題時，如果關注原有量和經過乘除而得的結果量，很容易歸納出「乘會變大」和「除會變小」的性質。雖然學生初期學習經驗中的案例，絕大多數都是支持這些性質，但嚴格來說，即使在整數範疇，這些性質並非是正確的，例如：加零或加負數並不會變大，乘以 1、0 或乘以負數也不會變大。

貳、數學教與學

關於大小關係性質，如大於關係的遞移律「如果 a > b，且 b > c，那麼 a > c」，通常學生從具體的數量比較案例中，就能認識此規律並運用來推理，教學著重在使用具體情境輔助關係的推理，並配合數量加以了解，最後能以口語或文字表達，但不需將關係性質抽象化為代數符號。

關於整數運算性質，並不會以特定單元進行教學，而是融入在整數四則運算的單元活動內。在具體的四則運算問題中，搭配特定數量與關係認識這些性質，並使用該案例為證據，以口語或書面表達即可，教學中並不會出現交換律、結合律或分配律等語詞，更不會以代數符號進行一般性意義的表達與論述。為了彰顯這些性質的實用性，教師可利用具體案例，搭配特定數值，引出學生不同的計算方式，再透過方法的比較，察覺運算規律的應用意義，例如：「進口大蘋果每顆 199 元，買 6 顆，共需多少元？」可用算式「$199 \times 6 = (200 - 1) \times 6 = 200 \times 6 - 1 \times 6 = 1200 - 6 = 1194$」，引導學生思考各個等號代表的意義並加以論述。

關於加減互逆或乘除互逆是轉換數量關係以便解決問題的重要性質，特別是當加數、減數、乘數和除數未知的情形，例如：「$40 - (\quad) = 13$」並不是「$13 + 40 = (\quad)$」，而是掌握「減去特定數再加上該數」或「加上特定數再減去該數」的不變性，得出「$13 + (\quad) = 40$」或「$(\quad) + 13 = 40$」，並推理出「$40 - 13 = (\quad)$」，便能計算結果。

　　關於學生自發但不正確的想法，如「加（或乘）會變大」和「減（或除）會變小」，教師教學時，偶而提供學生加減 0 或乘除 1 的問題案例，並引導他們澄清這些想法的侷限性。例如：將學生歸納的想法以命題方式呈現：「如果給出兩個整數，那麼兩數的乘積會比兩數還大」，引導學生舉例檢驗，以便產生反例，進而製造認知衝突，以便調整自發想法，最後再進行確認與論述。

參、教學示例

領域／科目		數學	設計者	阮正誼、陳建誠
實施年級		四年級	總節數	共一節，40 分鐘
單元名稱		併式與計算規律		
設計依據				
學習重點	學習表現	r-II-2	核心素養	數-E-A2、數-E-B1
	學習內容	R-4-1		
議題融入	議題實質內涵	無，可視實際使用調整		
	所融入之學習重點	無，可視實際使用調整		
與其他領域／科目的連結		無，可視實際使用調整		
教材來源		自編		
教學設備／資源		數棒、學習單		
學習目標				

R-4-1 兩步驟問題併式：併式是代數學習的重要基礎。含四則混合計算的約定（由左往右算、先乘除後加減、括號先算）。學習逐次減項計算。
學生透過數棒操作與算式紀錄，認識兩步驟併式紀錄的意義。

教學活動設計		
教學活動內容及實施方式	時間	備註
一、準備活動	5	
1. 認識數棒並複習舊經驗		
• 教師介紹數棒，引起學生的注意與興趣		
(1)白色積木長 1 公分，編號 1；紅色積木長 2 公分，編號 2；淺綠色積木長 3 公分，編號 3……		
(2)咖啡色積木長幾公分？編號幾號？說說看（如 8、8）。		
(3)長 7 公分，編號 7 的是哪個數棒？拿出來看看。		
• 教師使用數棒，幫助學生複習舊經驗		
(1)長 2 公分（紅色）和長 6 公分（綠色）的兩個數棒，接在一起是幾公分？算式怎麼記錄？說說看（如 8, 2 + 6 = 8）。		
(2)編號 4（紫色）和編號 5（黃色）的兩個數棒，接在一起是幾公分？算式怎麼記錄？說說看（如 9, 4 + 5 = 9）。		
(3)還有其他算式紀錄嗎？有什麼不同或相同處？說說看（如 9, 5 + 4 = 9；次序不一樣，結果都是 9）。		
• 教師指出學習目標，認識不同的算式紀錄		
二、發展活動		
1. 兩步驟加法的併式	20	
• 教師以兩步驟加法問題，協助學生認識併式紀錄		
(1)編號 2（紅色）、編號 4（紫色）和編號 5（黃色）三個數棒，接在一起是幾公分？算式怎麼記錄？做做看並記錄下來。		
(2)你是怎麼記錄呢？還有不同的紀錄嗎？……還有嗎？說說看（如 11, 2 + 4 = 6, 6 + 5 = 11；如 4 + 5 = 9, 9 + 2 = 11；……；2 + 4 + 5 = 11）。		
(3)將兩個算式合併的算式就稱為併式		
• 教師以類似問題，檢驗並鞏固學生認識併式紀錄		
(1)試試看，編號 4（紫色）數棒三個接在一起是幾公分？算式怎麼記錄？併式怎麼記錄？做做看並記錄下來。		
(2)你是怎麼記錄呢？還有不同的紀錄嗎？……還有嗎？說說看（如 12, 4 + 4 = 8, 8 + 4 = 12；如 4 + 4 + 4 = 12；如 4×3 = 12）。		

教學活動設計		
教學活動內容及實施方式	時間	備註
2. 兩步驟加乘的併式	10	
• 教師以兩步驟加乘問題，協助學生認識併式紀錄		
(1)一個編號 5（黃色）和兩個編號 4（紫色）的數棒，接在一起是幾公分？算式怎麼記錄？併式怎麼記錄？做做看並記錄下來。		
(2)你是怎麼併式紀錄呢？還有不同的紀錄嗎？……還有嗎？說說看（如 13, 5 + 4 + 4 = 13；如 5 + 4×2 = 13；……；5×1 + 4×2 = 13）。		
• 教師以兩步驟加乘問題，協助學生認識併式紀錄		
(1)試試看，三個編號 2（紅色）和三個編號 3（綠色）的數棒，接在一起是幾公分？算式怎麼記錄？併式怎麼記錄？做做看並記錄下來。		
(2)你是怎麼併式紀錄呢？還有不同的紀錄嗎？……還有嗎？說說看（如 15, 2×3 + 3×3 = 15；如 3×3 + 2×3 = 13；……；忽略括號 2 + 3×5 = 15）。		
• 教師以數棒操作引導學生認識更「簡便」的併式		
(1)三個編號 2（紅色）和三個編號 3（綠色）的數棒，接在一起是幾公分？你是怎麼併式紀錄？說說看。		
(2)想一想，哪種紀錄方式比較簡便？（引導學生注意編號 2 和編號 3 的數棒都有三個，編號 2 和編號 3 的數棒接起來是編號 5，以便朝向先加再乘的紀錄。）		
三、綜合活動	5	
1. 教師回顧與摘要兩步驟併式重點		
2. 教師提供併式，協助學生反向思考原有運算與操作		
(1)如果數棒接合長度問題的算式紀錄是 7×3，你猜猜看這個問題是拿出哪些數棒接合的呢？		
(2)如果算式紀錄是 9×2 + 3×5，你猜猜看這個問題是拿出哪些數棒接合？		
(3)如果算式紀錄是 7 + 3×4，你猜猜看這個問題是拿出哪些數棒接合？		
(4)如果算式紀錄是 (7 + 3)×4，你猜猜看這個問題是拿出哪些數棒接合？		

第四節　總結與十二年國教數學領綱

　　本章內容分為整數的意義、整數的計算和整數的性質等三部分，並以學生認知為基礎論述學生應該學什麼，如何學及如何教的三方面重點。整數意義的學習內容包含數與量、唱數與計數、基數與序數、十進位系統、位值概念、單位化聚、大小比較、估算與概數等；整數計算的學習內容包含加減法的知識、乘除法的知識和四則運算的規約等；整數性質的學習內容包含關係性質、運算性質和自發性質等。

　　通常，課綱會因應課程理念與訴求，考慮不同的數學主題內容、各階段或各年級的學生認知特質，以及教師教學的具體實施等面向因素，結構出實質內容，以作為學校、縣市教育單位及教育出版業者實施的規準。本章整數主題的學習規劃，在歷年不同版本課綱略有不同，以下僅就十二年國教《數學領綱》（教育部，2018）為例說明。此《數學領綱》是以學習重點描述各階段學生學習要點，藉此引導課程設計、教材發展、教科用書審查、學習評量和教學實踐等作為。學習重點包含學習表現和學習內容兩個向度，以下就此兩向度論述本章整數學習的對應要點。

壹、分階段學習表現

　　學習表現強調以學生為中心，重視認知、情意和應用的學習展現。以下僅就整數意義、整數運算和整數性質有關的學習表現條目節錄如下：

編碼	學習表現（依學習階段排序）
n-I-1	理解一千以內數的位值結構，據以作為四則運算之基礎。
n-I-2	理解加法和減法的意義，熟練基本加減法並能流暢計算。
n-I-3	應用加法和減法的計算或估算於日常應用解題。
n-I-4	理解乘法的意義，熟練十十乘法，並初步進行分裝與平分的除法活動。
n-I-5	在具體情境中，解決簡單兩步驟應用問題。

編碼	學習表現（依學習階段排序）
r-I-1	學習數學語言中的運算符號、關係符號、算式約定。
r-I-2	認識加法和乘法的運算規律。
r-I-3	認識加減互逆，並能應用與解題。
n-II-1	理解一億以內數的位值結構，並據以作為各種運算與估算之基礎。
n-II-2	熟練較大位數之加、減、乘計算或估算，並能應用於日常解題。
n-II-3	理解除法的意義，能做計算與估算，並能應用於日常解題。
n-II-4	解決四則估算之日常應用問題。
n-II-5	在具體情境中，解決兩步驟應用問題。
r-II-1	理解乘除互逆，並能應用與解題。
r-II-3	理解兩步驟問題的併式計算與四則混合計算之約定。
r-II-4	認識兩步驟計算中加減與部分乘除計算的規則並能應用。
n-III-1	理解數的十進位的位值結構，並能據以延伸認識更大與更小的數。
n-III-2	在具體情境中，解決三步驟以上之常見應用問題。
r-III-1	理解各種計算規則（含分配律），並協助四則混合計算與應用解題。

貳、分年學習內容

　　學習內容主要描述數學基礎重要的事實、概念、原理原則、技能與後設認知等知識，提供學校、地方政府或出版社依照其專業需求與特性，將此內容適當地轉化而發展出教材。以下僅就整數意義、整數運算和整數性質有關的學習內容項目節錄如下：

編碼	學習內容條目及說明	備註	學習表現
N-1-1	**一百以內的數**：含操作活動。用數表示多少與順序。結合數數、位值表徵、位值表。位值單位「個」和「十」。位值單位換算。認識 0 的位值意義。	教學可數到最後的「一百」，但不進行超過一百的教學。可點數代表一和十的積木進行位值教學。學習 0 的位值意義以便順利連結日後直式計算之學習。	n-I-1

編碼	學習內容條目及說明	備註	學習表現
N-1-2	**加法和減法**：加法和減法的意義與應用。含「添加型」、「併加型」、「拿走型」、「比較型」等應用問題。加法和減法算式。	強調「併加型」（合成型）的學習以理解加法交換律。處理「0」的加減。應含加、減法並陳之單元，使學生主動察覺加法和減法問題的差異。一年級不做加數、被加數、減數、被減數未知題型（N-2-3）。	n-I-2
N-1-3	**基本加減法**：以操作活動為主。以熟練為目標。指 1 到 10 之數與 1 到 10 之數的加法，及反向的減法計算。	在活動過程中，可能練習到兩步驟以上的加減混合數算，這是活動的常態，其中自然延伸之計算策略與數感建立更值得鼓勵，這種活動不是兩步驟計算的正式教學。	n-I-2
N-1-4	**解題：1 元、5 元、10 元、50 元、100 元**。以操作活動為主。數錢、換錢、找錢。	容許多元策略，以利建立數感，教師不應視為單純的加減單元。	n-I-3
R-1-1	**算式與符號**：含加減算式中的數、加號、減號、等號。以說、讀、聽、寫、做檢驗學生的理解。適用於後續階段。	此條目包括小學之後的學習，不再另列條目。本條目應在加減法單元中完成，不須另立獨立單元教學。	r-I-1
R-1-2	**兩數相加的順序不影響其和**：加法交換律。可併入其他教學活動。	先用「併加型」（合成型）情境說明，再應用於其他情境。不出現「加法交換律」一詞。	r-I-2
N-2-1	**一千以內的數**：含位值積木操作活動。結合點數、位值表徵、位值表。位值單位「百」。位值單位換算。	教學可數到最後的「一千」，但不進行超過一千的教學。學生能局部從某數開始前後數數。須點數表示位值之積木，並熟練「十個一數」、「百個一數」的數數模式。	n-I-1

編碼	學習內容條目及說明	備註	學習表現
N-2-2	**加減算式與直式計算**：用位值理解多位數加減計算的原理與方法。初期可操作、橫式、直式等方法並陳，二年級最後歸結於直式計算，作為後續更大位數計算之基礎。直式計算的基礎為位值概念與基本加減法，教師須說明直式計算的合理性。	不論橫式或直式，加法含二次進位，減法限一次退位。須處理數字中有 0 的題型。為了熟悉位值與直式計算的關係，應先在有位值的表格中學習記錄與計算。	n-I-2
N-2-3	**解題：加減應用問題**。加數、被加數、減數、被減數未知之應用解題。連結加與減的關係（R-2-4）。	教師使用解題策略協助學生理解與轉化問題（花片模型、線段圖、空格算式或加減互逆等），但不發展成學生答題之固定格式。本條目不須另立單元教學。	n-I-3
N-2-4	**解題：簡單加減估算**。具體生活情境。以百位數估算為主。	估算解題的布題應貼近生活情境。	n-I-3
N-2-5	**解題：100元、500元、1000元**。以操作活動為主兼及計算。容許多元策略，協助建立數感。包含已學習之更小幣值。	本單元的進行可與估算連結（N-2-4）。	n-I-3
N-2-6	**乘法：乘法的意義與應用**。在學習乘法過程，逐步發展「倍」的概念，作為統整乘法應用情境的語言。	可在乘法解題脈絡中，自然使用連加算式，不限步驟。最後能以行列模型理解乘法交換律（R-2-3）。	n-I-4
N-2-7	**十十乘法**：乘除直式計算的基礎，以熟練為目標。	本單元應和乘法概念的學習同時進行，不可要求學生死背乘法表。本條目的學習可協助在除法情境（如 N-2-9）中察覺乘與除的關係。	n-I-4

編碼	學習內容條目及說明	備註	學習表現
N-2-8	**解題：兩步驟應用問題（加、減、乘）**。加減混合、加與乘、減與乘之應用解題。不含併式。不含連乘。	連乘在三年級（N-3-7）。	n-I-5
N-2-9	**解題：分裝與平分**。以操作活動為主。除法前置經驗。理解分裝與平分之意義與方法。引導學生在解題過程，發現問題和乘法模式的關聯。	本條目非除法教學，不列除式，不用「除」的名稱（N-3-4）。限相當於整除的問題。教學應在「十十乘法」範圍中進行。可用幾個一數或連減協助，但不可成為答題格式。	n-I-4
R-2-1	**大小關係與遞移律**：「＞」與「＜」符號在算式中的意義，大小的遞移關係。	教學不出現「遞移律」一詞。本階段應在加減法單元中完成，不須獨立單元教學。	r-I-1
R-2-2	**三數相加，順序改變不影響其和**：加法交換律和結合律的綜合。可併入其他教學活動。	先在加法的「併加型」（合成型）情境中說明。教學不出現「結合律」一詞。	r-I-2
R-2-3	**兩數相乘的順序不影響其積**：乘法交換律。可併入其他教學活動。	「乘法交換律」不宜太早教學，建議在二年級後期，以行列模型教學。教學不出現「乘法交換律」一詞。	r-I-2
R-2-4	**加法與減法的關係**：加減互逆。應用於驗算與解題。	應用加減互逆到驗算時，只用加法驗算減法答案，但不用減法驗算加法答案。	n-I-3 r-I-3
N-3-1	**一萬以內的數**：含位值積木操作活動。結合點數、位值表徵、位值表。位值單位「千」。位值單位換算。	教學可進行到最後的「一萬」，但不進行超過一萬的教學。	n-II-1
N-3-2	**加減直式計算**：含加、減法多次進、退位。	須處理數字中有 0 的題型。教學可先在有位值的表格中學習計算。	n-II-2

編碼	學習內容條目及說明	備註	學習表現
N-3-3	**乘以一位數**：乘法直式計算。教師用位值的概念說明直式計算的合理性。被乘數為二、三位數。	須處理被乘數有 0 的題型。教學可先在有位值的表格中學習計算。最後須能以一列算出答案。多位數乘以一位數隱含之分配律來自操作經驗與數感，而非分配律教學。	n-II-2
N-3-4	**除法**：除法的意義與應用。基於 N-2-9 之學習，透過幾個一數的解題方法，理解如何用乘法解決除法問題。熟練十十乘法範圍的除法，作為估商的基礎。	建議先處理整除情境，再處理有餘數的情境。教學中應有乘、除法並陳之單元，讓學生能主動察覺乘法與除法問題的差異。	n-II-3
N-3-5	**除以一位數**：除法直式計算。教師用位值的概念說明直式計算的合理性。被除數為二、三位數。	須處理被除數有 0 的題型。	n-II-3
N-3-6	**解題：乘除應用問題**。乘數、被乘數、除數、被除數未知之應用解題。連結乘與除的關係（R-3-1）。	可使用解題策略協助學生理解與轉化問題（例如「倍」的語言、空格算式、乘除互逆等）。本條目不須另立單元教學。	n-II-2 n-II-3
N-3-7	**解題：兩步驟應用問題（加減與除、連乘）**。連乘、加與除、減與除之應用解題。不含併式。	乘除混合、連除在四年級（N-4-3）。	n-II-5
N-3-8	**解題：四則估算**。具體生活情境。較大位數之估算策略。能用估算檢驗計算結果的合理性。	估算解題的布題應貼近生活情境。本年級剛學除法，因此估算問題須簡單。	n-II-4
R-3-1	**乘法與除法的關係**：乘除互逆。應用於驗算與解題。	理解例如「3 的幾倍是 15」、「什麼數的 4 倍是 12」要用除法列式解題。	r-II-1
N-4-1	**一億以內的數**：位值單位「萬」、「十萬」、「百萬」、「千萬」。建立應用大數時之計算習慣，如「30 萬 1200」與「21 萬 300」的加減法。	教學可進行到最後的「一億」，但不進行超過一億的教學。	n-II-1

編碼	學習內容條目及說明	備註	學習表現
N-4-2	**較大位數之乘除計算**：處理乘數與除數為多位數之乘除直式計算。教師用位值的概念說明直式計算的合理性。	直式計算乘數與除數限三位。直式計算須注意 0 的教學。較大位數除法須進行估商的教學。知道如「1600×200」與「$60000 \div 400$」這類算式，可發展出更簡單的計算方法。	n-II-2 n-II-3
N-4-3	**解題：兩步驟應用問題（乘除，連除）**。乘與除、連除之應用解題。	由於除法有等分除和包含除兩種類型，教學應注意題型的多元性。可和併式學習一起進行（R-4-1）。	n-II-5 r-II-3
N-4-4	**解題：對大數取概數**。具體生活情境。四捨五入法、無條件進入、無條件捨去。含運用概數做估算。近似符號「≈」的使用。	估算解題的布題應貼近生活情境。以概數協助估算須包含四則估算。	n-II-4
R-4-1	**兩步驟問題併式**：併式是代數學習的重要基礎。含四則混合計算的約定（由左往右算、先乘除後加減、括號先算）。學習逐次減項計算。	限整數。二、三年級已學習之兩步驟問題（N-2-8、N-3-7），也應複習並進行併式學習。	r-II-3
R-4-2	**四則計算規律（I）**：兩步驟計算規則。加減混合計算、乘除混合計算。在四則混合計算中運用數的運算性質。	加減部分，不做 $a - (b - c)$ 之去括號。乘除只做「三數相乘，順序改變不影響其積」、「先乘後除與先除後乘的結果相同。」必須呈現以下原則的範例：將應用問題轉化成算式後，再利用計算規律調整算式進行計算解題（其中調整後的算式已無法以原情境來解釋）。	r-II-4

編碼	學習內容條目及說明	備註	學習表現
N-5-1	**十進位的位值系統**：「兆位」至「千分位」。整合整數與小數。理解基於位值系統可延伸表示更大的數和更小的數。	熟練十進位系統「乘以十」、「除以十」所延伸的計算如「300×1200」與「600000÷4000」之處理。	n-III-1
N-5-2	**解題：多步驟應用問題**。除「平均」之外，原則上為三步驟解題應用。	以學生較熟悉、能直接併式之問題為原則。本條目要求併式。須含分配律情境之三步驟問題，以和分配律教學連結（R-5-2）。	n-III-2
R-5-1	**三步驟問題併式**：建立將計算步驟併式的習慣，以三步驟為主。介紹「平均」。與分配律連結。	學習併式不表示此後所有解題教學都必須併式（N-6-9）。	r-III-1
R-5-2	**四則計算規律（II）**：乘除混合計算。「乘法對加法或減法的分配律。」將計算規律應用於簡化混合計算。熟練整數四則混合計算。	乘除混合：含「連除兩數等於除以兩數之積」；不做 a ÷ (b ÷ c) 之去括號。必須呈現以下原則的範例：將應用問題轉化成算式後，再利用計算規律調整算式進行計算解題（其中調整後的算式已無法以原情境來解釋）。	r-III-1

參 考 文 獻

李源順（2018）。**數學這樣教：國小數學感教育**。臺北市：五南出版社。

Fuson, K. C. (1992). Research on whole number addition and subtraction. In D. A. Grouws (Ed.), *Handbook of research on mathematics teaching and learning*, (pp. 243-275). New York: Macmilian.

Gelman, R. & Gallistel, C. R. (1978). *The child's understanding of number*: Harvard University Press.

OECD (2018). *Pisa 2021 mathematics framework (draft).* Paris: OECD Publishing.

Pirie, S. & Kieren, T. (1994). Growth in mathematical understanding: How can we characterise it and how can we represent it？ *Educational Studies in Mathematics, 26*(2), 165-190.

第三章

分數

劉曼麗

在國小數學課程中，有關「分數」教材占有極重要的份量。分數不僅是「整數」與「小數」間的橋梁，更是高階數學學習的重要基礎。國小學生學習分數課程的時間雖相當漫長，如在九年一貫課程中（教育部，2008），分數教材是縱跨三至六年級，又如在十二年國教課程中（教育部，2018），分數教材則是分布在二至六年級，但分數對學生的學習與教師的教學卻都是一大困難。究其因，乃是分數概念很抽象又涉及多重意義。對學生而言，極難掌握，進而對教師的教學是極具挑戰性。因此本章即以分數為主，並以三節依序介紹其概念、運算與性質，其中每一節也皆包括與此節相關的數學內容、數學教與學以及教學示例。最後，在第四節除了總結並附上十二年國教《數學領綱》有關分數之學習表現和學習內容以供參考。

第一節　分數的概念

本節將分數的概念分成真分數、假分數與帶分數、等值分數與相關概念、數線表徵的分數、分數表示兩整數相除的結果、分數與小數的關係、分數的大小比較等七部分來陳述與說明。

壹、數學內容

一 真分數

分數的啟蒙概念是來自對一個個物被分開後的部分量仍可由原單位來表示，此為真分數概念，其中涉及平分（等分割）、單位量與部分 / 全體等要素。

（一）部分／全體的意義

　　分數的概念來自於平分東西，遇有不能將東西做整數個分配又必須將東西分完時，就得將東西再切割成數等份才能分配。例如將 4 個披薩平分給 3 人（來自整數除法中的等分除問題），剩下的一個披薩還要平分給 3 人時，就得將這個披薩再切成 3 等分，此時每人除得到一個披薩外，還有一個披薩被等分割成 3 份中的一份。爲了仍能使用原來的單位「個」來稱呼或表示這不滿一個的量，因而產生了新概念與新符號的需求，用「分數」來表示。分數是用來表示兩量（部分量和單位量）的相對關係，上例即是指一份披薩和一個披薩的相對關係。被等分割前的那個量稱爲單位量（表示 1 的量），而等分割後的其中一部分則稱爲分量或部分量。我們將這個部分量和單位量的相對關係稱爲「部分／全體」。依據單位量的屬性（見第一章），可將學習分數的情境再分成連續量和離散量，而連續量包括一維連續量與二維連續量。爲突顯分割和不滿一個的量，連續量情境是學習分數概念的啟蒙情境。

（二）記法的意義

　　在數學上，用符號 $\dfrac{a}{b}$（a、b 都是整數且 $b \neq 0$）來表示的數稱爲分數，讀作 b 分之 a。分數最初是用來表示單位量（當 1 的量）被平分後的部分量。放在分數符號下方的數稱爲分母，表示將單位量平分的份數，而放在分數符號上方的數稱爲分子，表示其中部分量的份數。例如連續量情境，一個披薩被平分成 3 份，其中的一份用符號 $\dfrac{1}{3}$ 個表示、一條繩子被平分成 4 份，其中的 2 份用符號 $\dfrac{2}{4}$ 條表示；又如離散量情境，一盒糖果有 5 顆，被平分成 5 份，其中的 2 份用符號 $\dfrac{2}{5}$ 盒表示。最初引入的分數，其記法都是分子小於分母，稱爲眞分數。其中分子爲 1 的分數表示平分後的一份（單位分量）特稱爲單位分數，意味著也可用來當作單位，以進行

計數和加減。

由於單位分數表示單位量被等分割後其中一份的量，分割數不同，單位分數所表示的內容物就有多寡之分。例如：一盒巧克力有 15 片，如平分成 15 份，單位分數 $\frac{1}{15}$ 表示的內容物只有 1 片巧克力，此為單一個物（以下簡稱內單）；如平分成 5 份，單位分數 $\frac{1}{5}$ 表示的內容物為 3 片巧克力，此為多個個物（以下簡稱內多）。當然，單位分數所表示的內容物也有非整數個的情形，如上例，單位分數 $\frac{1}{2}$ 表示的內容物就不是剛好為整數個。

假分數與帶分數

到目前為止，我們都是將分數視為部分／全體的意義，因此分子都是小於分母，也就是侷限在真分數的範圍內。而假分數與帶分數則是用來表示其他意義的另兩類分數。

（一）假分數

如將單位分量逐一累積（累加、合起來），利用單位分數來進行序列性唱數，則分數的部分／全體意義就可擴展為單位分數的合成結果。例如：把每一張蔥油餅平分成 6 份，一份稱為 $\frac{1}{6}$ 張，再一份即 2 個 $\frac{1}{6}$ 張，合起來就是 2 份，用之前學習的部分／全體的意義，則稱為 $\frac{2}{6}$ 張。再一份即 3 個 $\frac{1}{6}$ 張，合起來就是 3 份，稱為 $\frac{3}{6}$ 張、……，依此類推，利用類比方式很自然的就將真分數延伸到假分數。因此 6 個 $\frac{1}{6}$ 張合起來就是 6 份，稱為 $\frac{6}{6}$ 張、7 個 $\frac{1}{6}$ 張合起來就是 7 份，稱為 $\frac{7}{6}$ 張、……。相對於真分數，假分數就是指分子不小於分母的分數。注意的是，當分子等於

分母的假分數，其所表示的量剛好可合併成一個單位量，因此 $\frac{b}{b} = 1$。對量而言，眞分數是用來表示一個單位量中的部分量而假分數則是用來表示一個或超過一個單位量的量；對數而言，眞分數是小於 1 的分數而假分數則是大於或等於 1 的分數。

（二）帶分數

除了眞分數與假分數外，還有一種情形是要用整數和眞分數同時來表示，將整數 n 和眞分數 $\frac{a}{b}$ 組合，用符號 $n\frac{a}{b}$ 來表示，稱爲帶分數，讀作 n 又 b 分之 a。回到之前所舉的一個例子，4 個披薩平分給 3 人，每人可得到一個披薩，還有一個披薩被等分割成 3 份中的一份（即 $\frac{1}{3}$ 個披薩），爲能同時表示這兩種量（完整的和不完整的）合起來的結果，用帶分數 $1\frac{1}{3}$ 個披薩來表示，即完整的有一個披薩和不完整的有 $\frac{1}{3}$ 個披薩。帶分數符號 $n\frac{a}{b}$ 的記法中，整數 n 表示完整的個數、眞分數 $\frac{a}{b}$ 表示不到一個單位量的量。簡單來說，帶分數就是整數帶著眞分數。

（三）假分數與帶分數互換

眞分數是在部分／全體的意義下所產生的分數，而假分數與帶分數則是從眞分數擴充而來，這兩類分數是可以互換的。以 $\frac{11}{4}$ 張蔥油餅爲例，每 4 份（由分母顯示）合起來就可湊成 1 張完整的蔥油餅，$11 \div 4 = 2...3$，共可湊成 2 張完整的（由假分數的分子除以分母的商顯示）還剩下 3 份（由假分數的分子除以分母的餘數顯示），剩下的部分量 3 份可用眞分數 $\frac{3}{4}$ 張表示，因此便可換成爲帶分數 $2\frac{3}{4}$。如以一般式表示，若 $m > b$，則 $\frac{m}{b} = n\frac{a}{b}$（$m \div b = n...a$）。

反過來，以 $2\frac{3}{4}$ 張蔥油餅為例，可將每張完整的蔥油餅切成 4 等分，兩張完整的就可切成 8 等分（4×2，來自帶分數的分母 × 整數），再加上另外的 3 份（由帶分數的分子顯示），總計 11 份，改用單位分數 $\frac{1}{4}$ 來計數，1 個 $\frac{1}{4}$、2 個 $\frac{1}{4}$、3 個 $\frac{1}{4}$、……、11 個 $\frac{1}{4}$，因此便可換成為假分數 $\frac{11}{4}$。如以一般式表示：$n\frac{a}{b}=\frac{b\times n+a}{b}$。

由假分數與帶分數的互換歷程得知，假分數換成帶分數就是要把每幾份再合併為一個單位量（與除法連結）；反之，帶分數換成假分數的意義就是要把每一個單位量再分割（與乘法連結）。因此，假分數換成帶分數是要藉由整數的除法完成，而帶分數換成假分數是要藉由整數的乘法與加法完成。

三 等值分數與相關概念（擴分、約分、通分、最簡分數）

等值分數是指記法不同的兩個分數但所表示的量相等。為求出一個分數的等值分數，可由擴分和約分得到。在數學上，將一個分數的分子和分母同乘以一個不為 0 的整數，此方法稱為擴分；將一個分數的分子和分母同除以一個不為 0 的整數（需為分子和分母的公因數），此方法稱為約分。透過擴分與約分後的分數與原分數是等值分數。在國小教材中，是透過量的不同等分割活動來學習等值分數與其概念。

（一）等值分數

在連續量情境中，$\frac{2}{4}$ 張蔥油餅表示把一張蔥油餅平分成 4 份中的 2 份，而 $\frac{4}{8}$ 張蔥油餅表示把一張蔥油餅平分成 8 份中的 4 份。經比較後發現兩邊所表示的量一樣大（如圖 3-1），所以 $\frac{2}{4}$ 和 $\frac{4}{8}$ 是等值分數，記為

$\dfrac{2}{4} = \dfrac{4}{8}$。

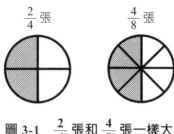

圖 3-1　$\dfrac{2}{4}$ 張和 $\dfrac{4}{8}$ 張一樣大

又如在離散量情境中，一盒巧克力有 15 片，$\dfrac{3}{15}$ 盒巧克力表示把一盒巧克力平分成 15 份（內單情境）中的 3 份，而 $\dfrac{1}{5}$ 盒巧克力表示把一盒巧克力平分成 5 份（內多情境）中的一份。經比較後發現兩邊所表示的個數一樣多（如圖 3-2），都是 3 片巧克力（深色部分），所以 $\dfrac{3}{15}$ 和 $\dfrac{1}{5}$ 是等值分數，記爲 $\dfrac{3}{15} = \dfrac{1}{5}$。

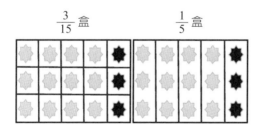

圖 3-2　$\dfrac{3}{15}$ 盒和 $\dfrac{1}{5}$ 盒一樣多

上述的這些分數，雖來自不同的分割數，但所表示的量是相同的，這就是等值分數的意義。

（二）擴分與約分

　　分數表示部分量和單位量的相對關係，不管用多少等分割數來看，此部分量對單位量而言，相對關係是永遠不變的，因而引出了擴分與約分。在量的情境下，擴分的意義就是將部分量中的每一份再平分成若干小份，如以一般式表示，擴分即 $\dfrac{a}{b} = \dfrac{a \times n}{b \times n}$（$n \neq 0$）。以連續量情境為例，如將 $\dfrac{2}{4}$ 張蔥油餅中的每一份再平分成 2 小份，即可得到 $\dfrac{4}{8}$ 張蔥油餅（如圖 3-3）；也就是透過擴分將 $\dfrac{2}{4}$ 的分子和分母同乘以 2 得到 $\dfrac{4}{8}$。

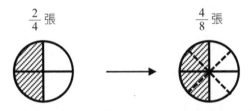

圖 3-3　每一份再平分成 2 小份（擴分的圖像表徵）

　　離散量情境亦同，以一盒巧克力有 15 片情境為例，如將 $\dfrac{1}{5}$ 盒巧克力中的每一份再平分成 3 小份，即可得到 $\dfrac{3}{15}$ 盒巧克力（如圖 3-4）；也就是透過擴分將 $\dfrac{1}{5}$ 的分子和分母同乘以 3 得到 $\dfrac{3}{15}$。

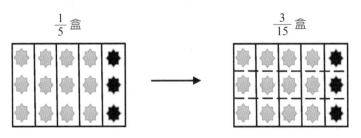

圖 3-4　每一份再平分成 3 小份（擴分的圖像表徵）

相對地，約分的意義就是能成功將部分量中的每幾份再合併成一大份，而要合併成一大份的份數必須是分子和分母的公因數，才能成功合併，如以一般式表示，約分即 $\frac{a}{b}=\frac{a \div n}{b \div n}$（$n$ 為 a 和 b 的公因數）。以連續量情境為例，如將 $\frac{4}{8}$ 張蔥油餅中的每 2 份再合併成一大份，即可得到 $\frac{2}{4}$ 張蔥油餅（如圖 3-5）；也就是透過約分將 $\frac{4}{8}$ 的分子和分母同除以 2 得到 $\frac{2}{4}$。

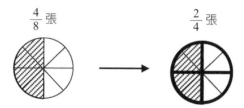

圖 3-5　每 2 份再合併成一大份（約分的圖像表徵）

離散量情境亦同，以一盒巧克力有 15 片情境為例，如將 $\frac{3}{15}$ 盒巧克力中的每 3 份再合併成一大份，即可得到 $\frac{1}{5}$ 盒巧克力（如圖 3-6）；也就是透過約分將 $\frac{3}{15}$ 的分子和分母同除以 3 得到 $\frac{1}{5}$。

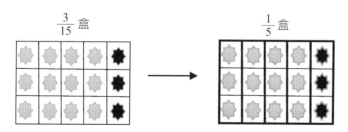

圖 3-6　每 3 份再合併成一大份（約分的圖像表徵）

（三）通分

有了等值分數概念後，就可利用擴分或約分將異分母分數換成同分母分數，此方法稱為通分。而通分的目的是為了要學習異分母分數的比大小和加減計算。

（四）最簡分數

有了約分概念和等值分數，就可將一個分數用約分化簡，直到分子和分母互質（即無大於 1 的公因數可再進行約分），此分數稱為最簡分數。有關於分數的計算，當學生有了互質的概念之後，答案才能要求化為最簡分數。

四 數線表徵的分數（數的意義）

分數的數值可以在數線上以一個點表示，此時分數的概念就被推廣到「數的意義」。數線表徵能使數與數線上的點產生一對一的對應，能讓抽象的數以標準化的形式排列。在數線上，整數、分數和小數之間的關係可以很清楚地被呈現出來，如等值關係和大小比較等等。要注意的是，在分數的概念中，數線表徵與線段表徵（一維連續量），看起來有點類似，但意義卻不同，以 $\frac{2}{4}$ 為例（如圖 3-7）：

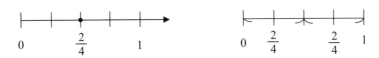

圖 3-7　數線表徵和線段表徵的對照

上圖左，$\frac{2}{4}$ 在數線上是一個點，其位置表示距離原點 0 有 $\frac{2}{4}$ 個單位長；而上圖右，$\frac{2}{4}$ 在線段上是一小段，表示將此線段平分成 4 份中的 2 份，

是部分／全體的意義。

五 分數表示兩整數相除的結果（商的意義）

　　分數的啟蒙脈絡是來自於平分一個東西，所以分數的平分和整數的除法就產生了關聯。回想一下，整數除法的等分除問題，是要解決將較多的個物平分給較少對象的問題，例如：「4 張蔥油餅平分給 2 人，一人分到幾張蔥油餅？」、「4 張蔥油餅平分給 3 人，一人分到幾張蔥油餅？剩下幾張蔥油餅？」前者算式為「4 ÷ 2 = 2」，一人分到 2 張蔥油餅；後者算式為「4 ÷ 3 = 1...1」，一人分到 1 張蔥油餅、剩下一張蔥油餅。有了分數概念後，我們就可將除法概念推廣到將較少的個物平分給較多對象的問題以及將較多的個物平分給較少的對象且分完不可剩下的問題等兩種情形。第一種情形如：「2 張蔥油餅平分給 3 人，一人分到多少張蔥油餅？」而第二種情形如：「4 張蔥油餅平分給 3 人，一人分到幾張蔥油餅？」

　　對於第一種情形，「2 張蔥油餅平分給 3 人，一人分到多少張蔥油餅？」先列式為「2 ÷ 3」，接著就要思考如何求出「2 ÷ 3」的答案？由於 2 張蔥油餅不夠直接平分給 3 個人，因此需要將蔥油餅進行等分割。我們可將每張蔥油餅都平分成 3 份，一人就可分到每張蔥油餅中的一份（$\frac{1}{3}$ 張），所以每人共得到 2 個 $\frac{1}{3}$ 張（如圖 3-8），也就是 $\frac{2}{3}$ 張蔥油餅。用算式表示：$2 ÷ 3 = \frac{2}{3}$。

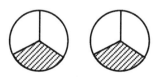

圖 3-8　兩張蔥油餅各平分成 3 份、一人得到 2 個 $\frac{1}{3}$ 張

由於兩整數相除，其結果可用分數表示，我們就稱為「分數表示兩整數相除的結果」或「商的意義」，此一概念推廣將可搭起分數與小數的橋梁。

在上述的等分除問題，我們可用分數來表示兩整數相除的結果；同樣地，在包含除問題也可如此做。例如：「一條繩子長 3 公尺，2 公尺長的繩子是多少條繩子？」此問題可先透過類比或簡化成 6 公尺長的繩子是多少條繩子？然後藉助之前的先備知識，6 公尺長的可用 6 ÷ 3 = 2 以求出 2 條，因此，2 公尺長的可先用 2 ÷ 3 列式。以一條 3 公尺長的繩子為單位量，其中 2 公尺長的繩子（部分量），即可看成是 3 等分中的 2 份，也就是 $\frac{2}{3}$ 條，所以 2 ÷ 3 = $\frac{2}{3}$。

用分數解決了第一種情形，將較少的個物平分給較多對象的問題（較小的數除以較大的數），再來看第二種情形，將較多的個物平分給較少的對象且分完不可剩下的問題（較大的數除以較小的數）。回到之前的一個例子「4 張蔥油餅平分給 3 人，一人分到幾張蔥油餅？」我們先列式為「4 ÷ 3」。接著就要思考如何求出「4 ÷ 3」的答案？4 張蔥油餅直接平分給 3 個人，每人可先分到一張蔥油餅，但還剩下一張蔥油餅。由於要分完，因此還要將剩下的一張蔥油餅再繼續平分給 3 人。如將這張蔥油餅平分成 3 份，一人就可分到一份（$\frac{1}{3}$ 張），連同之前分到的一張，一人就可得到 $1\frac{1}{3}$ 張蔥油餅，記成 4 ÷ 3 = $1\frac{1}{3}$。我們也可將每張蔥油餅都平分成 3 份，一人就可分到每張蔥油餅中的一份（$\frac{1}{3}$ 張），4 張蔥油餅，總共得到 4 個 $\frac{1}{3}$ 張蔥油餅，所以是 $\frac{4}{3}$ 張蔥油餅，記成 4 ÷ 3 = $\frac{4}{3}$。

六 分數與小數的關係

所有的分數都可化成小數，但並非所有的小數也可化成分數（如 π、

0.1010010001...）。若最簡分數的分母只有 2 或 5 的質因數，可化成有限小數；若分母有 2 與 5 以外的質因數，則可化成循環小數（國小階段不介紹循環小數）。至於要如何將分數化成小數呢？當分母為 10^n 的分數，就可直接化成 n 位小數，如 $\frac{2}{10} = 0.2$、$1\frac{34}{100} = 1.34$。當分母不為 10^n 的分數，若能先化成分母為 10^n 的等值分數後就可化成 n 位小數，如 $\frac{2}{5} = \frac{4}{10}$ $= 0.4$、$\frac{1}{4} = \frac{25}{100} = 0.25$。另外，還有一種方式是利用分數表示兩整數相除的結果以及等號對稱性（等號的兩邊可對調），把 $a \div b = \frac{a}{b}$ 反過來寫成 $\frac{a}{b} = a \div b$。因此就可用分數的分子除以分母，透過除法的直式算則計算，即可得出小數，如 $\frac{1}{4} = 1 \div 4 = 0.25$。這種方法也適用於無法將分數化成分母為 10^n 的等值分數的情形，但在小學會使用概數表示，如 $\frac{2}{3} = 2$ $\div 3 \doteqdot 0.67$（四捨五入取到小數第二位）。有關分數與小數的換算，進一步說明見第四章。

七 分數的大小比較

有了分數概念後，兩個或多個的分數就可進行大小比較。同於整數，分數的大小比較亦是由量的多寡抽象化而來。在量的比較下，我們都是先確定單位量相同，才進行分數的大小比較。例如：「小明吃了 $\frac{1}{4}$ 個大披薩、小華吃了 $\frac{3}{4}$ 個小披薩，誰吃得比較多？」由於兩邊單位量不同，不能直接用分數來比較。但在數的比較下，我們都假設單位量相同。在同樣單位量的條件下，分數表示的量愈多，其數值就愈大。

依據分數的種類，包括眞分數的比大小、假分數的比大小、帶分數的比大小，還有不同種類分數的比大小。依據分數的分母，包括同分母分數的比大小與異分母分數的比大小。

　　在分母相同的情形下，表示單位量被平分的份數是一樣多，所以兩邊所表示的每一份都一樣大或一樣多，因此可用分數的分子（所取份數或單位分數的個數）直接來比。如 $\frac{3}{4}$ 張蔥油餅和 $\frac{2}{4}$ 張蔥油餅，前者表示把 1 張蔥油餅平分成 4 份中的 3 份（3 個 $\frac{1}{4}$ 張）而後者表示是 4 份中的 2 份（2 個 $\frac{1}{4}$ 張），3 份比 2 份多或 3 個 $\frac{1}{4}$ 張比 2 個 $\frac{1}{4}$ 張多（3＞2），所以 $\frac{3}{4}$ ＞ $\frac{2}{4}$。假分數亦同，如 $\frac{7}{4}$ 張蔥油餅和 $\frac{5}{4}$ 張蔥油餅，7 份比 5 份多或 7 個 $\frac{1}{4}$ 張比 5 個 $\frac{1}{4}$ 張多（7＞5），所以 $\frac{7}{4}$ ＞ $\frac{5}{4}$。

　　至於帶分數，因有整數部分（單位量的個數），所以會先看整數部分。如 $3\frac{2}{4}$ 張蔥油餅和 $1\frac{3}{4}$ 張蔥油餅，由於 $3\frac{2}{4}$ 張比 3 張多一些但不到 4 張，而 $1\frac{3}{4}$ 張比 1 張多一些但不到 2 張，因此只要先比整數部分即可得知。整數部分大者，整個分數就大，所以 $3\frac{2}{4}$ ＞ $1\frac{3}{4}$。若是兩個帶分數的整數部分都相同時，再來比較分數部分（即真分數的比大小）。如 $3\frac{3}{4}$ 和 $3\frac{2}{4}$ 的比大小，因為兩邊整數相同且 $\frac{3}{4}$ ＞ $\frac{2}{4}$，所以 $3\frac{3}{4}$ ＞ $3\frac{2}{4}$。

　　分母不同，表示兩邊被平分後的一份不一樣大或不一樣多，則不能直接比分子，但可利用通分將異分母分數換成同分母分數後再進行大小比較。如為帶分數時，整數部分相同才需要對分數部分進行通分。如遇特殊情形，除通分外，還可用推理的方式進行，如異分母同分子的分數，$\frac{2}{3}$（平分成 3 份中的 2 份）和 $\frac{2}{5}$（平分成 5 份中的 2 份），兩邊都是取出 2 份，因為平分成 3 份的每一份比平分成 5 份的每一份都大（多），所以 3 份中的 2 份比 5 份中的 2 份還大（多），所以 $\frac{2}{3}$ ＞ $\frac{2}{5}$。

至於不同種類分數的大小比較，如假分數和帶分數的大小比較，可先化成都為假分數或都為帶分數，再進行大小比較。

對於分數的大小比較，有了概念性了解，再內化為程序性知識。如有整數部分，就要先比整數；整數大者、分數就大。如整數相同或沒有整數的分數，可分兩種情形來看。同分母分數的比大小，只比分子，分子愈大的，分數就愈大；異分母分數的比大小，可用通分先化成同分母分數再進行大小比較，但為同分子的分數比大小時，也可不用通分，直接比分母，分母愈大的，分數就愈小。

貳、數學教與學

一 在概念的學習困難與迷思概念

由於分數概念抽象又具有多重意義，導致學生面臨諸多困難。參考文獻以及作者自己的一些研究結果（劉曼麗〔主編〕，2019，2020a，2020b，2020c），挑選學生學習上常有的困難與迷思概念，摘要於表3-1。

表 3-1　學生學習上常有的困難與迷思概念

分數概念	困難與迷思概念
單位分數與真分數	• 忽略單位量、不會區分單位、不會掌握單位之間的關係。 • 不會注意有無等分（每一份有沒有一樣大或一樣多）。 • 無法掌握單位分數所表示的意義。 • 無法掌握真分數所表示的意義（部分／全體），即不易釐清分母與分子所表示的意義以及兩者的相互關係（一包冰棒有 10 枝，學生會圈出 1 枝或 2 枝來表示 $\frac{1}{2}$ 包；一條彩帶被平分成 8 段後的第五段，學生會寫出是 $\frac{5}{8}$ 條）。

分數概念	困難與迷思概念
	• 在離散量內多情境極易產生單位間的混淆（一盒糖果有 12 顆，取出 $\frac{3}{4}$ 盒數量的問題時，就涉及盒、份、顆三種單位），尤其是份數與個數的混淆（一盒糖果有 12 顆，學生會取出 3 顆表示 $\frac{3}{4}$ 盒的數量）。
假分數與帶分數 假分數與帶分數互換	• 無法掌握假分數與帶分數概念。 • 認為分子與分母相同的分數是真分數。 • 認為整數和假分數合成的分數是帶分數，如 $3\frac{5}{4}$ 是帶分數。 • 假分數換成帶分數時，在長除法中的除數與除後所得的商和餘數，不知道哪一個是當作帶分數中的整數部分？哪一個是當作帶分數中的分母？哪一個是當作帶分數中的分子？ • 帶分數換成假分數時，誤用十進位概念（$3\frac{5}{8}=\frac{38}{8}$）。
等值分數 最簡分數	• 無法掌握等值分數概念。 • 難以接受兩分數外觀不同、其值卻表示相等，如 $\frac{2}{4}$ 和 $\frac{1}{2}$ 會相等。 • 不會找給定分數的某一等值分數。 • 帶分數進行約分／擴分，將整數部分也同時約分／擴分。 • 不會約到／判斷最簡分數。
數線表徵的分數	• 點數刻度線而非間隔數。 • 將數線全長當作 1 個單位（即將數線上的全部格子總數當分母）。 • 忽略數線上的參考點。 • 將 $\frac{a}{b}$ 標記在從 0 右移 a 小格的位置上或者是 b 後面的第 a 小格上。 • 將分數中出現的數字全在數線上標出（如 $2\frac{3}{5}$，則將數線上的 2、3、5 全標記）。 • 將數線上每一段皆當作 $\frac{1}{10}$ 或 0.1。

分數概念	困難與迷思概念
分數表示兩整數相除結果	• 進行兩整數相除，將較大的數當作被除數、較小的數當作除數。 • 將兩整數相除結果表示為分數時，被除數當分母、除數當分子。
分數與小數的關係	• 分數與小數互換時，將分數 $\frac{b}{a}$ 直接化成 $a.b$ 或 $b.a$、將小數 $a.b$ 直接化成 $\frac{a}{b}$ 或 $\frac{b}{a}$。 • 將分母為 10^n 的分數化成小數時，小數位數有誤（$2\frac{3}{10} = 2.03$、$2\frac{3}{100} = 2.3$）。 • 將純小數化成真分數時，直接將純小數 $0.a$ 化成 $\frac{1}{a}$、$\frac{0}{a}$ 或 $\frac{a}{0}$。
分數的大小比較	• 忽略單位量是否一樣大。 • 忽略分母不同，只比較分子、分子大的分數就大。 • 只比較分母、分母大的分數就大。

二 在概念的教學與學習

　　呼應第一章對教學與學習所持觀點，運用一個起動機制與五個核心內涵（李源順，2018）來營造學生對分數的概念有感。在教學過程中強調先從量的概念出發，學習能連結多種表徵、進行表徵之間的轉換，以獲得對概念的理解，最後抽象化為數概念。而在教學方法的選取，依據多元優選的教學理念，必須多元且優選，選擇最適切的教學方法，讓學生的學習獲得最大效率。

　　由表 3-1 發現，學生很難理解分數的概念與符號所要表示的意義，尤其是單位量、分子、分母三者之間的關係。加上又受到先前學習整數的影響，學生也極易將分母與分子視為兩個獨立的數，因而常伴隨許多迷思概念。所以在分數學習上，對概念的理解與釐清不容忽視。我們可運用不同

表徵，透過說、讀、聽、寫、做活動，協助學生從具體、圖像過渡到抽象的分數符號（$\frac{a}{b}$、$n\frac{a}{b}$）。如是，學生對分數的學習，才能有具體的感覺，進而形成心像，掌握到分數抽象的意義。

在單位分數、真分數、假分數、帶分數、假帶分數互換、等值分數、擴分與約分、最簡分數的學習上，有賴教師透過實際的物件與情境或具體操作活動並加上關鍵問話，以協助學生能掌握到概念的本質或關係（見數學內容相關部分）。簡單來說：

- 單位分數的教學重點：是聚焦在一個單位量平分成幾份中的一份；
- 真分數的教學重點：是聚焦在一個單位量平分成幾份中的一部分（分量）；
- 假分數的教學重點：是聚焦在單位分量的累數結果；
- 帶分數的教學重點：是聚焦在一些單位量和不滿一個單位量（分量）的合成結果；
- 假分數換成帶分數的教學重點：是聚焦在把每幾份都合併成一個單位量；
- 帶分數換成假分數的教學重點：是聚焦在要把每一個單位量再細分成更小的單位分量；
- 等值分數的教學重點：是聚焦在兩個量雖然其分割份數不同，卻表示一樣大或一樣多；
- 擴分的教學重點：是聚焦在要把已分割好的每一份再切割成若干小份；
- 約分的教學重點：是聚焦在能把每幾份都再合併成一大份；
- 最簡分數的教學重點：是聚焦在將分子和分母化為互質（即無法再約分）的等值分數。

在量的概念下有了上述這些基礎，再結合整數的除法概念以及要把所有東西都平分完不可剩下的條件，分數表示兩整數相除結果的意義（商的意義）就應然而生，當然還是要先從量的概念出發（2 張蔥油餅平分給 3 人），運用不同表徵，協助學生能掌握涉及的關係與對應的算式（2 ÷ 3 =

$\frac{2}{3}$），爲分數與小數搭起橋梁。

另外，還有一種數線表徵，較爲抽象，與之前所使用的一些表徵是很不一樣的。雖然學生已在整數學習時經驗過數線，由於分數涉及單位量、分子、分母以及數線上的每段單位長又可呈現不同的等分割數，致使學生在數線上標示分數，考慮的要素較標示整數時複雜許多。加上學生又受先前線段表徵的影響，易對數線表徵產生混淆。此處的教學也應受到關注。

最後，兩個或多個分數的大小比較，也是需要從量的概念引入，讓學生發現爲何要分母相同才可直接比分子。

接著以學習眞分數爲例，說明教與學的具體策略。爲了要引導學生了解眞分數的概念就是表示把一個東西平分成幾份中的數份（表示一份的量特稱爲單位分數），實際的物件與情境可以是一個披薩或一包糖果，具體操作物可以是分數板、花片或積木。圖像可以是分數圓形圖和分數長條圖。分數的概念雖是建立在對單位量的等分割活動，但學生卻容易忽略單位量，因此要常常提醒學生誰被平分以及單位不能省略，讓學生有機會釐清單位量。對單位量作等分割時（實際操作或畫圖分分看，必要時宜先給出等分割點），也應提問學生每一份有沒有一樣大或一樣多以突顯要平分的重要性、提問總共平分成幾份以突顯分母的意義、提問其中的分量所占份數以突顯分子的意義。另外，我們也應提供不同的情境（先連續量再離散量）與不同的等分割活動（平分 2 份、平分 4 份、……）以豐富學生的學習經驗，希望在不同的情境與不同的等分割份數下，學生都能連結並有互相轉換的能力，意即能操作或畫圖、寫出符號（$\frac{a}{b}$）、說出意義（將單位量平分成 b 份取 a 份），這三者之間都能兩兩雙向連結。在這樣的學習下，相信以後無論遇到哪一類型的分數問題，學生都有著力點進行思考與想方法解決。

下面即以二年級單位分數單元爲例，呈現其中一節課的教學示例以供參考。關於離散量情境可視學生程度決定是否進行或移至三年級再進行。

參、教學示例

領域 / 科目		數學	設計者	劉曼麗
實施年級		二年級	總節數	共三節 / 第二節
單元名稱		單位分數		
設計依據				
學習重點	學習表現	n-I-6 認識單位分數。	核心素養	數-E-A2 具備基本的算術操作能力、並能指認基本的形體與相對關係,在日常生活情境中,用數學表述與解決問題。 數-E-B 具備日常語言與數字及算術符號之間的轉換能力,並能熟練操作日常使用之度量衡及時間,認識日常經驗中的幾何形體,並能以符號表示公式。 數-E-C1 具備從證據討論事情,以及和他人有條理溝通的態度。 數-E-C2 樂於與他人合作解決問題並尊重不同的問題解決想法。
	學習內容	N-2-10 單位分數的認識:從等分配的活動(如摺紙)認識單部分為全部的「幾分之一」。知道日常語言「的一半」、「的二分之一」、「的四分之一」的溝通意義。在已等分割之格圖中,能說明一格為全部的「幾分之一」。		
議題融入	議題實質內涵	視實際設計需求使用		
	所融入之學習重點	視實際設計需求使用		
與其他領域 / 科目的連結		視實際設計需求使用		
教材來源		自編		
教學設備 / 資源		直尺、一張白紙、一條繩子、一包糖果、學習單、單槍投影機		
學習目標				
認識單位分數及其意義				

教學活動設計		
教學活動內容及實施方式	時間	備註
一、準備活動（複習平分） T：在上一節我們已經學過平分的概念，誰能說說看，平分是什麼 　　意思？ 　　（多元評量：(1) 老師可以考慮點特定程度的學生來做答，以合 　　理推論有多少百分比的學生會不會。(2) 當低成就學生不會時， 　　老師可以請更高成就學生協助。(3) 以下皆可以同此來考慮多元 　　優選的教學。） S：我知道，就是把東西分得很公平。 T：什麼叫做分得很公平？ S：分出來的每一份都一樣。 T：怎麼知道都是一樣？如果我們要平分一張白紙？（老師呈現一 　　張白紙） S：看它每一份有沒有都一樣大。 T：怎麼知道每一份都一樣大？ S：可以放在一起比比看。 　　（視情況，以對分為例，可請學生或老師做給大家看。） T：如果是平分一條繩子？（老師呈現一條繩子） S：看它每一份有沒有都一樣長。 T：怎麼知道每一份都一樣長？ S：放在一起比比看。 S：也可以量它們的長度。 　　（視情況，以對分為例，可請學生做或老師做給大家看。） T：那如果是平分一包糖果呢？（老師呈現一包糖果） S：看它每一份的糖果有沒有都一樣多。 T：怎麼知道每一份都一樣多？ S：數數看。看每一份有幾顆。 　　（視情況，以對分為例，可請學生做或老師做給大家看。） T：你們回答得都很棒。（老師應適時的讚美學生、鼓勵學生。） 　　現在你們都很清楚平分的意思了。	8'	（全班溝 通討論） 讓學生說 舉例

教學活動設計		
教學活動內容及實施方式	時間	備註
二、**發展活動**（在生活情境的脈絡中，透過有意義的任務協助學生發展單位分數的概念，促使學生對單位分數習得有感並學會使用分數溝通的方式。）	30'	
布題一		
T：小美的媽媽烤了一些大小都一樣的披薩，分送給鄰居每家一個披薩。		
(1) 張阿姨家有 2 個人，平分一個披薩，要怎麼切？每一個人可分到多少個披薩？		
(2) 李叔叔家有 4 個人，平分一個披薩，要怎麼切？每一個人可分到多少個披薩？		
(3) 陳爺爺家有 8 個人，平分一個披薩，要怎麼切？每一個人可分到多少個披薩？		
請你們先小組討論，要如何幫忙張阿姨家、李叔叔家、陳爺爺家切披薩？然後將結果分別畫在學習單上的三個披薩上，把每家一個人可分到的披薩塗上顏色。		（小組討論、合作解題）
（小組開始討論，老師應巡堂以了解每組討論與作答情形，必要時引導學生回到實作，拿出圓形色紙先摺摺看，再畫在學習單上。上一節課學生已透過對摺活動學習將圓形色紙等分成 2 份、4 份和 8 份。）		
T：老師看到你們每組都切對了，很好。		
（張貼或用簡報呈現每家一個人可分到的披薩）		
張阿姨家的　　　　李叔叔家的　　　　陳爺爺家的 		
T：（指著張阿姨家塗色的一份披薩）張阿姨家的一個人可分到多少個披薩，要怎麼告訴別人？		（全班溝通討論）
S：一半披薩。		
S：半個披薩。		

教學活動設計		
教學活動內容及實施方式	時間	備註
T：（指著李叔叔家塗色的一份披薩）李叔叔家的一個人可分到多少 　　個披薩，要怎麼告訴別人？ S：一片披薩。 S：一塊披薩。 T：注意喲！要用「個」來稱呼。 S：半個披薩的一半。 S：半個的半個披薩。 S：半半個披薩。 T：唸起來太麻煩了。老師今天要教你們用一個新符號來表示東西 　　被平分後其中一份的記法。 李叔叔家的 （逐步在黑板上寫下新符號 $\frac{1}{4}$） 我們先畫一條橫線「—」表示要做「平分」。 平分的總份數就記錄在橫線的下方。1、2、3、4，共平分成 4 份，所以我們在橫線下方記「4」。分到的 1 份，就在橫線的上 方記「1」。符號「$\frac{1}{4}$」讀作「四分之一」。$\frac{1}{4}$ 個披薩表示把一 個披薩平分成 4 份中的一份。所以李叔叔家的每一個人都可以分 到 $\frac{1}{4}$ 個披薩。 李叔叔家的 $\frac{1}{4}$ 個披薩		（講述教 學）

教學活動設計		
教學活動內容及實施方式	時間	備註
T：你們看懂新符號的記法了嗎？ S：看懂了。 T：反過來想想看，$\frac{1}{4}$ 個披薩的記法中，「4」表示什麼意思？ S：把一個披薩平分成 4 份。 T：很好。那 $\frac{1}{4}$ 個披薩的記法中，「1」又表示什麼意思？ S：其中的一份。 T：整個來說，$\frac{1}{4}$ 個披薩表示什麼意思？ S：把一個披薩平分成 4 份中的一份。 T：回答的好棒。 T：我們有新符號了。（老師指著陳爺爺家塗色的一份披薩） 陳爺爺家的 T：有誰可以告訴大家，陳爺爺家的一人可分到多少個披薩？ S：$\frac{1}{8}$。 T：$\frac{1}{8}$ 什麼？要有單位，別人才清楚是指什麼。 S：$\frac{1}{8}$ 個披薩。 T：答對了，真棒。（老師書寫 $\frac{1}{8}$ 個披薩） 陳爺爺家的 $\frac{1}{8}$ 個披薩		讓學生說 讓學生說

教學活動設計		
教學活動內容及實施方式	時間	備註

T：請再說說看，為什麼是 $\frac{1}{8}$ 個披薩？

S：陳爺爺家有 8 個人，把一個披薩平分成 8 份，每一個人都可以分到一份，所以是 $\frac{1}{8}$ 個披薩。

T：太棒了，解釋得好清楚。張阿姨家的一個人可分到半個披薩。半個披薩就是把一個披薩平分成 2 份中的一份，用新符號可以怎麼稱呼？

S：$\frac{1}{2}$ 個披薩。

T：答對了，真棒。（老師書寫 $\frac{1}{2}$ 個披薩）

張阿姨家的

$\frac{1}{2}$ 個披薩

T：非常好，你們都會用新符號了，它可以用來表示東西被平分後的一份。

（視學習情況可出練習題）

布題二

T：鄰居張阿姨送回一箱有 6 瓶的果汁給小美的媽媽。媽媽想把這箱果汁平分給家裡的 6 個人，一個人可分到多少箱果汁？

一箱果汁

S：一瓶果汁。

T：怎麼知道的？

S：有 6 瓶果汁要平分給 6 人，6 除以 6 等於 1，一人可分到一瓶。

備註欄：問為什麼

讓學生說

教學活動設計		
教學活動內容及實施方式	時間	備註
T：很好。一人可分到一瓶果汁，但題目是問一個人可分到多少箱果汁？注意，要用「箱」的單位來回答。 S：嗯…… T：把 6 瓶果汁平分成 6 份，一份就是一瓶。我們上一題不是剛學到用新符號來表示一份嗎？ 學到用新符號來表示一份嗎？ 平分成 6 份中的一份 T：我們先畫一條橫線「一」表示要做「平分」（老師在黑板上書寫一）。 S：老師，我知道了，一人可分到 $\frac{1}{6}$ 箱果汁。 T：答對了，真棒。請再說說看，為什麼是 $\frac{1}{6}$ 箱果汁？ S：把一箱果汁平分成 6 份，每一個人都可以分到一份，所以是 $\frac{1}{6}$ 箱果汁。 T：說得很好。把一箱果汁要平分的份數就寫在橫線的下方（老師在黑板上的橫線下方書寫 6）、分到的一份就在橫線上方寫 1（接著在黑板上的橫線上方書寫 1，然後書寫箱），所以 $\frac{1}{6}$ 箱果汁表示把一箱果汁平分成 6 份中的一份。 T：每一個人都可以分到一份，所以是 $\frac{1}{6}$ 箱果汁。 （視學習情況可出練習題） **三、綜合活動**（統整） T：說說看，今天學到什麼？ S：我們學到新符號。 S：我們學到平分後的一份要怎麼記。 S：學到一個披薩平分成 4 份，其中的一份稱為四分之一個披薩。 S：學到一箱果汁平分成 6 份，其中的一份稱為六分之一箱果汁。	 2'	 問為什麼 讓學生說

第二節　分數的運算

　　運算指的是在數概念基礎上所定義的加、減、乘、除等四則運算。而有關四則運算的問題結構則包括情境結構、語意結構與運算結構（見第一章）。至於這個問題要用哪種運算來解決是屬於列式問題，而列出的算式要如何算出答案則是屬於計算問題。因此，本節先依運算分成分數的加減、分數的乘法、分數的除法等三部分，而每一部分再分成列式和計算來討論。

壹、數學內容

一 分數的加減

（一）加減列式

　　對於一個數學文字題該用何種運算來列式，有些文字題可直接從語意結構來判斷。而分數的加減列式如同整數的加減一樣，就是源自合成與分解的概念。合成乃是把兩個量合在一起，就是加法的意義；分解乃是把一個量分成兩量，就是減法的意義。學生很容易了解合成與分解的意義，進而將其連結到用加法與減法來列式。至於分數的合成與分解的啟蒙情境和整數一樣，都是改變型（添加型與拿走型）與合併型問題。比較型問題則是比較兩個量的大小和相差多少，可再分成比多和比少兩類。平衡型問題則是比較型問題與改變型問題的混搭。

　　分數加減法文字題類型，依據情境結構，可分成連續量（一維連續量、二維連續量）與離散量（內單、內多）；依據語意結構，可分成合併型、改變型（添加型與拿走型）、比較型與平衡型；依據運算結構（未知數所在位置），加法問題可分成 $a + b = (\ \ )$、$a + (\ \ ) = c$、$(\ \ ) + b = c$，而減法問題可分成 $a - b = (\ \ )$、$a - (\ \ ) = c$、$(\ \ ) - b = c$。關於這

些問題類型與例子可參考第二章的整數篇，只要將自然數換成真分數、假分數或帶分數，並將情境擴充到連續量（一維連續量、二維連續量）與離散量（內單、內多）即可。例如：改變型結果量問題如下：

（原問題）阿明有 4 張獎卡，阿華給他 3 張後，阿明會有幾張獎卡？

擴充到分數範圍的問題如下：

（一維連續量）阿明有 $\frac{5}{8}$ 條繩子，阿華給他 $\frac{2}{8}$ 條繩子後，阿明會有幾條繩子？

（二維連續量）阿明有 $\frac{5}{8}$ 張蔥油餅，阿華給他 $\frac{2}{8}$ 張蔥油餅後，阿明會有幾張蔥油餅？

（離散量內單）一包糖果有 8 顆，阿明有 $\frac{5}{8}$ 包糖果，阿華給他 $\frac{2}{8}$ 包糖果後，阿明會有幾包糖果？

（離散量內多）一包糖果有 16 顆，阿明有 $\frac{5}{8}$ 包糖果，阿華給他 $\frac{2}{8}$ 包糖果後，阿明會有幾包糖果？

（二）加減計算

當一個分數加減文字題列式後，就進入計算求解，如同整數，單位一樣才可以直接進行加減計算。分數的加減計算，依據分數的分母，可分成同分母分數的加減計算與異分母分數的加減計算；依據分數的種類，可分成真分數的加減計算、假分數的加減計算與帶分數的加減計算。另外還有不同種類分數的加減計算。

1. 同分母分數的加減計算

在分母相同的情形下，表示單位量被平分的份數是一樣多，所以兩邊所表示的每一份都一樣大或一樣多，因此可用分數的分子（所取份數或單位分數的個數）直接來加減，例如：「哥哥有 $\frac{3}{4}$ 張蔥油餅、妹妹有 $\frac{2}{4}$

張蔥油餅，兩人共有多少張蔥油餅？」列式爲「$\frac{3}{4} + \frac{2}{4}$」。前者表示把 1 張蔥油餅平分成 4 份中的 3 份（3 個 $\frac{1}{4}$ 張），而後者是 4 份中的 2 份（2 個 $\frac{1}{4}$ 張），由於前者與後者的每一份都一樣大，所以合起來，3 + 2 = 5，共有 5 份（5 個 $\frac{1}{4}$ 張），也就是 $\frac{5}{4}$ 張蔥油餅，換成帶分數則爲 $1\frac{1}{4}$ 張蔥油餅。由於原來的每一份未再被平分，因此分母不變。用算式表示：$\frac{3}{4} + \frac{2}{4} = \frac{3+2}{4} = \frac{5}{4} = 1\frac{1}{4}$。從過程中也可了解到同分母眞分數的加法計算算則，即「分母不變、分子相加」。至於同分母假分數的加法計算就和眞分數的一樣，只要分子相加即可。例如：「哥哥有 $\frac{6}{4}$ 張蔥油餅、妹妹有 $\frac{5}{4}$ 張蔥油餅，兩人共有多少張蔥油餅？」列式爲「$\frac{6}{4} + \frac{5}{4}$」，算法爲：$\frac{6}{4} + \frac{5}{4} = \frac{6+5}{4} = \frac{11}{4} = 2\frac{3}{4}$。兩人共有 $2\frac{3}{4}$ 張蔥油餅。

　　關於同分母帶分數的加法計算，則還要處理整數部分，例如：「哥哥有 $2\frac{3}{4}$ 張蔥油餅、妹妹有 $1\frac{2}{4}$ 張蔥油餅，兩人共有多少張蔥油餅？」列式爲「$2\frac{3}{4} + 1\frac{2}{4}$」。至於作法，除了要將不完整的 $\frac{3}{4}$ 張和 $\frac{2}{4}$ 張合起來（$\frac{3}{4} + \frac{2}{4}$），也要將完整的 2 張和 1 張合起來（2 + 1），因此全部共有 $\frac{5}{4}$ 張和 3 張，即 $3\frac{5}{4}$ 張。由於 $3\frac{5}{4}$ 並非帶分數，因此還要多一步驟，將 $3\frac{5}{4}$ 中的假分數 $\frac{5}{4}$ 先化成帶分數 $1\frac{1}{4}$，再和整數部分 3 合起來，即答案爲 $4\frac{1}{4}$ 張蔥油餅。用算式表示：$2\frac{3}{4} + 1\frac{2}{4} = (2 + 1) + \frac{3+2}{4} = 3\frac{5}{4} = 3 + 1\frac{1}{4} = 4\frac{1}{4}$。另外，也可把兩個帶分數都化成假分數再做，但這樣的作法會使分子變大，計算容易出錯。

關於減法作法，同分母真分數的減法處理過程和同分母真分數的加法大致一樣，只是把要合併的份數改成要拿走的份數。例如：「哥哥有 $\frac{3}{4}$ 張蔥油餅、給了妹妹 $\frac{2}{4}$ 張蔥油餅，哥哥還有多少張蔥油餅？」列式為「$\frac{3}{4} - \frac{2}{4}$」。由於前者與後者的每一份都一樣大，所以直接從 3 份（3 個 $\frac{1}{4}$ 拿走 2 份（2 個 $\frac{1}{4}$ 張），3 − 2 = 1，剩下一份（一個 $\frac{1}{4}$ 張），也就是 $\frac{1}{4}$ 張蔥油餅。用算式表示：$\frac{3}{4} - \frac{2}{4} = \frac{3-2}{4} = \frac{1}{4}$。從過程中也可了解到同分母真分數的減法計算算則，即「分母不變、分子相減」。此外，還要特別注意不夠減的問題。例如：「哥哥拿了 $3\frac{1}{4}$ 張蔥油餅、給了妹妹 $1\frac{3}{4}$ 張蔥油餅，哥哥還有多少張蔥油餅？」列式為「$3\frac{1}{4} - 1\frac{3}{4}$」。至於作法，哥哥的 $3\frac{1}{4}$ 張蔥油餅中（3 張和一份）不夠直接拿出 $1\frac{3}{4}$ 張（1 張和 3 份）給妹妹，需先把其中的一張蔥油餅再切成 4 等分（4 個 $\frac{1}{4}$ 張），因此哥哥原先的蔥油餅 3 張和一份（一個 $\frac{1}{4}$ 張）就換成了 2 張和 5 份（5 個 $\frac{1}{4}$ 張），就可從中拿出一張和 3 份（3 個 $\frac{1}{4}$ 張）給妹妹，最後剩下一張和 2 份，所以哥哥還有 $1\frac{2}{4}$ 張蔥油餅。用算式表示：$3\frac{1}{4} - 1\frac{3}{4} = 2\frac{5}{4} - 1\frac{3}{4} = (2 - 1) + \frac{5-3}{4} = 1\frac{2}{4}$。$2\frac{5}{4}$ 雖不是帶分數，但可出現在過程的紀錄中，以表示當下的換算結果（2 張和 5 個 $\frac{1}{4}$ 張）。

2. 異分母分數的加減計算

分母不同，表示兩邊被平分後的一份不一樣大或不一樣多，此時就不能直接用分子來加減。例如：「哥哥有 $\frac{3}{4}$ 張蔥油餅、妹妹有 $\frac{2}{6}$ 張蔥油

餅，兩人共有多少張蔥油餅？」列式為「$\frac{3}{4} + \frac{2}{6}$」。前者表示把 1 張蔥油餅平分成 4 份中的 3 份（3 個 $\frac{1}{4}$ 張），而後者表示把一張蔥油餅平分成 6 份中的 2 份（2 個 $\frac{1}{6}$ 張），由於前者的一份與後者的一份不一樣大，所以直接用分子相加，回答 5 份是不妥的；因為 5 份既不是 5 個 $\frac{1}{4}$ 張，也不是 5 個 $\frac{1}{6}$ 張。

有了同分母分數的加減方法和通分概念後，我們就可利用通分將異分母分數換成同分母分數後，再用同分母分數的加減計算來做。例如：計算「$2\frac{3}{4} + 1\frac{2}{6}$」，由於兩分數的分母不同，就得先透過通分，將兩分數換成同分母的分數。為能順利完成通分動作，就要藉助整數那邊的公倍數概念與求法，先找出兩分母的公倍數或最小公倍數。4 和 6 的最小公倍數為 12（取公倍數也行，但會使要計算的數字變大），接著將 $2\frac{3}{4}$ 換成等值分數 $2\frac{9}{12}$、$1\frac{2}{6}$ 換成等值分數 $1\frac{4}{12}$。透過通分，異分母分數的相加「$2\frac{3}{4} + 1\frac{2}{6}$」就被換成同分母分數的相加「$2\frac{9}{12} + \frac{4}{12}$」，此時就可利用同分母分數的加法計算算則了。所以異分母分數的加減計算必須以等值分數概念、通分概念與同分母分數的加減計算，甚至需要整數的公倍數概念為其先備知識。

另外，遇有不同種類分數的加減計算，如假分數和帶分數的加減計算，可透過先前在假分數與帶分數互換所學，將分數化成都為假分數或都為帶分數，就可進行加減計算。例如：計算「$\frac{13}{9} - 1\frac{4}{15}$」，可將其先化成同為假分數「$\frac{13}{9} - \frac{19}{15}$」或同為帶分數「$1\frac{4}{9} - 1\frac{4}{15}$」。至於哪一種作法較為簡單，就見仁見智了。先換成同為假分數，如遇分子太大，進行通

分時就容易計算出錯；先換成同為帶分數，如遇被減數分子不夠減，在向整數部分借時也容易出錯。

對於分數的加減計算，有了概念性了解，再內化為程序性知識，使得程序性知識變得有意義。同分母分數的加（減）計算方式為「分母不變、整數部分加（減）整數部分、分子加（減）分子」，如相加後，分數部分為假分數還要化成帶分數，而分數部分不夠減時就要先向整數部分借。而異分母分數的加減計算，可用通分先化成同分母分數再進行加減計算。

到目前，或許我們已感受到分數的學習牽涉太多的概念與先備知識了，有一環節出差錯，後面就很難接下去。這也就是為什麼分數主題的學習對學生是一大困難。

分數的乘法

（一）乘法列式

分數的乘法文字題涉及倍數概念，除了整數倍問題，還多了抽象的分數倍問題，使得學生學習分數的乘法問題增加許多困難。分數的整數倍概念較為簡單，和整數的倍數概念同出一轍，皆是來自連加概念。基於在整數學習的倍數經驗，可用乘號列式（3 盒和 3 倍都是連加 3 次，用乘號來表示，即 $\times 3$）。因此很自然的遷移到有關分數的整數倍問題也可用乘號列式。但分數倍問題不再是連加幾次的概念了（乘以 $\frac{3}{4}$，無法看成是連加 $\frac{3}{4}$ 次），需從分數的整數倍概念進行推廣。

依據乘法的語意結構，有關乘法文字題，第二章的整數篇中已整理出等組型、矩陣型、倍數型、比例型、面積型與笛卡兒積型等六種；除了矩陣型和笛卡兒積型問題無法適用分數範圍，而等組型問題和倍數型問題需要再擴充其意，其餘兩種仍可用於分數範圍：

（等組型擴充問題）一盒裝 4 顆糖果，$\frac{3}{4}$ 盒共有幾顆糖果？

（倍數型擴充問題）阿明有 4 張獎卡，阿華的獎卡是阿明的 $\frac{3}{4}$ 倍，阿華有幾張獎卡？

（面積型問題）有一個長方形，它的長是 $\frac{3}{4}$ 公尺，寬是 $\frac{2}{5}$ 公尺，面積是幾平方公尺？

（比例型問題）一盒鉛筆有 12 枝，4 張獎卡可換 $\frac{1}{6}$ 盒鉛筆，$\frac{3}{6}$ 盒鉛筆需要幾張獎卡？（見第五章）

回到整數範圍的等組型問題，如「一盒裝 4 顆糖果，3 盒共有幾顆糖果？」從語意結構來看，求 3 盒的糖果數量就是將 4 顆糖果連加 3 次，列式為「4×3」。同樣地，求 2 盒糖果的數量其列式為「4×2」，將概念推廣後，要求 $\frac{3}{4}$ 盒糖果的數量仍可用乘號來記，列式為「4×$\frac{3}{4}$」，只是此時所求的數量是將一盒 4 顆糖果平分成 4 份，取出 3 份的數量（即 3 顆糖果）。將整數倍概念擴充到分數倍概念的結果，使得乘法計算不再是乘變大了（如 $4×\frac{3}{4} = 3$）。但若將問題改為假分數倍或帶分數倍，乘的結果就還是會變大，例如：求 $\frac{7}{4}$ 盒和 $1\frac{3}{4}$ 盒糖果的數量，列式為「4×$\frac{7}{4}$、$4×1\frac{3}{4}$」。由於 $\frac{7}{4}$ 盒和 $1\frac{3}{4}$ 盒已超過一盒，所以乘的結果仍然會變大。

同樣地，回到整數範圍的倍數型問題，例如：「阿明有 4 張獎卡，阿華的獎卡是阿明的 3 倍，阿華有幾張獎卡？」從語意結構來看，求 3 倍的獎卡數量，列式為「4×3」：求 2 倍的獎卡數量，列式為「4×2」。將概念推廣後，要求 $\frac{3}{4}$ 倍的獎卡數量仍可用乘號來記，列式為「4×$\frac{3}{4}$」，只是此時所求的是分數倍，其意義是將基準量（阿明的獎卡張數）平分成 4 份後取出 3 份的張數（即 3 張獎卡）。

另外，還有一類問題也是屬於分數倍問題，如「有 12 顆糖果，弟弟

拿了全部（其中）的 $\frac{3}{4}$，弟弟拿了幾顆糖果？」問題中的 $\frac{3}{4}$ 未附單位，所以不是量的表示，需要將此問題進行語意轉換以協助學生了解。我們通常是和「倍的語言」連結，即將「全部（其中）的 $\frac{3}{4}$」轉換為「全部（其中）的 $\frac{3}{4}$ 倍」，以算式來呈現，記為「$12 \times \frac{3}{4}$」。但也有的是從運算子的意義來了解，把它當成一種操作，依據分母 4，先對所指示的量（全部或其中的）平分成 4 份，得出一份的量後，再依據分子 3，取出 3 份的數量。

分數乘法文字題類型，依據情境結構，可分成連續量（一維連續量、二維連續量）與離散量（內單、內多）；依據語意結構，可分成等組型擴充、倍數型擴充、面積型、比例型以及再外加運算子的情境（需語意轉換）；依據運算結構（未知數所在位置），可分成 a×b =（　）、a×（　）= c、（　）×b = c。關於這些問題類型與例子，大部分可參考第二章的整數篇（矩陣型和笛卡兒積型除外），只要將自然數換成真分數、假分數或帶分數，並將情境擴充到連續量（一維連續量、二維連續量）與離散量（內單、內多）即可。

（二）乘法計算

當一個分數的乘法文字題列式後，就進入計算求解。分數的乘法計算，可分成分數的整數倍（分數 × 整數）、整數的分數倍（整數 × 分數）、分數的分數倍（分數 × 分數）。

1. 分數的整數倍計算

真分數的整數倍概念如同整數的倍數概念，是來自連加概念。例如：「每個人都分到 $\frac{2}{3}$ 張蔥油餅，4 個人共分到多少張蔥油餅？」列式為「$\frac{2}{3} \times 4$」。至於計算方式，可以利用同分母分數的加法，$\frac{2}{3} + \frac{2}{3} + \frac{2}{3} +$

$\frac{2}{3} = \frac{2+2+2+2}{3} = \frac{2 \times 4}{3} = \frac{8}{3} = 2\frac{2}{3}$，或者將 $\frac{2}{3}$ 張看成是 2 個 $\frac{1}{3}$ 張，4 倍就是 2×4，得到 8 個 $\frac{1}{3}$ 張，所以答案是 $\frac{8}{3}$ 張或 $2\frac{2}{3}$ 張。從過程中也可了解到真分數的整數倍計算算則，即「分母不變、分子乘以整數」，用算式表示：$\frac{分子}{分母} \times 整數 = \frac{分子 \times 整數}{分母}$。假分數的整數倍也是同樣作法。關於帶分數的整數倍求法，由於多了整數部分，因此還要求出整數的整數倍，再將兩者相加。例如：「每個人都分到 $2\frac{2}{3}$ 張蔥油餅，4 個人共分到多少張蔥油餅？」列式為「$2\frac{2}{3} \times 4$」。我們先將帶分數拆成整數部分和分數部分，也就是將 $2\frac{2}{3}$ 張分開看成是整張的蔥油餅有 2 張、不滿整張的有 $\frac{2}{3}$ 張，利用分配律，透過圖像表徵來協助求解（如圖 3-9），也就是先分別計算 2 張的 4 倍和 $\frac{2}{3}$ 張的 4 倍後再相加。用算式表示：

$$2\frac{2}{3} \times 4 = (2 + \frac{2}{3}) \times 4 = 2 \times 4 + \frac{2}{3} \times 4 = 8 + \frac{8}{3} = 8 + 2\frac{2}{3} = 10\frac{2}{3}。$$

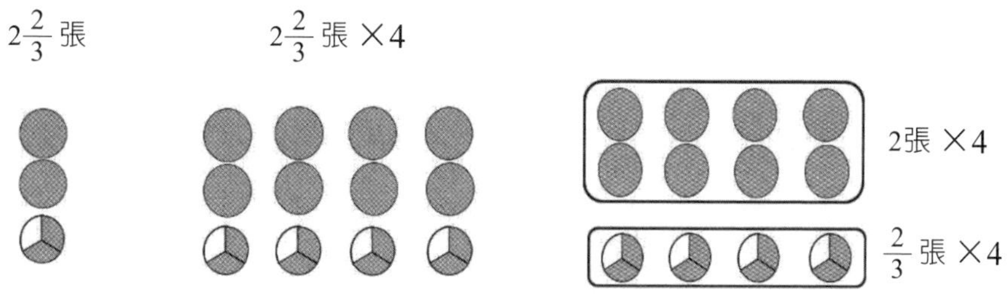

圖 3-9　利用分配律求解的作法

還有一種計算方式是把帶分數先化成假分數，再用假分數的整數倍求出答案，用算式表示：$2\frac{2}{3} \times 4 = \frac{8}{3} \times 4 = \frac{32}{3} = 10\frac{2}{3}$。

2. 整數的分數倍計算

分數倍問題比整數倍問題的難度高出很多，學生不只對其列式感到困惑，面對計算亦常出錯。分數倍問題依據被乘數為整數或分數可再分成「整數的分數倍」以及「分數的分數倍」兩種情形。有的教材是依序先處理整數的分數倍後再處理分數的分數倍，也有的教材是先處理分數的分數倍後再回來處理整數的分數倍，其作法是將整數換成分數後再用分數乘以分數的計算方式，但學生需要先了解「整數 $= \dfrac{整數}{1}$」，亦即將整數視為假分數。

我們選擇先處理整數的分數倍問題，先從真分數倍開始，例如：「一盒裝 12 顆糖果，問 $\dfrac{3}{4}$ 盒共有幾顆糖果？」這是一個等組型擴充的問題、內多情境（避免內容物個數不是整數的情形），列式為「$12 \times \dfrac{3}{4}$」。為求 $\dfrac{3}{4}$ 盒糖果的數量，先將一盒 12 顆的糖果平分成 4 份（等分除，12 ÷ 4 = 3），求出一份的數量為 3 顆，3 份則為 9 顆（等組型，3×3 = 9），因此 $12 \times \dfrac{3}{4} = 12 \div 4 \times 3 = 9$。此問題利用整數部分所學即可解題。接著再來看一個連續量情境的問題，例如：「一瓶牛奶有 2 公升，$\dfrac{3}{5}$ 瓶有多少公升的牛奶？」列式為「$2 \times \dfrac{3}{5}$」。為求 $\dfrac{3}{5}$ 瓶牛奶的量，先將一瓶 2 公升的牛奶平分成 5 份，$2 \div 5 = \dfrac{2}{5}$（分數表示兩整數相除結果），求出一份的量有 $\dfrac{2}{5}$ 公升，3 份則為 $\dfrac{2}{5} \times 3 = \dfrac{6}{5}$。因此，$2 \times \dfrac{3}{5} = 2 \div 5 \times 3 = \dfrac{2}{5} \times 3 = \dfrac{6}{5}$。從 $2 \times \dfrac{3}{5}$（整數的真分數倍問題）轉換到 $\dfrac{2}{5} \times 3$（真分數的整數倍問題），然後利用真分數的整數倍計算算則，計算 $\dfrac{2 \times 3}{5}$，即可求出答

案爲 $\frac{6}{5}$ 公升的牛奶。另外，我們也可將 2 公升的牛奶平分成 5 份，看成有 2 個一公升的牛奶，每個一公升的牛奶都被平分成 5 份（一份爲 $\frac{1}{5}$ 公升），各取一份合起來，即爲 $\frac{2}{5}$ 公升的牛奶，然後再 3 份，就轉換成 $\frac{2}{5} \times 3$，計算 $\frac{2 \times 3}{5}$ 即可。此時整數的眞分數倍問題也被轉換爲眞分數的整數倍問題了。

爲求統整，我們再回來看第一個內多問題的解法，其實可將 $12 \times \frac{3}{4}$ =12÷4×3 的算式利用 12÷4= $\frac{12}{4}$ 而改寫成 $12 \times \frac{3}{4} = \frac{12}{4} \times 3$，因此得到 $\frac{12 \times 3}{4}$。從上述不同過程中，都可幫助我們了解到整數的眞分數倍計算算則，即「分母不變、整數乘以分子」，用算式表示：整數 × $\frac{\text{分子}}{\text{分母}}$ = $\frac{\text{整數} \times \text{分子}}{\text{分母}}$。

整數的假分數倍計算也和眞分數倍的過程一樣，例如：「一盒裝 12 顆糖果，問 $\frac{7}{4}$ 盒共有幾顆糖果？」列式爲「$12 \times \frac{7}{4}$」。把每一盒 12 顆的糖果平分成 4 份，12÷4 = 3，求出 1 份（即 $\frac{1}{4}$ 盒）有 3 顆糖果，$\frac{7}{4}$ 盒糖果共有 7 個 $\frac{1}{4}$ 盒糖果，3×7 = 21 顆，所以 $12 \times \frac{7}{4}$ = 12÷4×7 = 21，再利用 12÷4 = $\frac{12}{4}$ 將算式改寫成 $12 \times \frac{7}{4} = \frac{12}{4} \times 7$，因此得到 $\frac{12 \times 7}{4}$，也就是分母不變、將整數乘以分子即可。所以整數的假分數倍計算算則和眞分數倍一樣。

至於整數的帶分數倍計算，則還要處理整數部分，例如：「一盒裝 4 顆糖果，問 $2\frac{3}{4}$ 盒共有幾顆糖果？」列式爲「$4 \times 2\frac{3}{4}$」。我們先將帶

分數拆成整數部分和分數部分，也就是將 $2\frac{3}{4}$ 盒分開看成是整盒的有 2

盒、不滿整盒的有 $\frac{3}{4}$ 盒，因此作法可利用分配律，分別求出 2 盒的糖果

（4×2）和 $\frac{3}{4}$ 盒的糖果（$4\times\frac{3}{4}$）再相加。用算式表示：$4\times2\frac{3}{4}=4\times(2$

$+\frac{3}{4})=4\times2+4\times\frac{3}{4}=8+\frac{4\times3}{4}=11$。還有一種計算方式是把帶分數

先化成假分數，再用整數乘以假分數的算法來求出答案，用算式表示：

$4\times2\frac{3}{4}=4\times\frac{11}{4}=11$。

3. 分數的分數倍計算

　　分數的分數倍問題，也就是分數乘以分數問題。由於被乘數和乘數皆可分成眞分數、假分數、帶分數三種情形，所以分數乘以分數的計算問題就有 9 種情形產生。我們先處理沒有帶分數的情形。

　　眞分數乘以眞分數問題透過面積模式（二維連續量情境）與圖像比較容易了解其算法與原由。例如：「一瓶牛奶有 $\frac{2}{3}$ 公升，$\frac{4}{5}$ 瓶有多少公

升的牛奶？」列式爲「$\frac{2}{3}\times\frac{4}{5}$」。我們先畫出一公升牛奶，再畫出一瓶

牛奶有 $\frac{2}{3}$ 公升（將一公升牛奶平分成 3 份，取其中 2 份），最後畫出 $\frac{4}{5}$

瓶的牛奶（將一瓶牛奶平分成 5 份，取其中 4 份），圖像表徵如下圖 3-10

所示，其中塗深色部分即爲所求：

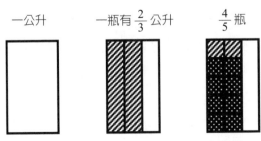

圖 3-10　眞分數 × 眞分數的圖像表徵

這個題目是求兩次等分割（分割再分割）的結果。第一次分割的單位量是一公升，等分割後要得到 $\frac{2}{3}$ 公升的量（一瓶的量）；第二次分割的單位量是一瓶，等分割後要得到 $\frac{4}{5}$ 瓶的量。為能將算則引出，如第一次做縱向分割，第二次就要做橫向分割（如圖 3-10）。由於這個題目回答的單位是公升，所以要將 $\frac{4}{5}$ 瓶（塗深色部分）以公升表示。將分割線延長，就可看出一公升被平分成多少份，如下圖 3-11 所示：

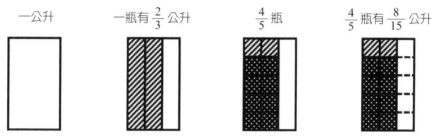

一公升　　　　一瓶有 $\frac{2}{3}$ 公升　　　　$\frac{4}{5}$ 瓶　　　　$\frac{4}{5}$ 瓶有 $\frac{8}{15}$ 公升

圖 3-11　真分數 × 真分數的圖像表徵（增加延長線）

由圖 3-11，發現一公升的量被平分成 3×5 = 15 份，取出的份數（塗深色部分）是其中的 2×4 = 8 份，答案是 $\frac{8}{15}$ 公升。用算式表示：$\frac{2}{3} \times \frac{4}{5} = \frac{2 \times 4}{3 \times 5} = \frac{8}{15}$。

至於假分數乘以真分數，作法和上述過程一樣，只是換成假分數的圖比較難畫，且學生也容易混淆兩個不同的單位。例如：「一瓶牛奶有 $\frac{6}{5}$ 公升，$\frac{3}{4}$ 瓶有多少公升的牛奶？」列式為「$\frac{6}{5} \times \frac{3}{4}$」。$\frac{6}{5}$ 公升表示有 6 個 $\frac{1}{5}$ 公升，而 $\frac{3}{4}$ 瓶表示將一瓶牛奶平分成 4 份，取其中的 3 份；圖像表徵如圖 3-12 所示，其中塗深色部分即為所求。

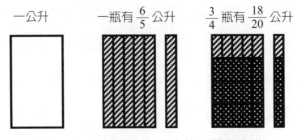

圖 3-12　假分數 × 真分數的圖像表徵

由圖 3-12，發現一公升被平分成 5×4 = 20 份，取出的份數（塗深色部分）是其中的 6×3 = 18 份，答案是 $\frac{18}{20}$ 公升。用算式表示：$\frac{6}{5} \times \frac{3}{4} = \frac{6 \times 3}{5 \times 4} = \frac{18}{20}$。在圖 3-12 中，學生極易混淆「公升」和「瓶」兩個不同的單位，而將一公升誤判為 6×4 = 24 份，需要特別澄清。

由上可知，真分數乘以真分數與假分數乘以真分數的計算算則皆為「分子乘以分子、分母乘以分母」，用算式表示：$\frac{分子1}{分母1} \times \frac{分子2}{分母2} = \frac{分子1 \times 分子2}{分母1 \times 分母2}$。同樣地，乘數是假分數的計算算則亦是如此。例如：「每瓶牛奶有 $\frac{2}{5}$ 公升，$\frac{13}{4}$ 瓶有多少公升的牛奶？」列式為「$\frac{2}{5} \times \frac{13}{4}$」。由於圖不但難畫，也難理解，但我們可回到假分數表示單位分量的合成結果來看。$\frac{13}{4}$ 瓶表示 13 個 $\frac{1}{4}$ 瓶，因此原問題可先求出一個 $\frac{1}{4}$ 瓶有多少公升的牛奶（$\frac{2}{5} \times \frac{1}{4}$，利用真分數 × 真分數算則得到 $\frac{2}{20}$），再求出 13 個 $\frac{1}{4}$ 瓶有多少公升的牛奶（$\frac{2}{20} \times 13$，利用真分數 × 整數算則得到 $\frac{26}{20}$）。將此過程用算式表示：$\frac{2}{5} \times \frac{13}{4} = (\frac{2}{5} \times \frac{1}{4}) \times 13 = \frac{2 \times 1}{5 \times 4} \times 13 = \frac{2}{5 \times 4} \times 13 = \frac{2 \times 13}{5 \times 4}$，所以真分數乘以假分數仍可用「分子 × 分子、分

母 × 分母」的方法計算。如將上述問題中的 $\frac{2}{5}$ 公升改爲 $\frac{6}{5}$ 公升，就變成假分數乘以假分數的問題了。作法同上，$\frac{6}{5} \times \frac{13}{4} = (\frac{6}{5} \times \frac{1}{4}) \times 13 = \frac{6 \times 1}{5 \times 4} \times 13 = \frac{6}{5 \times 4} \times 13 = \frac{6 \times 13}{5 \times 4}$，所以假分數乘以假分數也可用「分子 × 分子、分母 × 分母」的方法計算。

有了以上的基礎後，再來處理有帶分數的五種情形如下：

問題一（帶分數 × 眞分數）

　　一瓶牛奶有 $2\frac{3}{5}$ 公升，$\frac{3}{4}$ 瓶有多少公升的牛奶？

問題二（帶分數 × 假分數）

　　一瓶牛奶有 $2\frac{3}{5}$ 公升，$\frac{13}{4}$ 瓶有多少公升的牛奶？

問題三（眞分數 × 帶分數）

　　一瓶牛奶有 $\frac{2}{5}$ 公升，$3\frac{1}{4}$ 瓶有多少公升的牛奶？

問題四（假分數 × 帶分數）

　　一瓶牛奶有 $\frac{13}{5}$ 公升，$3\frac{1}{4}$ 瓶有多少公升的牛奶？

問題五（帶分數 × 帶分數）

　　一瓶牛奶有 $2\frac{3}{5}$ 公升，$3\frac{1}{4}$ 瓶有多少公升的牛奶？

問題一和問題二，只有被乘數是帶分數，將此帶分數拆成整數部分和分數部分，$2\frac{3}{5}$ 公升分開看成是 2 公升和 $\frac{3}{5}$ 公升，然後利用分配律求出。問題三和問題四，只有乘數是帶分數，同樣地，將此帶分數拆成整數部分和分數部分，$3\frac{1}{4}$ 瓶分開看成是 3 瓶和 $\frac{1}{4}$ 瓶，然後也利用分配律求出。因此，這四個問題的作法用算式表示如下：

$2\frac{3}{5} \times \frac{3}{4} = (2 + \frac{3}{5}) \times \frac{3}{4} = 2 \times \frac{3}{4}$（整數 × 眞分數）$+ \frac{3}{5} \times \frac{3}{4}$（眞

分數 × 眞分數）

$$2\frac{3}{5}\times\frac{13}{4}=(2+\frac{3}{5})\times\frac{13}{4}=2\times\frac{13}{4}\text{（整數 × 假分數）}+\frac{3}{5}\times\frac{13}{4}\text{（眞}$$

分數 × 假分數）

$$\frac{2}{5}\times3\frac{1}{4}=\frac{2}{5}\times(3+\frac{1}{4})=\frac{2}{5}\times3\text{（眞分數 × 整數）}+\frac{2}{5}\times\frac{1}{4}\text{（眞}$$

分數 × 眞分數）

$$\frac{13}{5}\times3\frac{1}{4}=\frac{13}{5}\times(3+\frac{1}{4})=\frac{13}{5}\times3\text{（假分數 × 整數）}+\frac{13}{5}\times\frac{1}{4}$$

（假分數 × 眞分數）。

問題五是兩個帶分數相乘。由於 $3\frac{1}{4}$ 瓶分開看成是 3 瓶和 $\frac{1}{4}$ 瓶而 $2\frac{3}{5}$ 公升分開看成是 2 公升和 $\frac{3}{5}$ 公升，因此需要用到兩次分配律。將作法用算式表示如下：

$$2\frac{3}{5}\times3\frac{1}{4}=2\frac{3}{5}\times(3+\frac{1}{4})=2\frac{3}{5}\times3+2\frac{3}{5}\times\frac{1}{4}=(2+\frac{3}{5})\times3+(2+\frac{3}{5})\times\frac{1}{4}$$

$$=2\times3+\frac{3}{5}\times3\text{（眞分數 × 整數）}+2\times\frac{1}{4}\text{（整數 × 眞分數）}+\frac{3}{5}\times\frac{1}{4}\text{（眞分數 × 眞分數）}$$

利用兩次分配律，$2\frac{3}{5}\times3\frac{1}{4}$ 被拆成要計算四項後再相加，就變得好複雜。因此，我們通常都把兩個帶分數相乘的問題，先化成兩個假分數後再相乘較爲簡潔：$2\frac{3}{5}\times3\frac{1}{4}=\frac{13}{5}\times\frac{13}{4}$。前四個問題雖然只有一個帶分數，我們也習慣將此帶分數化成假分數後再相乘。但有時利用分配律作法反而較快，例如：「$2\frac{1}{8}\times3$」，直接算出答案爲 $6\frac{3}{8}$。如將此題的帶分數 $2\frac{1}{8}$ 先化成假分數後再乘反而麻煩。

　　還有一點值得注意，爲了讓分數的乘法計算變得較爲簡單，我們可利用等值分數的約分概念，在計算過程中先進行約分，也就是先把分子與分母的數值同時變小以易於計算。例如：$\dfrac{2}{5} \times \dfrac{13}{4} = \dfrac{26}{20}$，發現答案可以用 2 約分，如回到前一步來看，也就是 $\dfrac{2 \times 13}{5 \times 4}$ 中的 2 和 4 約分，即 $\dfrac{\overset{1}{2} \times 13}{5 \times \underset{2}{4}}$。因此，我們可把約分提前到 $\dfrac{2}{5} \times \dfrac{13}{4}$，不用等乘開後再約分，$\dfrac{\overset{1}{2} \times 13}{5 \times \underset{2}{4}} = \dfrac{13}{10}$。所以兩分數相乘，爲了計算簡單，先將分子和分母都約分完，再用「分子 × 分子、分母 × 分母」來算出答案。

　　對於分數的乘法計算，有了概念性了解，再內化爲程序性知識，使得程序性知識變得有意義。眞（假）分數乘以整數的計算算則爲「分母不變、分子乘以整數」。整數乘以眞（假）分數的計算算則爲「分母不變、整數乘以分子」。眞（假）分數乘以眞（假）分數的計算算則爲「分子乘以分子、分母乘以分母」。有帶分數加入時，利用分配律或先將帶分數化成假分數後再相乘。又爲了讓分數的乘法計算變得較爲簡單，就要先約分，將分子與分母變小後再相乘。

三 分數的除法

（一）除法列式

　　分數的除法文字題除了除數是整數外，還多了除數是分數的情形。分數除以整數概念較爲簡單，基於在整數除法的學習經驗，因此很自然的遷移到有關分數除以整數的問題，但除以分數的概念就較爲抽象，使得學生在此部分的學習增添許多困難。

　　依據除法的語意結構（見第二章），除法文字題包括等分除與包含除。分數除以整數問題的啓蒙例常使用等分除問題，而分數除以分數問題的啓蒙例則常使用包含除問題。有關等分除與包含除問題如下所示：

問題一（等分除問題／分數除以整數）

$\dfrac{3}{4}$ 條蛋糕平分給 3 人，一人可分到多少條蛋糕？

問題二（包含除問題／分數除以整數）

一桶牛奶裝 2 公升，$8\dfrac{3}{4}$ 公升牛奶可裝多少桶牛奶？

問題三（包含除問題／分數除以分數）

一瓶牛奶裝 $\dfrac{2}{5}$ 公升，$\dfrac{3}{4}$ 公升牛奶可裝多少瓶牛奶？

等分除問題是有關平分的問題，總量平分成若干份（單位數），求一份有多少的問題，即求單位量：總量 ÷ 單位數 = 單位量。有關分數除以整數的等分除問題，如問題一，基於在整數的學習經驗，平分給 3 人，一人可分到的蛋糕即是求一份有多少的量，所以要用除法，列式為「$\dfrac{3}{4}$ ÷ 3」。為能協助學生掌握題意，在布題前應先複習整數除以整數的等分除問題，例如：「6 條蛋糕平分給 3 人，一人可分到多少條蛋糕？」以喚起學生的先備知識。

包含除問題是有關分裝的問題，每若干個裝在一起（當成一個單位量），求總量可分裝成多少個單位量的問題，即求單位數。有關分數除以整數的包含除問題，如問題二，基於在整數的學習經驗，一桶牛奶裝 2 公升，$8\dfrac{3}{4}$ 公升牛奶看成是可以分成多少個 2 公升，所以要用除法，列式為「$8\dfrac{3}{4}$ ÷ 2」。為能協助學生掌握題意，在布題前應先複習整數除以整數的包含除問題，例如：「一桶牛奶裝 2 公升，8 公升牛奶可裝多少桶牛奶？」以喚起學生的先備知識。

有關分數除以分數的包含除問題，如問題三，基於之前的學習經驗，一瓶牛奶裝 $\dfrac{2}{5}$ 公升，$\dfrac{3}{4}$ 公升牛奶看成是可以分成多少個 $\dfrac{2}{5}$ 公升，所以要用除法，列式為「$\dfrac{3}{4}$ ÷ $\dfrac{2}{5}$」。為能協助學生掌握題意，在布題前

應先複習整數除以整數的包含除問題，再複習分數除以整數的包含除問題，為學生搭起鷹架。

　　還有一類除以分數的問題，是等分除問題的概念推廣。此類問題對學生而言是很困難的，例如：「$\frac{3}{4}$ 條繩子長 6 公尺，一條繩子長多少公尺？」因為有些學生易受之前整數乘法的影響，誤認為乘會變大，自然就用乘法列式「$6 \times \frac{3}{4}$」。若依據問題直接就用除法運算解題，學生也是很難接受。另一種方式是依據題意，$\frac{3}{4}$ 條（3 個 $\frac{1}{4}$ 條）長 6 公尺，$6 \div 3 =$ 2，所以一個 $\frac{1}{4}$ 條長 2 公尺，由 4 個 $\frac{1}{4}$ 條，$2 \times 4 = 8$，求出 1 條繩子長 8 公尺（即單位量）。將作法用算式表示即：$6 \div 3 \times 4$。還有，如用單步驟（一個運算符號）來解題，其作法是引入未知數，用未知數 x 表示一條繩子的長，$\frac{3}{4}$ 條繩子長 6 公尺就可以表示成「$x \times \frac{3}{4} = 6$」，利用乘除互逆關係將乘法轉為除法，$x = 6 \div \frac{3}{4}$。學生雖有等分除的經驗，容易理解 6 公尺平分成 3 條的意義，卻很難由等分除概念的推廣來理解 6 公尺平分成 $\frac{3}{4}$ 條的意義，如再將被除數改成分數，對學生而言，就更是難上加難了。還有概念推廣的結果，也使除法計算不再是除變小了（$6 \div \frac{3}{4} = 8$）。

　　另外，整數的除法問題依據是否除盡，再分成有無餘數兩種情形。而分數除以整數的等分除問題，由於被除數是分數，表示商和被除數一樣，也可以用分數表示，因此透過繼續分割把分量也分完，也就是不可剩下。例如：「$2\frac{3}{4}$ 條蛋糕平分給 2 人，一人可分到多少條蛋糕？」這題不會有餘數，只是求出的商是分數。但分數除以分數的包含除問題，如果侷限於商為整數，即不要求全部分完，就會有餘量（分量），也就是可以剩下。例如：「一瓶牛奶裝 $\frac{2}{5}$ 公升，$\frac{3}{4}$ 公升牛奶可裝多少瓶牛奶？剩下多少公

升牛奶？」這題求出的商是整數，會有餘量。相對地，如將此題改爲「一瓶牛奶裝 $\frac{2}{5}$ 公升，$\frac{3}{4}$ 公升牛奶可裝多少瓶牛奶？」即要求全部分完，所以不會有餘數，只是求出的商是分數。

分數除法文字題類型，依據情境結構，可分成連續量（一維連續量、二維連續量）與離散量（內單、內多）；依據語意結構，可分成等分除與包含除；依據運算結構（未知數所在位置），可分成 a ÷ b =（　）、a ÷（　）= c、（　）÷ b = c。關於這些問題類型與例子，大部分可參考第二章的整數篇（矩陣型和笛卡兒積型除外），只要將自然數換成眞分數、假分數或帶分數，並將情境擴充到連續量（一維連續量、二維連續量）與離散量（內單、內多）即可。有關比率與比例的分數除法問題，請參考第五章數概念推廣部分。

（二）除法計算

當一個分數的除法文字題列式後，就進入計算求解。分數的除法計算，可分成除數是整數的計算與除數是分數的計算。

1. 除數是整數的計算

除數是整數的計算，透過等分除問題比較容易了解其算法與原由。眞（假）分數除以整數的問題，可利用眞（假）分數是單位分數的合成結果進行解題。例如：「$\frac{6}{4}$ 條蛋糕平分給 3 人，每人可分到多少條蛋糕？」列式爲「$\frac{6}{4} \div 3$」。$\frac{6}{4}$ 條蛋糕是 6 個 $\frac{1}{4}$ 條，平分給 3 人，$6 \div 3 = 2$，每人可分到 2 個 $\frac{1}{4}$ 條，也就是 $\frac{2}{4}$ 條。用算式表示：$\frac{6}{4} \div 3 = \frac{6 \div 3}{4} = \frac{2}{4}$。此種「分母不變、分子除以整數」的作法受限於分子要能被整數整除。如遇無法整除時，就得另尋他方，例如：「$\frac{1}{4}$ 條蛋糕平分給 3 人，每人可分到多少條蛋糕？」列式爲「$\frac{1}{4} \div 3$」。由於 $\frac{1}{4}$ 條蛋糕不夠直接平分給 3

人，因此要把 $\frac{1}{4}$ 條蛋糕切割，再繼續平分成 3 份，一人就可分到一份，如圖 3-13 中塗深色部分所示：

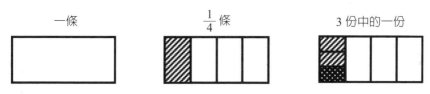

圖 3-13　真分數÷整數的圖像表徵

由於題目要求用「條」做單位，因此我們將圖 3-13 中把 $\frac{1}{4}$ 條蛋糕平分成 3 份的分割線延長，就可看出一份是多少條蛋糕，如圖 3-14 中塗深色部分所示：

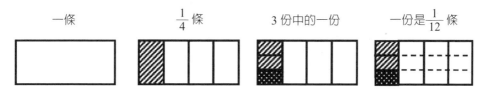

圖 3-14　真分數÷整數的圖像表徵（增加延長線）

由圖 3-14，發現一條蛋糕被平分成 12 份，一人分到一份，就是 $\frac{1}{12}$ 條。其實我們可以將此題連結到之前學過的乘法問題，「求 $\frac{1}{4}$ 條蛋糕平分成 3 份中的一份是多少條蛋糕？」也就是「求 $\frac{1}{4}$ 條蛋糕的 $\frac{1}{3}$ 是多少條蛋糕？」所以可用乘法運算，$\frac{1}{4} \times \frac{1}{3} = \frac{1}{12}$。因此「除以整數」就可轉換為「乘以除數的倒數」，用算式表示：$\frac{\text{分子}}{\text{分母}} \div \text{整數} = \frac{\text{分子}}{\text{分母}} \times \frac{1}{\text{整數}}$。

又如：「$\frac{7}{4}$ 條蛋糕平分給 5 人，每人可分到多少條蛋糕？」列式爲「$\frac{7}{4}$ ÷ 5」。平分給 5 人，即一人可分到 $\frac{7}{4}$ 條的 $\frac{1}{5}$，直接列式爲「$\frac{7}{4} \times \frac{1}{5}$」，然後用分數的乘法算則計算。至於帶分數除以整數的問題，可先將帶分數化成假分數，再用假分數除以整數的方法來做。

2. 除數是分數的計算

　　除數是分數的計算，透過包含除問題比較容易了解其算法與原由。眞（假）分數除以眞（假）分數的問題，可利用眞（假）分數是單位分數的合成結果進行解題。我們先來看同分母分數相除的問題，例如：「一盒裝 $\frac{3}{5}$ 條蛋糕，$\frac{12}{5}$ 條蛋糕可裝多少盒？」列式爲「$\frac{12}{5} \div \frac{3}{5}$」。$\frac{12}{5}$ 條蛋糕是 12 個 $\frac{1}{5}$ 條、$\frac{3}{5}$ 條是 3 個 $\frac{1}{5}$ 條，因爲一盒可裝 3 個 $\frac{1}{5}$ 條，12 ÷ 3 = 4，所以 12 個 $\frac{1}{5}$ 條蛋糕可裝 4 盒。用算式表示：$\frac{12}{5} \div \frac{3}{5} = 12 \div 3 = 4$。因此同分母分數相除的問題，可以用「分子除以分子」的方法來算出答案。在此基礎下，就可解決其他類型的問題了。例如：「$\frac{3}{5}$ 條蛋糕裝一盒，3 條蛋糕可裝成多少盒？」列式爲「$3 \div \frac{3}{5}$」。這是一個整數除以分數的問題，將每條蛋糕都平分成 5 份，3 條蛋糕就可用假分數表示爲 $\frac{15}{5}$ 條蛋糕。因此，$3 \div \frac{3}{5} = \frac{15}{5} \div \frac{3}{5} = 15 \div 3 = 5$，所以可裝 5 盒。又如：「一瓶牛奶裝 $\frac{2}{5}$ 公升，$\frac{3}{4}$ 公升牛奶可裝多少瓶牛奶？」列式爲「$\frac{3}{4} \div \frac{2}{5}$」。這是一個異分母分數相除的問題，透過通分，就可轉換成同分母分數相除的問題。因此，$\frac{3}{4} \div \frac{2}{5} = \frac{15}{20} \div \frac{8}{20} = 15 \div 8 = \frac{15}{8} = 1\frac{7}{8}$，所以可裝 $1\frac{7}{8}$ 瓶。如要求的答案是指可裝滿的瓶數，則原題可改成「一瓶牛奶裝 $\frac{2}{5}$ 公升，$\frac{3}{4}$ 公

升牛奶可裝多少瓶牛奶？剩下多少公升牛奶？」同上題作法，$1\frac{7}{8}$ 瓶表示可裝一瓶，還剩下 $\frac{7}{8}$ 瓶。利用分數乘法把 $\frac{7}{8}$ 瓶轉換爲 $\frac{2}{5} \times \frac{7}{8} = \frac{7}{20}$ 公升。至於有帶分數出現時，先把它化成假分數，就可利用之前所學來解題。

此外，真（假）分數除以真（假）分數的問題，還有一種更爲簡潔的作法，以上一題「$\frac{3}{4} \div \frac{2}{5}$」爲例，作法爲 $\frac{3}{4} \div \frac{2}{5} = \frac{15}{20} \div \frac{8}{20} = 15 \div 8 = \frac{15}{8}$，如不乘開，則原式可改寫如下：

$$\boxed{\frac{3}{4} \div \frac{2}{5}} = \frac{3 \times 5}{4 \times 5} \div \frac{2 \times 4}{5 \times 4} \quad \cdots\cdots 透過通分轉換成同分母分數相除$$

$$= (3 \times 5) \div (2 \times 4) \quad \cdots\cdots 用「分子除以分子」的方法$$

$$= \frac{3 \times 5}{2 \times 4} = \frac{3 \times 5}{4 \times 2} \quad \cdots\cdots 分數表示兩整數相除的結果、乘法交換律$$

$$= \boxed{\frac{3}{4} \times \frac{5}{2}} \quad \cdots\cdots 還原爲兩分數相乘$$

對照頭尾，發現分數相除，就可轉換成和除數的倒數相乘，也就是把除數的分子和分母顛倒後再相乘，簡稱顛倒相乘，用算式表示：$\frac{分子1}{分母1} \div \frac{分子2}{分母2} = \frac{分子1}{分母1} \times \frac{分母2}{分子2}$。在等分除情境擴充下，推導出顛倒相乘的作法請參考第一章第二節的圖 1-3。

對於分數的除法計算，有了概念性了解，再內化爲程序性知識，使得程序性知識變得有意義。真（假）分數除以整數的計算算則爲「乘以除數的倒數」。真（假）分數除以真（假）分數的計算算則爲「顛倒相乘」。有整數或帶分數加入時，先將整數或帶分數化成假分數後再做。

四 分數的兩步驟問題與併式

在前面學習的四則運算問題，解題只用到一個運算（一個算式），稱為單步驟問題。之後的學習，就要進階到兩步驟問題（兩個運算）甚至多步驟問題（超過兩個運算）。將兩個或多個算式併成一個算式，稱為併式。學習併式乃是為了學習日後的代數列式與求解（逐次減項）。基於在整數的兩步驟問題與併式學習的基礎、四則混合計算的規約，再加上有關對分數運算的概念性了解、程序性知識與解題性知識，才能擴充到分數的兩步驟問題與多步驟問題以及併式學習。由於兩步驟問題含有兩個運算，每個運算又有加、減、乘、除四種情形，因此透過運算組合就可產生多種情形（只一種運算型、加減混合型、乘除混合型、加減與乘除混合型），應提供多種情境豐富學生學習兩步驟問題的經驗。有關分數的兩步驟問題舉例如下：

問題一（先減再被減兩步驟問題／$a-(b-c)$、括號不可省略）

紅緞帶長 $3\frac{1}{8}$ 公尺、綠緞帶長 $2\frac{3}{8}$ 公尺，用去綠緞帶 $\frac{7}{8}$ 公尺後，兩條緞帶相差多少公尺？

列式：$3\frac{1}{8}-(2\frac{3}{8}-\frac{7}{8})$

問題二（先乘再加兩步驟問題／$(a\times b)+c$、括號可省略）

媽媽將榨好的果汁裝在容量為 $\frac{3}{5}$ 公升的瓶子內，可裝滿 6 瓶還剩下 $\frac{1}{5}$ 公升，媽媽總共榨了多少公升的果汁？

列式：$(\frac{3}{5}\times 6)+\frac{1}{5}$ 或 $\frac{3}{5}\times 6+\frac{1}{5}$

問題三（先乘再被減兩步驟問題／$c-(a\times b)$、括號可省略）

一包麵粉重 $3\frac{3}{5}$ 公斤，用掉 $\frac{2}{3}$ 包後，還剩下多少公斤的麵粉？

列式：$3\frac{3}{5} - (3\frac{3}{5} \times \frac{2}{3})$ 或 $3\frac{3}{5} - 3\frac{3}{5} \times \frac{2}{3}$

問題四（先減再被乘兩步驟問題／$c \times (a-b)$、括號不可省略）

同問題三

列式：$3\frac{3}{5} \times (1 - \frac{2}{3})$

問題五（先減再被除兩步驟問題／$a \div (c-b)$、括號不可省略）

將一枝竹竿插入水中，已知竹竿的 $\frac{5}{8}$ 露出水面，插入水中的長為 $2\frac{5}{16}$ 公尺，竹竿全長多少公尺？

列式：$2\frac{5}{16} \div (1 - \frac{5}{8})$

問題六（先乘再被除兩步驟問題／$a \div (b \times c)$、括號不可省略）

$\frac{3}{4}$ 公升的牛奶可裝一瓶、6 瓶牛奶可裝一箱，$6\frac{3}{4}$ 公升的牛奶可裝多少箱？

列式：$6\frac{3}{4} \div (\frac{3}{4} \times 6)$

貳、數學教與學

在運算的學習困難與迷思概念

由於分數運算與算則原由不易理解，導致學生常用錯運算與混淆算則。參考文獻以及作者自己的一些研究結果（劉曼麗〔主編〕，2019，2020a，2020b，2020c），挑選學生在運算學習上常有的困難與迷思概念，摘要於表 3-2。

⚓ 表 3-2 學生在運算的學習困難與迷思概念

分數運算	困難與迷思概念
分數加法	• 列式有困難、使用關鍵字解題。 • 易受單位多而錯亂或多餘資訊干擾。 • 分母加分母、分子加分子。 • 相加後的結果未再化成真正的帶分數 $\left(\dfrac{3}{4}+1\dfrac{2}{4}=1\dfrac{5}{4}\right)$。 • 和整數相加,用分子直接加整數 $\left(\dfrac{10}{4}+1=\dfrac{11}{4}\right)$。 • 以大的分母作為相加後的分母。 • 通分的錯誤(只將分母通分而分子不變、或帶分數中的整數部分也跟著乘)。 • 受分數乘法影響,將分母相乘、分子相加。 • 假分數加帶分數時,未處理加數的整數部分。
分數減法	• 列式有困難、使用關鍵字解題。 • 易受單位多而錯亂或多餘資訊干擾。 • 分母減分母,分子減分子。 • 分子不夠減時,反向減(以減數的分子減被減數的分子)。 • 分子不夠減時,向整數部分借 1 卻換成 10。 • 和整數相減,用分子直接減整數 $\left(\dfrac{10}{4}-1=\dfrac{9}{4}\right)$。 • 以大的分母作為相減後的分母。 • 通分的錯誤(只將分母通分而分子不變、或帶分數中的整數部分也跟著乘)。 • 受分數乘法影響,將分母相乘、分子相減。 • 假分數減帶分數時,未處理減數的整數部分。
分數乘法	• 列式有困難、使用關鍵字解題。 • 易受單位多而錯亂或多餘資訊干擾。 • 分數乘以整數,與擴分混淆 $\left(\dfrac{2}{3}\times 4=\dfrac{8}{12}\right)$、或用分母和整數相乘 $\left(\dfrac{23}{6}\times 4=\dfrac{23}{24}\right)$。 • 整數乘以分數,用整數同乘以分母和分子 $\left(4\times\dfrac{2}{3}=\dfrac{8}{12}\right)$、或用整數和分子約分 $\left(4\times\dfrac{\cancel{2}^{2}}{3}=\dfrac{\cancel{2}^{1}}{3}\right)$、或用整數和分母相乘 $\left(4\times\dfrac{1}{3}=\dfrac{1}{12}\right)$。

分數運算	困難與迷思概念
	• 帶分數乘以整數或整數乘以帶分數，忽略帶分數中的整數部分（$2\frac{1}{8} \times 3 = 2\frac{3}{8}$、$3 \times 2\frac{1}{8} = 2\frac{3}{8}$）、或忽略帶分數中的分數部分（$2\frac{1}{8} \times 3 = 6\frac{1}{8}$、$3 \times 2\frac{1}{8} = 6\frac{1}{8}$）、或與擴分混淆（$2\frac{1}{8} \times 3 = 6\frac{3}{24}$、$3 \times 2\frac{1}{8} = 6\frac{3}{24}$）；相乘後的結果未再化成帶分數（$1\frac{2}{3} \times 4 = 4\frac{8}{3}$）。 • 帶分數乘以帶分數，只有整數乘以整數和分數乘以分數（$2\frac{3}{4} \times 3\frac{4}{5} = 6\frac{12}{20}$）。 • 將乘數顛倒後再相乘。
分數除法	• 列式有困難、使用關鍵字解題。 • 易受單位多而錯亂或多餘資訊干擾。 • 分數除以整數，用分母除以整數（$\frac{6}{8} \div 2 = \frac{6}{4}$）、或與約分混淆（$\frac{6}{8} \div 2 = \frac{3}{4}$）。 • 整數除以分數，用整數除以分子（$6 \div \frac{3}{5} = \frac{2}{5}$）。 • 帶分數除以整數，忽略帶分數中的整數部分（$4\frac{6}{8} \div 2 = 4\frac{3}{8}$）、或忽略帶分數中的分數部分（$4\frac{6}{8} \div 2 = 2\frac{6}{8}$）、或與約分混淆（$4\frac{6}{8} \div 2 = 2\frac{3}{4}$）。 • 同分母分數相除，分母不變、分子相除（$\frac{30}{5} \div \frac{3}{5} = \frac{10}{5}$）。 • 未將除數顛倒就相乘。
兩步驟問題	• 併式有困難。 • 四則混合計算規約用錯（$\frac{3}{4} + \frac{1}{4} \div 2 = \frac{1}{2}$）。

三 在運算的教學與學習

　　同樣地，本章節也是呼應第一章對教學與學習所持觀點，運用一個起動機制與五個核心內涵（李源順，2018）來營造學生對分數的運算有感，並依據多元優選的教學理念，讓學生的學習獲得最大效率。

　　由表 3-2 發現，學生對於分數的四則運算不易理解，又極易混淆算則，因此有必要讓學生對算則的學習能知其然也能知其所以然，並將新舊知識做一有效的連結和比較之間的異同（回想）。透過對二個為什麼的理解（見第一章），來獲得概念性的了解、程序性知識與解題性知識。第一個為什麼是「這個問題為什麼是用這個運算、為什麼先用這個運算再用那個運算」，第二個為什麼是「它的答案算出來為什麼是多少以及這個算法是怎麼出來的」。因此，除複習整數的加減乘除意義作為先備知識，還要適當的能利用圖像和語意轉換與解說，以提升學生能選取正確的運算和對列式的理解。在教學過程中，應先從量的概念出發，提供學生具象經驗，透過圖像表徵將抽象的數學概念或關係具象化，讓學生有機會釐清涉及的概念與之間的關係，進而對算則產生有意義的理解並成功的用符號表徵來完成計算。

　　在運算的學習上，布題應考量情境結構、語意結構與運算結構。但應先使用啟蒙情境的問題，配合具體表徵或圖像表徵，讓學生輕易了解這個問題是要用哪個運算來列式，以便聚焦在要如何計算出答案，以及理解這個算法是怎麼出來的（知其所以然）。之後再聚焦在語意結構與運算結構問題的各種變化以提升解題性知識。

　　在分數計算的學習上，有賴教師透過實際的物件與情境或具體操作活動並加上關鍵問話，以協助學生對算則的意義有概念性的了解再內化為程序性知識（見數學內容相關部分）。算則之所以然的教學，主要是透過分數的基本概念（部分／全體、單位分數的合成結果）來解釋與了解。簡要陳述幾個教學重點以供參考。真假分數的加減計算乃是利用分數是單位

分數的合成結果爲先備知識，必要時可輔助圖像表徵。而同分母分數的加減是聚焦在以單位分數當作單位，如同像整數時的單位，直接進行個數相加減（分子加減分子），由於不涉及再切割，故分母不變。異分母分數的加減，學生應先了解兩邊的單位不同（即單位分數不同），分子不能直接相加減，需先借助通分讓兩邊的單位變成相同（即轉換爲同分母分數的加減），分子才能直接相加減，此時的分母爲通分後的分母。眞（假）分數的整數倍，乃是以數個單位分數當作單位量，就像整數時是以數個 1 當作單位量，進行整數倍（分子乘以整數），由於不涉及再切割，故分母不變。眞分數的眞分數倍乃是利用分數是部分／全體的關係，由於涉及切割再切割，故分母會變，透過面積模式引導學生看到「分母乘以分母、分子乘以分子」的具體意義。眞（假）分數除以整數的計算，原本可看成是對單位分數的個數進行分配（除法計算、分子除以整數），但此作法受限於分子要能被整數整除，只好透過語意轉換，連結到之前學過的乘法，求平分成 3 份中的一份，也就是求其中的 $\frac{1}{3}$。因此「除以整數」就可轉換爲「乘以除數的倒數」。至於分數相除轉換爲顚倒相乘的作法就較難用圖像表徵來協助學生理解，我們只能透過同分母分數相除的作法以及利用已知的一些事實與性質，逐步引導學生了解顚倒相乘的推導歷程（見數學內容相關部分）。

　　至於兩步驟問題，首要複習整數範圍的兩步驟問題（含併式與混合計算規約）以作爲先備知識，然後結合分數四則運算的解題性知識與程序性知識，透過簡化、畫圖和回想協助學生先能進行併式、用對規約，方有計算正確之可能。

　　接著以學習同分母眞分數的加法爲例，說明教與學的具體策略。爲了要引導學生眞正了解同分母眞分數的加法，其作法就是「分母不變、分子相加」，啟蒙情境的問題最好是以貼近學生生活情境的合併型問題或添加型問題爲主。基於整數的學習經驗，學生很容易會選擇加法運算來列

式，此時要將教學重心放在如何解題上。由於解題方法有多樣性，可選擇個別實作的方式讓學生進行解題。最後再挑選有不同解法的同學或有代表性解法的同學與全班進行溝通與討論。教師也應適時的歸納並引導學生了解「分母不變、分子相加」的算則。實際的物件與情境可以是一個披薩或一包糖果，具體操作物可以是圓形分數板、花片或積木，圖像可以是圓形圖和長條圖。為讓學生有機會釐清算則的意義，應提問學生為什麼，為什麼是「分母不變」？為什麼是「分子加分子」？還有，在教學過程中，如有學生出現「分母加分母、分子加分子」的迷思概念，教師可運用診斷教學策略，製造學生的認知衝突並透過討論釐清錯誤以達到認知平衡。如未出現，為避免學生之後會混淆算則而誤入「分母加分母、分子加分子」的迷思概念，教師也應適時讓學生判斷「分母加分母、分子加分子」的作法是否正確與說明理由。另外，我們也應提供不同的情境（先連續量再離散量）與不同的等分割活動（變換分母）以豐富學生的學習經驗，希望在不同的情境與不同的等分割份數下，學生都能對同分母真分數的加法算則知其然也能知其所以然。

下節即以三年級同分母分數的加減單元為例，呈現其中一節課有關同分母真分數加法的教學示例以供參考。

參、教學示例

領域／科目		數學	設計者	劉曼麗
實施年級		三年級	總節數	共六節／第三節
單元名稱		同分母分數的加減		
設計依據				
學習重點	學習表現	n-II-6 理解同分母分數的加、減、整數倍的意義、計算與應用。認識等值分數的意義，並應用於認識	核心素養	數-E-A2 具備基本的算術操作能力、並能指認基本的形體與相對關係，在日常生活情境中，用數學表述與解決問題。

		簡單異分母分數之比較與加減的意義。	數-E-B1 具備日常語言與數字及算術符號之間的轉換能力，並能熟練操作日常使用之度量衡及時間，認識日常經驗中的幾何形體，並能以符號表示公式。
	學習內容	**N-3-9 簡單同分母分數**：結合操作活動與整數經驗。簡單同分母分數比較、加、減的意義。牽涉之分數與運算結果皆不超過2。以單位分數之點數為基礎，連結整數之比較、加、減。知道「和等於1」的意義。	數-E-C1 具備從證據討論事情，以及和他人有條理溝通的態度。 數-E-C2 樂於與他人合作解決問題並尊重不同的問題解決想法。
議題融入	議題實質內涵	視實際設計需求使用	
	所融入之學習重點	視實際設計需求使用	
與其他領域／科目的連結		視實際設計需求使用	
教材來源		自編	
教學設備／資源		圓形圖卡、一盒10顆巧克力示意圖、學習單、單槍投影機	
學習目標			
解決同分母真分數的加法問題			

教學活動設計		
教學活動內容及實施方式	時間	備註
一、準備活動（複習真分數） T：這是一個披薩（老師拿出一張圓形圖卡貼在黑板上並書寫一個披薩）。	8'	（全班溝通討論）

教學活動設計		
教學活動內容及實施方式	時間	備註

一個披薩

T：誰可以說說看，$\frac{1}{4}$ 個披薩表示什麼意思？

S：我知道，把這個披薩平分成 4 份，其中的一份就是 $\frac{1}{4}$ 個披薩。

T：說得真好，你上來畫畫看。

（上臺的學生把圓形圖卡切成 4 份，其中的一份畫上斜線。如畫得每份不太一樣，老師可適時的教導學生應如何畫得像平分。）

T：畫對了，這是 $\frac{1}{4}$ 個披薩，4 等分中的一份（老師在圖下方書寫 $\frac{1}{4}$ 個披薩）。

$\frac{1}{4}$ 個披薩

T：誰又可以說說看，$\frac{3}{4}$ 個披薩表示什麼意思？

S：把這個披薩平分成 4 份，其中的 3 份就是 $\frac{3}{4}$ 個披薩。

T：說得真好。

T：（老師又拿出一張圓形圖卡貼在黑板上）你也上來畫畫看。

（上臺的學生把圓形圖卡切成 4 等分，其中的 3 份畫上斜線。）

T：畫對了，這是 $\frac{3}{4}$ 個披薩，4 等分中的 3 份（老師在圖下方書寫 $\frac{3}{4}$ 個披薩）。

備註欄：
讓學生說（用語言文字）
畫圖（用圖像表徵）

讓學生說（用語言文字）
畫圖（用圖像表徵）

教學活動設計		
教學活動內容及實施方式	時間	備註

$\frac{1}{4}$ 個披薩　　　$\frac{3}{4}$ 個披薩

T：再問問你們，$\frac{3}{4}$ 個披薩也可以說是幾個 $\frac{1}{4}$ 個披薩？

S：3 個。

T：怎麼知道的？

S：一份是 $\frac{1}{4}$ 個披薩，3 份就是 $\frac{3}{4}$ 個披薩，也就是 3 個 $\frac{1}{4}$ 個披薩。

$\frac{1}{4}$ 個披薩　　　$\frac{3}{4}$ 個披薩

T：解釋得好清楚（老師在斜線上分別書寫 $\frac{1}{4}$）。

T：真好，你們都了解用真分數表示的意義了。下方的分母表示平分的份數、上方的分子表示所取的份數或是有幾個幾分之一。$\frac{3}{4}$ 個披薩，表示一個披薩平分成 4 份中的 3 份，也可以說是 3 個 $\frac{1}{4}$ 個披薩。現在就請大家用真分數來幫老師解決問題吧！

二、**發展活動**（在生活情境的脈絡中，透過有意義的任務協助學生發展同分母真分數相加的算法，促使學生對同分母真分數相加的算則習得有感並能解決同分母真分數加法問題。）

布題一

T：在同樂會上，老師準備了一些大小相同但口味不同的披薩。老師把每個總匯披薩都平分成 8 片，每個雞肉披薩都平分成 6 片。

備註欄：讓學生說（用語言文字）

時間欄：30'

教學活動設計		
教學活動內容及實施方式	時間	備註
(1) 小美拿了 $\frac{2}{8}$ 個總匯披薩、小華拿了 $\frac{5}{8}$ 個總匯披薩，他們 2 人共拿了多少個總匯披薩？ (2) 小明拿了 $\frac{3}{6}$ 個雞肉披薩、又拿了 $\frac{2}{6}$ 個雞肉披薩，小明共拿了多少個雞肉披薩？ T：先想想看，第一個問題要怎麼列式呢？ S：我知道，$\frac{2}{8}+\frac{5}{8}$。 T：為什麼要用加法？ S：題目問他們 2 人共拿了多少個總匯披薩，就是要求合起來有多少個總匯披薩，所以要用加法。 T：真棒，說得好清楚。 T：現在請你們每一位同學自己做做看，$\frac{2}{8}+\frac{5}{8}$ 的答案是多少？要把作法和答案寫在小白板上。 （老師應巡堂以了解學生的作答情形，必要時可適時協助。） T：大家都寫好了。老師看到你們的答案，有的是寫 $\frac{7}{16}$ 個總匯披薩、有的是寫 $\frac{7}{8}$ 個總匯披薩。到底是哪個答案對呢？ T：xx，你算出的答案是 $\frac{7}{16}$ 個總匯披薩。請你拿著小白板上臺說說看，你是怎麼做的？ xx：（指著小白板上的圖像）這邊是小美拿的 $\frac{2}{8}$ 個總匯披薩、這邊是小華拿的 $\frac{5}{8}$ 個總匯披薩。 xx：兩邊要合起來，2＋5 共 7 片、8＋8 共 16 片，所以共拿了 $\frac{7}{16}$ 個總匯披薩。		讓學生說 問為什麼 （個別實作） （全班溝通討論）

教學活動設計		
教學活動內容及實施方式	時間	備註
S：$\frac{7}{16}$ 個總匯披薩是指一個總匯披薩平分成 16 份中的 7 份，可 　　是我們的總匯披薩每個都只有平分成 8 份呀！ xx：對喲！…… T：其他同學可以說說看嗎？ S：一個總匯披薩平分成 8 份，$\frac{2}{8}$ 個總匯披薩是 2 份、$\frac{5}{8}$ 個總匯 　　披薩是 5 份，合起來是 2 加 5，等於 7 份，是 $\frac{7}{8}$ 個總匯披薩。 　　（老師隨即在黑板上畫出下圖） T：你的 7 份就是 xx 說的 7 片，把它們放在一個披薩中來看，就 　　可以看出是多少個總匯披薩了。 xx：我知道了，一個總匯披薩平分成 8 份，其中的 7 份就是 $\frac{7}{8}$ 個 　　總匯披薩。 T：說對了。同學都聽懂了嗎？ SS：聽懂了。 S：老師，我還有另一種說法，答案也是 $\frac{7}{8}$ 個總匯披薩。 T：那你來說說看。 S：一個總匯披薩平分成 8 份，一份是 $\frac{1}{8}$ 個總匯披薩，$\frac{2}{8}$ 個總匯 　　披薩是 2 個 $\frac{1}{8}$ 個、$\frac{5}{8}$ 個總匯披薩是 5 個 $\frac{1}{8}$ 個，2 個和 5 個， 　　2 加 5，總共拿了 7 個 $\frac{1}{8}$ 個，是 $\frac{7}{8}$ 個總匯披薩。 T：說得很好。這也是一種作法。剛才是把兩邊所取的份數相加， 　　這是把兩邊有幾分之一個的個數相加。		

教學活動設計		
教學活動內容及實施方式	時間	備註
T：我們已經算出兩人共拿了 $\frac{7}{8}$ 個總匯披薩，所以 $\frac{2}{8} + \frac{5}{8} = \frac{7}{8}$。 　　請大家想想看，答案 $\frac{7}{8}$ 的分母和之前的 $\frac{2}{8}$、$\frac{5}{8}$ 一樣，為什麼分母不變？ S：因為都是平分成 8 份，份數一樣。 T：回答得很好。那答案 $\frac{7}{8}$ 的分子又是怎麼求出的？ S：我知道，是 2 份和 5 份合起來，2 加 5 得出的。 T：很好，這是把兩邊所取的份數相加，還有其他的說法嗎？ S：是 2 個 $\frac{1}{8}$ 個和 5 個 $\frac{1}{8}$ 個合起來，2 加 5 得出的。 T：說對了，這是把兩邊有幾分之一個的個數相加。其實一份就是一個 $\frac{1}{8}$ 個、二份就是二個 $\frac{1}{8}$ 個，份數和幾分之一個的個數是一樣的，都是由分子來表示。 T：把作法和答案用算式記下來，就是：$\frac{2}{8} + \frac{5}{8} = \frac{2+5}{8} = \frac{7}{8}$。 T：從算式中得知，分母相同的兩個真分數相加，分母不變（指著 $\frac{2+5}{8}$ 的分母）、分子加分子（先指著 2 + 5 處，再指著 $\frac{7}{8}$ 的分子）。 T：接著，就請大家來幫老師解決第 2 個問題吧！ (2) 小明拿了 $\frac{3}{6}$ 個雞肉披薩、又拿了 $\frac{2}{6}$ 個雞肉披薩，小明共拿了多少個雞肉披薩？ T：請你們自己先做做看，要把作法和答案用算式記下來，寫在你們的小白板上。 　　（老師應巡堂以了解學生的作答情形，必要時可適時協助。） T：我請 S1 和 S2 上臺做做看。 　　（S1 寫出 3 + 2 = 5，$\frac{3}{6} + \frac{2}{6} = \frac{5}{6}$） 　　（S2 寫出 $\frac{3}{6} + \frac{2}{6} = \frac{3+2}{6} = \frac{5}{6}$）		（個別實作） （全班溝通討論）

教學活動設計		
教學活動內容及實施方式	時間	備註
T：S1 請說一下，你是怎麼做的？ S1：題目問小明共拿了多少個雞肉披薩？我用加法，$\frac{3}{6}+\frac{2}{6}$。 　　一個雞肉披薩平分成 6 份，$\frac{3}{6}$ 個雞肉披薩是 3 份、$\frac{2}{6}$ 個雞肉 　　披薩是 2 份，$3+2=5$ 共 5 份，是 $\frac{5}{6}$ 個雞肉披薩。 T：你們聽懂了嗎？ SS：聽懂了。 T：S2 請你也說一下，你是怎麼做的？？ S2：我也是用加法，$\frac{3}{6}+\frac{2}{6}$。$3+2$ 表示 3 個 $\frac{1}{6}$ 個和 2 個 $\frac{1}{6}$ 個合 　　起來，是 5 個 $\frac{1}{6}$ 個，也就是 $\frac{5}{6}$ 個雞肉披薩。 T：你們聽懂了嗎？ SS：聽懂了。 　　（老師在黑板上寫出算式、逐步畫出圖像並做總結） T：我們先用加法列式：$\frac{3}{6}+\frac{2}{6}$ T：這是小明拿的 $\frac{3}{6}$ 個雞肉披薩。 T：小明又拿了 $\frac{2}{6}$ 個雞肉披薩。 T：放在一起來看，這是小明總共拿的雞肉披薩，也就是 $\frac{5}{6}$ 個雞 　　肉披薩。		

教學活動設計		
教學活動內容及實施方式	時間	備註

T：關於作法，從份數來看，就是 3 份和 2 份合在一起。從個數來看，就是 3 個 $\frac{1}{6}$ 個和 2 個 $\frac{1}{6}$ 個合在一起。合起來都是 $3+2$，也就是分子加分子。

T：想想看，為什麼答案中的分母不變，還是 6？

S：因為都是平分成 6 份，份數一樣。

T：很好，你們都清楚了。

T：用算式把作法和答案記下來：$\frac{3}{6}+\frac{2}{6}=\frac{3+2}{6}=\frac{5}{6}$。所以小明共拿了 $\frac{5}{6}$ 個雞肉披薩。

T：從算式中得知，分母相同的兩個真分數相加，分母不變（指著 $\frac{3+2}{6}$ 的分母）、分子加分子（先指著 $3+2$ 處、再指著 $\frac{5}{6}$ 的分子）。

<u>布題二</u>

T：在同樂會上，老師又準備了每包都有 10 顆的巧克力。小美拿了 5 顆巧克力、小華拿了 3 顆巧克力，他們 2 人共拿了多少包巧克力？

T：請你們做做看，把作法和答案用算式記下來。

（老師應巡堂以了解學生的作答情形，必要時可適時協助。）

T：做好了嗎？說說看你的算式和作法。

S：$\frac{5}{10}+\frac{3}{10}=\frac{8}{10}$。

一顆巧克力是 $\frac{1}{10}$ 包，5 顆巧克力是 $\frac{5}{10}$ 包、3 顆巧克力是 $\frac{3}{10}$ 包。合起來就是，$\frac{5}{10}+\frac{3}{10}$，等於 $\frac{8}{10}$，2 人共拿了 $\frac{8}{10}$ 包。

T：怎麼知道一顆巧克力是 $\frac{1}{10}$ 包？

（個別實作）

（全班溝通討論）

教學活動設計		
教學活動內容及實施方式	時間	備註
S：一包巧克力有 10 顆，平分成 10 份，10 除以 10 等於 1，一份是一顆，也就是 $\frac{1}{10}$ 包。 T：解釋得好清楚。 T：那為什麼 $\frac{5}{10} + \frac{3}{10}$，等於 $\frac{8}{10}$ 呢？ S：$\frac{5}{10} + \frac{3}{10}$ 就是 5 份和 3 份合起來，5＋3，是 8 份，所以是 $\frac{8}{10}$ 包。 T：為什麼答案中的分母不變，還是 10？ S：因為都是平分成 10 份，份數一樣。 T：是的。 S：老師，我有其他說法，$\frac{5}{10} + \frac{3}{10} = \frac{5+3}{10} = \frac{8}{10}$。 　　$\frac{5}{10}$ 包就是 5 個 $\frac{1}{10}$ 包、$\frac{3}{10}$ 包就是 3 個 $\frac{1}{10}$ 包，合起來，5＋3，就是 8 個 $\frac{1}{10}$ 包，也就是 $\frac{8}{10}$ 包。 T：說得很好。 T：從算式中得知，分母相同的兩個真分數相加，分母不變（指著 $\frac{5+3}{10}$ 的分母）、分子加分子（先指著 5＋3 處、再指著 $\frac{8}{10}$ 的分子）。 （視學習情況可出練習題） **三、綜合活動**（統整） T：說說看，今天學到什麼？ S：我們學到分母相同的真分數相加。 T：要怎麼相加？ S：分母不變、分子加分子。 T：為什麼分母不變？ S：平分的份數都一樣。 T：為什麼是分子加分子？ S：就是把兩邊所取的份數相加。 S：就是把兩邊有幾分之一個的個數相加。	2'	問為什麼 讓學生說 問為什麼

第三節 分數的性質

有了分數概念和加、減、乘、除四則運算後，接著來看分數的運算性質。由於分數是整數概念的推廣，應重新檢視整數的運算性質（見第二章），延伸到分數時，是否仍然成立？我們只討論運算個數在二個以內的情形，而運算性質也只聚焦在運算結果（變大、變小）、加減互逆與乘除互逆以及運算三律（交換律、結合律、分配律）。

壹、數學內容

■ 一 運算結果

對加減運算而言，加數大於 0 時，結果變大；相對地，減數大於 0 時，結果變小。乘法運算時，乘數在 0 與 1 之間，結果變小；乘數等於 1 時，結果不變；乘數大於 1 時，結果變大。而除法運算時，除數在 0 與 1 之間，結果變大；除數等於 1 時，結果不變；除數大於 1 時，結果變小。要注意的是，在整數範圍時會愈乘愈大以及愈除愈小，但到了分數就不一定了，乘以真分數會變小、除以真分數會變大。關於分數乘的結果為何會變大或變小，分數除的結果為何會變大或變小，見第二節中分數的乘法與除法部分。

■ 二 加減互逆與乘除互逆

加減互逆意指：把某數加上一數（加數）後再減去該數，或者是把某數減去一數（減數）後再加上該數，就會還原回去，即等於原來的數。同樣地，乘除互逆意指：把某數乘上一數（乘數、且非 0）後再除以該數，或者是把某數除以一數（除數）後再乘以該數，就會還原回去，即等於原來的數。這些性質並不會因為是分數而改變。所以分數的加減互逆與乘

除互逆的性質和整數的皆相同（見第二章）。需要注意的是加減互逆與乘除互逆的性質是對已經知道的加數、減數、乘數與除數而言，並非是被加數、被減數、被乘數與被除數。

三 運算三律

我們檢視分數的四則運算是否滿足交換律、結合律與分配律（簡稱運算三律）。交換律和結合律是針對一種運算而言的規律，而分配律是涉及兩種運算的規律。

（一）交換律

交換律意指：針對兩數運算時，如將這兩數位置對調，運算結果不變。分數運算的交換律和整數的一樣，只有加法和乘法具有：

$a + b = b + a$

$a \times b = b \times a$

（二）結合律

結合律意指：針對相同的兩個運算，先做前面兩個數的運算或先做後面兩個數的運算，結果都相同。分數運算的結合律和整數的一樣，只有加法和乘法具有：

$(a + b) + c = a + (b + c)$

$(a \times b) \times c = a \times (b \times c)$

（三）分配律

分配律是結合兩種運算的規律。一般提到的分配律大都是指乘法對加法的分配律（分成兩項的和）。分數運算的分配律和整數的一樣，如下：

$a \times (b + c) = a \times b + a \times c$……乘法對加法左分配律

$(a + b) \times c = a \times c + b \times c$……乘法對加法右分配律

事實上，把上式中的加法改為減法，就和整數的一樣仍然成立，即乘法對減法的分配律（分成兩項的差）：

$a \times (b - c) = a \times b - a \times c$……乘法對減法左分配律

$(a - b) \times c = a \times c - b \times c$……乘法對減法右分配律

如再把乘法改為除法，也和整數的一樣，除法對加法和減法就只有右分配律：

$(a + b) \div c = a \div c + b \div c$……除法對加法右分配律

$(a - b) \div c = a \div c - b \div c$……除法對減法右分配律

由於等號滿足對稱性（等號的兩邊可對調），因此上述有關分配律的算式寫法也可將左右兩邊的式子對調。例如：$a \times b + a \times c = a \times (b + c)$。

（四）使用時機

　　學會了分數的運算性質，就可拿來作為解題與計算的利器。如能預知運算結果的變大或變小，就可幫助我們判斷選用何種運算來進行解題，也可幫助我們察覺計算出來的答案是否合理。例如：「妹妹有 $2\frac{3}{4}$ 張蔥油餅、妹妹比哥哥少 $\frac{2}{4}$ 張蔥油餅，哥哥有多少張蔥油餅？」剛開始進行解題時，有些學生一時還無法確定要用加法或減法，如能先判斷出哥哥比較多，也就是答案會變大，就會使用加法來解答。又或者是學生受到關鍵字「少」的影響而使用減法來解答，因而發現答案會變小而不合理。

　　學會了分數的加減互逆和乘除互逆就可運用於解題。在等量公理學習前，引入加減互逆和乘除互逆來協助求解，例如：$(\quad) + \frac{1}{3} = \frac{1}{2}$，就可透過減 $\frac{1}{3}$ 得到原數，即 $(\quad) = \frac{1}{2} - \frac{1}{3}$。同樣地，$(\quad) - \frac{1}{3} = \frac{1}{2} \rightarrow (\quad) = \frac{1}{2} + \frac{1}{3}$、$(\quad) \times \frac{1}{3} = \frac{1}{2} \rightarrow (\quad) = \frac{1}{2} \div \frac{1}{3}$、$(\quad) \div \frac{1}{3} = \frac{1}{2} \rightarrow (\quad) = \frac{1}{2} \times \frac{1}{3}$。另外，我們也用加減互逆和乘除互逆來驗算答案是否正確，也

就是用加法做減法的驗算、用減法做加法的驗算、用乘法做除法的驗算、用除法做乘法的驗算。

在四則混合計算中，我們還應用運算三律來簡化計算，例如：計算 $\frac{3}{5} + \frac{1}{4} + \frac{2}{5}$，因為分數加法有交換律，前兩項 $\frac{3}{5}$ 和 $\frac{1}{4}$ 就可對調，因此原式改寫成 $\frac{1}{4} + \frac{3}{5} + \frac{2}{5}$，又因為分數加法有結合律，後兩項 $\frac{3}{5}$ 和 $\frac{2}{5}$ 就可先加，得到 1，所以計算就變得簡單多了。乘法亦然，例如：計算 $\frac{2}{3} \times 4\frac{2}{5} \times \frac{3}{2}$，因為分數乘法有交換律，前兩項 $\frac{2}{3}$ 和 $4\frac{2}{5}$ 就可對調，因此原式改寫成 $4\frac{2}{5} \times \frac{2}{3} \times \frac{3}{2}$，又因為分數乘法有結合律，後兩項 $\frac{2}{3}$ 和 $\frac{3}{2}$ 就可先乘，得到 1，所以計算也變得簡單多了。還有分配律也可用於簡化計算，例如：計算 $\frac{1}{6} \times 1\frac{2}{5} + \frac{1}{6} \times \frac{3}{5}$，因為分數運算有分配律，就可將原式轉換為 $\frac{1}{6} \times (1\frac{2}{5} + \frac{3}{5}) = \frac{1}{6} \times 2$，所以計算變得簡單多了。另外，有了結合律，便可省去使用括號的次數，如在連加或連乘的計算中，我們就不用再加括號以示哪兩個數要先做運算。如能了解性質的使用時機與需求性，則更能感受到性質的重要性。

貳、數學教與學

一 在性質的學習困難與迷思概念

由於分數性質與整數不盡相同，學生習焉不察，深受整數所學影響而錯用性質。參考文獻以及作者的一些研究結果（劉曼麗〔主編〕，2020a，2020b），挑選學生在性質學習上常有的困難與迷思概念，摘要於表 3-3。

⤹ 表 3-3　學生在性質的學習困難與迷思概念

分數性質	困難與迷思概念
運算結果	• 認為乘會變大、除會變小，因而選錯運算來列式。 • 不會依據乘數大於、等於或小於 1 的條件，判斷積和被乘數兩者的大小關係。 • 不會依據除數大於、等於或小於 1 的條件，判斷商和被除數兩者的大小關係。

📖 在性質的教學與學習

　　如同前兩章節，本章節也是呼應第一章對教學與學習所持觀點，運用一個起動機制與五個核心內涵（李源順，2018）來營造學生對分數的性質有感，並依據多元優選的教學理念，讓學生的學習獲得最大效率。

　　由表 3-3 發現，學生最大的問題是認為乘會變大、除會變小，因而選錯運算來列式，以及不會依據乘數來判斷積和被乘數兩者的大小關係、不會依據除數來判斷商和被除數兩者的大小關係。因此，乘以真分數和除以真分數的意義與結果將是分數乘法以及分數除法的教學重點。

　　在性質的學習上，對整數而言，大都是融入在加減乘除運算的教學單元中進行。在學習過程中，透過具體的情境，不同的作法，發現結果都一樣，進而體會到性質的存在。如透過合併型的問題，發現誰加誰都一樣，與順序無關，因而理解加法交換律。又如透過矩陣型的問題（行與列的排列），發現「行數乘以列數」或「列數乘以行數」都一樣，也與順序無關，因而理解乘法交換律。但初始學習這些性質僅止於以數表示而已，尚未抽象化為代數符號。

　　延伸到分數範圍時，由於整數運算性質大都適用於分數，因此教科書在編排上就較少鋪陳，大都是告知或提示一下，學生就直接拿來應用於解題；或是透過分數的計算題讓學生稍微檢驗一下。我們如想提供學生完整的學習經驗，也可仿照整數性質的學習方式，適時地提供具體情境與圖像

表徵，讓學生也能體會到分數性質的存在。但要注意的是，矩陣型問題應改為面積型問題，才能適用於分數乘法交換律的情境。另外，在適當時機如要引導學生進行檢驗，視學生程度，檢驗方式除可透過一些數字的計算結果來看，也可從計算的過程來看。例如：為檢驗分數乘法是否也有交換律，從數字的計算結果來看，$\frac{3}{4} \times \frac{2}{5}$ 和 $\frac{2}{5} \times \frac{3}{4}$ 的答案一樣；從計算的過程來看，$\frac{3}{4} \times \frac{2}{5} = \frac{3 \times 2}{4 \times 5} = \frac{2 \times 3}{5 \times 4} = \frac{2}{5} \times \frac{3}{4}$，其中分子相乘可前後對調以及分母相乘可前後對調，就用了整數乘法的交換律。透過檢驗讓學生知道分數乘法也有交換律。然後再透過有意義的數字設計，讓學生了解使用性質的好處以突顯性質的重要性。最後再出一些練習，讓學生能活用分數的運算性質。

　　由於分數運算性質與整數運算性質差異最大之處，只是在於乘以真分數會變小、除以真分數會變大，因而在此處的學習，通常是依附在分數乘法的單元以及分數除法的單元內進行。教科書的編排也大都是先讓學生利用程序性知識求解，然後提問學生發現到什麼。先讓學生計算出分數相乘或相除的答案，再讓學生比較積和被乘數的大小、商和被除數的大小，由此希望學生能發現乘以帶（假）分數和乘以整數一樣，積仍然會變大，但是乘以真分數時，積反而變小了。希望學生能發現除以帶（假）分數和除以整數一樣，商仍然會變小，但除以真分數時，商反而變大了。最後再由老師總結，分數相乘（相除）的結果何時變大、不變與變小。如果我們希望還想提升學生理解的層次，其實是可以引動學生的推理能力來發現而不是單純透過計算結果來發現（見下段說明）。

　　接著以學習被乘數、乘數和積的關係為例，說明教與學的具體策略。為了要引導學生真正了解被乘數、乘數和積的關係，而非純記憶發現的事實，我們還是應先引導學生有概念性的了解再內化為程序性知識（乘數小於 1，積小於被乘數；乘數等於 1，積等於被乘數；乘數大於 1，積大於被乘數）。對分數的乘法而言，情境最好是以較貼近學生生活情境

的等組型擴充問題為主。例如：「一瓶牛奶有 $\frac{2}{3}$ 公升，$\frac{1}{4}$ 瓶有多少公升的牛奶？」學生可以利用已有的學習經驗進行解題性知識（列式和完成計算），此時要將教學重心放在引導學生討論並發現乘以真分數的結果會變小與其意涵，然後再透過一系列有代表性的問題（如 $\frac{2}{3}\times 2$、$\frac{2}{3}\times 1\frac{3}{4}$、$\frac{2}{3}\times\frac{5}{4}$、$\frac{2}{3}\times 1$、$\frac{2}{3}\times\frac{5}{4}$、$\frac{2}{3}\times\frac{1}{4}$），提問學生如果不要計算，能否判斷出答案會變大、不變或變小以及所持理由。在此基礎下，也可再回過來加強其他情境的解題性知識以減少對不熟悉的情境解題時易犯的迷思概念（當無法確定運算時，覺得結果變大就選擇乘法來列式、結果變小就選擇除法來列式）。

下節即以五年級分數的乘法單元為例，呈現其中一節課有關被乘數、乘數和積的關係的教學示例以供參考。

參、教學示例

領域／科目	數學	設計者	劉曼麗
實施年級	五年級	總節數	共六節／第五節
單元名稱	分數的乘法		
設計依據			
學習 重點	學習表現	n-III-6 理解分數乘法和除法的意義、計算與應用。	核心 素養	數-E-A2 具備基本的算術操作能力、並能指認基本的形體與相對關係，在日常生活情境中，用數學表述與解決問題。 數-E-B1 具備日常語言與數字及算術符號之間的轉換能力，並能熟練操作日常使用之度量衡及時間，認識日常經驗中的幾何形體，並能以符號表示公式。
	學習內容	N-5-5 分數的乘法：整數乘以分數、分數乘以分數的意義。知道用約分簡化乘法計算。處理乘積一定比被乘數大的錯誤類型。透過分數計算的		

		公式，知道乘法交換律在分數也成立。	數 -E-C1 具備從證據討論事情，以及和他人有條理溝通的態度。 數 -E-C2 樂於與他人合作解決問題並尊重不同的問題解決想法。
議題 融入	議題 實質內涵	視實際設計需求使用	
	所融入之 學習重點	視實際設計需求使用	
與其他領域 / 科目的連結		視實際設計需求使用	
教材來源		自編	
教學設備 / 資源		學習單、單槍投影機	
學習目標			
依據乘數與 1 的大小關係，直接判斷乘的結果與被乘數的大小關係。			

教學活動設計		
教學活動內容及實施方式	時間	備註
一、準備活動（複習分數乘法的等組型擴充問題） T：在上一節我們已經學過求出牛奶有多少公升的問題，知道怎麼算嗎？例如，一瓶牛奶有 $\frac{2}{3}$ 公升，$\frac{4}{5}$ 瓶有多少公升的牛奶？ T：你上來做做看。 S：$\frac{2}{3} \times \frac{4}{5} = \frac{8}{15}$，所以 $\frac{4}{5}$ 瓶有 $\frac{8}{15}$ 公升的牛奶。 T：你為什麼用乘法來列式？ S：因為我們已經知道一瓶的牛奶，上一節課老師有說，問多少瓶有多少的問題，就要用乘法，就像整數一樣，問 2 瓶就要乘以 2。	10'	（全班溝通討論） 問為什麼

教學活動設計		
教學活動內容及實施方式	時間	備註
T：其他同學聽懂了嗎？ SS：聽懂了。 T：那你的答案是怎麼算出來的？ S：我用分子乘以分子、分母乘以分母來算，2×4 等於 8、3×5 等於 15，所以是 $\frac{8}{15}$。 T：很好。你們都知道分數相乘的方法了。老師再順便請你們也做一下分數比大小的問題。 T：在剛才的牛奶問題中，$\frac{2}{3} \times \frac{4}{5}$ 和被乘數 $\frac{2}{3}$，哪一個比較大？誰可以說說看，你是怎麼比的？ S：我們剛才已經算出 $\frac{2}{3} \times \frac{4}{5} = \frac{8}{15}$、$\frac{2}{3} = \frac{10}{15}$，$\frac{10}{15} > \frac{8}{15}$ 所以被乘數比較大。 T：可是，這樣乘出來的答案就變小了！ S：一瓶牛奶有 $\frac{2}{3}$ 公升，$\frac{4}{5}$ 瓶的牛奶還不到一瓶，本來就會比一瓶的牛奶要少，所以 $\frac{2}{3} \times \frac{4}{5}$ 的答案會小於 $\frac{2}{3}$，所以乘出來的答案就變小了。 T：說得真好。一瓶牛奶有 $\frac{2}{3}$ 公升，$\frac{2}{3} \times \frac{4}{5}$ 的答案表示 $\frac{4}{5}$ 瓶的牛奶有多少公升，$\frac{4}{5}$ 瓶的牛奶比一瓶的要少（指著 $\frac{2}{3} \times \frac{4}{5}$ 的 $\frac{4}{5}$），所以 $\frac{2}{3} \times \frac{4}{5}$ 會比 $\frac{2}{3}$ 小。 T：像這樣表示還不到一瓶的分數（指著 $\frac{2}{3} \times \frac{4}{5}$ 的 $\frac{4}{5}$），就是小於 1 的分數，我們稱為什麼分數？ SS：真分數。 T：答對了。所以乘以真分數的結果會（指著 $\frac{2}{3} \times \frac{4}{5}$）？ SS：變小。 T：答對了。接下來，老師要請你們做下列的問題，如果不把分數乘出來，你們能解決比較大小的問題嗎？		讓學生說 讓學生說

教學活動設計		
教學活動內容及實施方式	時間	備註
二、**發展活動**（透過有代表性的數字設計，引動學生展現推理能力，促使學生能察覺分數乘法中，乘的結果何時變大、不變與變小。） 布題一 T：你們已經學過分數乘以分數的問題，想想看，如果不要計算，要如何比較下列的大小問題（在□裡填入＞、＜或＝）？ (1) $\frac{2}{3} \times 2 \square \frac{2}{3}$ (2) $\frac{2}{3} \times 1\frac{3}{4} \square \frac{2}{3}$ (3) $\frac{2}{3} \times \frac{5}{4} \square \frac{2}{3}$ (4) $\frac{2}{3} \times 1 \square \frac{2}{3}$ (5) $\frac{2}{3} \times \frac{1}{4} \square \frac{2}{3}$ T：請你們自己先想想看，再把答案寫在你們的小白板上。 （老師應巡堂以了解學生的作答情形，必要時可適時協助。） T：老師發現除了第 1 題和第 4 題外，你們有的還是把答案計算出來再比，但題目是要求你們不要計算出來呀！ T：老師提示一下，你們可以把□的左邊算式看成是計算幾瓶的牛奶有多少公升的列式，□的右邊看成是一瓶的牛奶有多少公升。 S：老師，我知道了。第 1 題、第 2 題和第 3 題，都比一瓶多，所以□內要寫大於。 S：第 4 題左右兩邊都是表示一瓶的牛奶，所以□內要寫等於。 S：我也知道了。第 5 題，$\frac{1}{4}$ 瓶的牛奶比一瓶少，所以□內要寫小於。 T：你們都回答的好棒。 布題二（老師把上題的比較結果寫在黑板上） (1) $\frac{2}{3} \times 2 \boxed{>} \frac{2}{3}$ (2) $\frac{2}{3} \times 1\frac{3}{4} \boxed{>} \frac{2}{3}$	28'	（個別實作） （全班溝通討論） 回想

教學活動設計		
教學活動內容及實施方式	時間	備註
(3) $\frac{2}{3} \times \frac{5}{4}$ ▷ $\frac{2}{3}$ (4) $\frac{2}{3} \times 1$ □ $\frac{2}{3}$ (5) $\frac{2}{3} \times \frac{1}{4}$ ◁ $\frac{2}{3}$ T：這是上一題比較的結果，請你們先觀察這些算式，想想看，左邊的算式，乘出來的結果，也就是積，何時會大於被乘數？何時會等於被乘數？何時會小於被乘數？ S：乘於 1 不變，所以兩邊就會相等。 T：答對了。其他呢？ S：嗯…… T：我們可以用牛奶的問題來想。把左邊算式中的乘數看成是牛奶的瓶數。 S：我知道了，比一瓶多的，乘出來的結果就會變大，比一瓶少的，乘出來的結果就會變小。前 3 題（指著乘數），都是比一瓶多，所以積會大於被乘數。最後一題（指著乘數），比一瓶少，所以積會小於被乘數。 S：我也知道了，前 3 題的乘數都比 1 大，所以積大於被乘數，最後一題的乘數都比 1 小，所以積小於被乘數。 T：說得真好，所以我們就可以依據乘數與 1 的大小關係，直接來判斷乘的結果與被乘數的大小關係。 T：乘數大於 1，積和被乘數哪一個比較大？ S：積。 T：乘數等於 1，積和被乘數哪一個比較大？ S：一樣大。 T：乘數小於 1，積和被乘數哪一個比較大？ S：被乘數。 T：老師把你們的發現總結一下：在分數乘法中， 　　乘數小於 1，積小於被乘數； 　　乘數等於 1，積等於被乘數； 　　乘數大於 1，積大於被乘數。		（全班溝通討論） 回想

教學活動設計		
教學活動內容及實施方式	時間	備註
（老師書寫於黑板上） 布題三（學生練習） T：請你們完成學習單上的問題。 　（略） **三、綜合活動**（統整） T：說說看，今天學到什麼？ S：我們學到不用乘出來，就可以比較積和被乘數哪一個比較大。 T：要怎麼比？ S：看乘數和 1 的大小關係。 S：乘數小於 1，積就小於被乘數；乘數等於 1，積就等於被乘數； 　乘數大於 1，積就大於被乘數。	2'	讓學生說

第四節　總結與十二年國教數學領綱

壹、總結

　　無論是哪一種數學課程，在國小有關分數學習的主要內容不外乎是對分數的認識、如何使用分數來比較大小、計算與解題、運算性質以及分數與小數的關係。如再細分之，分數的認識包括單位分數與真分數、假分數、帶分數以及等值分數與最簡分數，還有在數線上表徵分數。分數的計算與解題則涉及加、減、乘、除等運算。另外，為了計算需求，還需學習假分數與帶分數彼此之間的互換。為了求得等值分數，約分與擴分的意義與求法也是不容忽視的。而為搭起分數與小數的橋梁，則需將分數擴充為表示兩整數相除的結果。運算性質主要包括運算結果的變大或變小、加減互逆與乘除互逆、運算三律（交換律、結合律與分配律），這些通常都融入在計算與解題中。上述的這些重要學習內容在前三節中做了介紹與說

明。除了分數本身的學習，還需仰賴在整數課程的學習作為其先備知識。特別是，分數需要單位量概念、等分概念與等分除概念作為立基點，經由分數的啟蒙情境，展開了國小分數課程的學習之旅。最後綜合本章對國小分數主題所介紹的重要學習內容，用教材脈絡圖呈現出來如圖 3-15，以供參考。

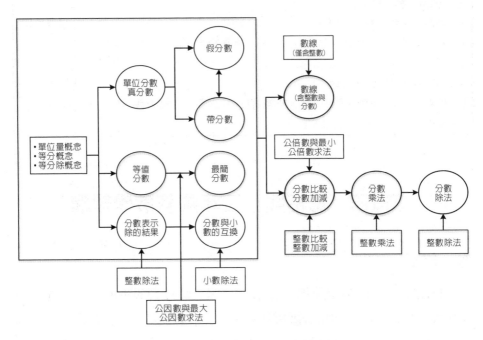

圖 3-15　國小分數教材脈絡圖

貳、十二年國教數學領綱

　　為能一窺國小分數學習內涵全貌，本文也附上十二年國教《數學領綱》有關分數主題的學習表現和學習內容，提供讀者參考。

一 分階段學習表現

十二年國教《數學領綱》各階段有關分數主題的學習表現（教育部，2018），如表 3-4。

△ 表 3-4 分數之各階段學習表現

編碼	學習表現（依學習階段排序）
n-I-6	認識單位分數。
n-II-6	理解同分母分數的加、減、整數倍的意義、計算與應用。認識等值分數的意義，並應用於認識簡單異分母分數之比較與加減的意義。
n-II-8	能在數線標示整數、分數、小數並做比較與加減，理解整數、分數、小數都是數。
n-III-4	理解約分、擴分、通分的意義，並應用於異分母分數的加減。
n-III-5	理解整數相除的分數表示的意義。
n-III-6	理解分數乘法和除法的意義、計算與應用。
n-III-9	理解比例關係的意義，並能據以觀察、表述、計算與解題，如比率、比例尺、速度、基準量等。
r-III-2	熟練數（含分數、小數）的四則混合計算。

二 分年學習內容

十二年國教《數學領綱》各年級有關分數主題的學習內容，如表 3-5。

△ 表 3-5 分數之各年級學習內容

編碼	學習內容條目及說明	備註	學習表現
N-2-10	**單位分數的認識**：從等分配的活動（如摺紙）認識單部分為全部的「幾分之一」。知道日常語言「的一半」、「的二分之一」、「的四分之一」的溝	學生應知道等分配活動之目的。二年級之分數活動與教學限連續量，不處理離散量，避免和 N-2-9 混淆。摺紙限「摺半」操作：例如用長方形摺出	n-I-6

編碼	學習內容條目及說明	備註	學習表現
	通意義。在已等分割之格圖中,能說明一格為全部的「幾分之一」。	分母 2、4、8 的單位分數;用圓摺出分母 2 或 4 之單位分數。已等分割之格圖,應呼應等分割活動,以長方形或圓形為主。「的幾分之一」的用語僅限於活動與溝通,不是分數乘法問題。	
N-3-9	**簡單同分母分數**:結合操作活動與整數經驗。簡單同分母分數比較、加、減的意義。牽涉之分數與運算結果皆不超過 2。以單位分數之點數為基礎,連結整數之比較、加、減。知道「和等於1」的意義。	本年級分數教學只用「分數」一詞,不出現「真分數」與「假分數」的名詞,也不含帶分數的教學(N-4-5)。應區分真分數與假分數之教學(例如分開於上、下學期)。初步認識分數的應用時,情境應以連續量為主。若要處理離散量情境,必須與連續模型表徵強烈結合,而且其計數單位須為以整體數量為分母的單位分數(如 1 盒餅乾有 6 塊,則只處理分母 6 之分數,不處理 2 或 3 的情況)。	n-II-6
N-4-5	**同分母分數**:一般同分母分數教學(包括「真分數」、「假分數」、「帶分數」名詞引入)。假分數和帶分數之變換。同分母分數的比較、加、減與整數倍。	本條目教學,分子和分母的數字都不用太大,以能流暢學習同分母分數計算為目標。帶分數整數倍教學不宜強迫學生化成假分數進行,其中隱含之分配律思維來自操作經驗與數感,此非分配律教學。	n-II-6
N-4-6	**等值分數**:由操作活動中理解等值分數的意義。簡單異分母分數的比較、加、減的意義。簡單分數與小數的互換。	簡單異分母分數指一分母為另一分母之倍數。與小數互換之簡單分數指分母為 2、5、10、100。	n-II-6

編碼	學習內容條目及說明	備註	學習表現
N-4-8	**數線與分數、小數**：連結分、小數長度量的經驗。以標記和簡單的比較與計算，建立整數、分數、小數一體的認識。	標記限一位小數（相當於分母等於 10）與分母不大於 5 的分數。以等值分數思維（N-4-6）協助學生認識整數、分數、小數為一體。因初學等值分數，本條目不處理分數和小數的混合計算問題。	n-II-8
N-5-4	**異分母分數**：用約分、擴分處理等值分數並做比較。用通分做異分母分數的加減。養成利用約分化簡分數計算習慣。	通分不鼓勵以分母直接相乘。通分數字限：(1) 分母均為一位數；(2) 一分母為另一分母的倍數，且兩數小於 100；(3) 乘以 2、3、4、5 就可以找到兩分母之公倍數（如 12 與 18）。	n-III-4
N-5-5	**分數的乘法**：整數乘以分數、分數乘以分數的意義。知道用約分簡化乘法計算。處理乘積一定比被乘數大的錯誤類型。透過分數計算的公式，知道乘法交換律在分數也成立。	建立例如「的 1/2」和「1/2 倍」的關聯。	n-III-6
N-5-6	**整數相除之分數表示**：從分裝（測量）和平分的觀點，分別說明整數相除為分數之意義與合理性。	本條目的困難在於概念理解而非計算，教師應積極協助學生突破整數除法有餘數之固定想法，並轉化成商為分數的合理性。包含除可和「比率」的課題結合（N-5-10）。	n-III-5
N-5-7	**分數除以整數**：分數除以整數的意義。最後將問題轉化為乘以單位分數。	等分除教學可運用乘法分數倍之經驗（N-5-5）。包含除可和「比率」的課題結合（N-5-10）。	n-III-6

編碼	學習內容條目及說明	備註	學習表現
N-5-10	**解題**：比率與應用。整數相除的應用。含「百分率」、「折」、「成」。	本條目限結果不大於1（100%）的應用情境（大於1之延伸情境見 N-6-8）。	n-III-5 n-III-9
N-6-3	**分數的除法**：整數除以分數、分數除以分數的意義。最後理解除以一數等於乘以其倒數之公式。	可不處理餘數問題。若要處理，限於具體合理的生活情境。餘數問題不評量。	n-III-6
N-6-5	**解題**：整數、分數、小數的四則應用問題。二到三步驟的應用解題。含使用概數協助解題。	含處理分數和小數混合乘除計算之常用技巧。	n-III-2 r-III-2

李源順（2018）。**數學這樣教：國小數學感教育**。臺北市：五南出版社。

教育部（2008）。國民中小學九年一貫課程綱要：數學學習領域。臺北市：作者。

教育部（2018）。十二年國民基本教育課程綱要：國民中小學暨普通型高級等校一數學領域。臺北市：教育部。

劉曼麗（主編）（2019）。**國小三年級分數數位學習扶助教材與教學**。屏東市：國立屏東大學。

劉曼麗（主編）（2020a）。**國小五年級分數數位學習扶助教材與教學**。屏東市：國立屏東大學。

劉曼麗（主編）（2020b）。**國小六年級分數數位學習扶助教材與教學**。屏東市：國立屏東大學。

劉曼麗（主編）（2020c）。**國小四年級分數數位學習扶助教材與學習**。屏東市：國立屏東大學。

第四章

小數

謝佳叡

　　在國小數學課程中，「小數」被視為是「整數」概念的延伸，也是「分數」的特例，因此在小數的學習上，也都能感覺到整數與分數的影子，時間也相當漫長。在九年一貫課程（教育部，2008）或十二年國教《數學領綱》中（教育部，2018），小數教材幾乎分散在三至六年級的每一個學期，以螺旋式方式出現，也顯示這個內容的重要。在實際生活上，學生接觸小數的機會也多於分數，例如體溫 36.7 度、體重 25.5 公斤、汽水 1.25 公升、廣播頻道 99.7 MHz、1 美金兌換臺幣為 27.85、防疫社交距離 1.5 公尺等等。因此小數對於學生而言，是一個既熟悉（有很多生活經驗）卻又陌生（尚未掌握其意義與運算）的概念。

　　本章將從小數的歷史出發，從測量、十進位系統，以及分數三個角度探討小數概念，進而介紹小數的記法、位值、位名等，之後進入小數比大小、小數的加減、乘法、除法、小數與分數的轉換，最後呈現小數的性質與生活運用，透過概念內容、學生認知與教學示例來介紹。

第一節　小數的概念

壹、小數概念的數學內容

一　小數的起源

　　數感，是由量感抽象而得。同樣地，小數的概念也起源於量感的抽象，因此要讓小數的學習有感覺，身為教學者首要掌握的，就是小數之數感所憑藉的小數量感從何而來？回想一下整數的起源，整數概念發展來自於人類自然的數數或計數，精確地說，是用來界定某一個離散量與單位量的倍數關係，而小數概念則起源於測量，當我們試圖對一個**連續量**加以描述時，若此量不是我們預設之「參考單位量」的整數倍時，這個想要描述

的量就會產生小數。

從測量的角度來看，由於人們接觸到的各種量都有大小之分，因此會對同一種量制訂不同的單位，我們也會找尋適當的參考單位來描述。舉例來說，重量的單位大有公噸，小有毫克，當我們要描述動物的體重，如鯨、大象、犀牛等，我們會使用公噸，而像家禽、豬、狗等，我們會用公斤，而甲蟲、跳蚤則常使用的是公克、毫克。但即便我們選擇了適當的單位，我們也經常遇到想要描述的量並非剛好是這些單位的「整數倍」（數學史上的用法稱爲「量盡」）。當我們使用某個參考單位來測量某個量，卻無法剛好量盡時，有一種簡單的作法是「使用另一個更小的單位來描述」，此時並沒有需要使用小數的需求。在中國古代的作法便是如此，尤其展現在度量衡當中，如不足「公尺」就用公寸、公分；不足「公斤」就用公克；不足「公升」就用分公升等等。這當中又可以分成十進位制與非十進位制，如上述幾個公制單位都是十進位制；非十進位制如不足「小時」就用分、秒；不足「斤」就用兩；不足「呎」就用吋等等。這樣的表示法就認知來說具有方便性，除了符合生活情境使用，讓人們容易對於數量的大小、數量比較更有感，而單位分類清楚也有利於兩個數量的合併與分解，更重要的是，**這樣的表示法乃直接沿用整數計數系統**，因此不必另外創造新的計數系統來加以表示。

另一種描述非整數倍的自然作法，是將既有參考量加以等分割，此時就和「分數」產生關聯。「分數」這個名稱很容易聯想到「平分或等分」概念，而當等分割數是 10 的冪次方等分數，就正好延續了整數的十進位方式。簡單地說，當我們使用某個「參考單位」來測量某個量又遇到無法剛好量盡的情況時，若將既有的參考單位十等分分割，並使用原有的參考單位的一個數值來描述這個量，此時就產生了小數的需求與概念。例如：當我們要測量一件行李的重量，若把「一公斤」作爲我們預設之「參考單位」，通常秤出的重量不會剛好是一公斤的整數倍，若還是想用公斤這個單位來描述行李的重量，這時候可以把一公斤再十等分，看剩下這個不到

一公斤的量，對應到十等分後的哪一個量，就能更貼近地描述這個行李的重量。如下圖中，用公噸描述大象為 5.7 公噸重、用公斤描述鯉魚為 3.5 公斤重、用毫克描述跳蚤為 0.03 毫克重，都是以小數描述某量，可看出小數從十進位計數系統擴充而來。

圖 4-1　各種不同的動物體重

(圖片來源：作者攝於國立自然科學博物館)

　　「小數」這個名稱從中文來看，很容易讓人以為是表達「更小的數」。但如果從小數的英文名稱 decimal fraction 或直接稱 decimal 來看，可能更能體悟其涵義。在英文中，「deci-」的字根是表示「十分之一」的意思，例如 decimeter 是十分之一公尺（亦即「公寸」），而 decimal 的意思是「十進位的」、「小數的」，decimal fraction 意思是十進位分數，但這兩個意義都表示小數。換言之，小數的概念起源或產生的必要性是建立在含有「十進位」或「位值」計數系統的一種表示法，因此，很容易理解像古羅馬和古埃及的計數系統並不是使用進位概念，所以很難自然

地發展出小數概念。使用小數計數最早可追溯到古巴比倫時代（趙文敏，1985），但因爲他們的計數單位是 60 進位，小數使用的便利並不明顯，反而由於 60 的因數很多（當中還包含了 1 到 6 的每一個數），使用分數來表示不足 1 的情況更爲便利，這也能理解小數的使用多半是使用十進位計數系統的地區。

綜合上述，我們用來表達數量不足「參考單位量」的常用方法有三種。第一種是使用一個比參考單位量更小的單位來加以描述，大單位無法量盡的部分用小單位描述。第二種表達不足 1 的方法就是使用分數系統，這個概念在第三章已經有詳細描述，不在此贅述。第三種用來表達不足 1 的方法就是小數系統，這個系統有兩個特點，一是**必須建立在位值（或進位）系統**上，小數表示法也隨著印度—阿拉伯數字普及後成爲常用的表示法；另一個特點是**小數系統經常隱藏在度量衡之中**（趙文敏，1985），以下就舉中國古代著名的算經《九章算術》爲例，這個例子恰好將這三種方法結合起來。話說劉徽在注解《九章算術》時，在方田章「割圓術」的注文中說道（在求圓面積過程中，計算邊長爲 1 的正三角形的高）：

> 「割六觚以爲十二觚，術曰：置圓徑二尺，半之爲一尺，即圓裏觚之面也。令半徑一尺爲弦，半面五寸爲句，爲之求股。以句冪二十五寸減弦冪，餘七十五寸，開方除之下至秒忽，又一退法，求其微數。微數無名，知以爲分子，以下爲分母，約作五分忽之二，故得股八寸六分六釐二秒五忽五分忽之二。」（引自趙文敏，1985）

上述這段話用現在的話來說是指，若圓的半徑爲一尺，內接正六邊形的邊心距爲八寸六分六釐二秒五忽五分忽之二。用現在的表示法，就是半徑爲 1 的圓其內接正六邊形，若將之分成六個正三角形，每個正三角形的高（即 $\frac{\sqrt{3}}{2}$）的近似值是 0.8660254，而使用的表示法「八寸六分六釐

二秒五忽五分忽之二」恰是搭配當時長度使用的單位：尺、寸、分、釐、毫、秒、忽等十進位依次遞減（趙文敏，1985）。

　　仔細觀看當中用語，除了可以看出小數系統隱藏在度量衡之中，這裡頭還有幾個值得注意的地方。首先，當中有**缺位**（某位值是 0）時，透過單位描述會直接省略該位名，亦即當中的「毫」中的「0 毫」不會表示出來。再者，由於經常使用的度量單位總是有限，當使用到「忽」（倒數第二碼的「5」）後，如果又再求一位時（「又一退法、求其微數」）（最末碼的「4」），因為已經沒有經常使用之單位（「微數無名」），因此實際的作法是把得到的最末碼 4 作為分子（「知以為分子」），十為分母（「以下為分母」），「十分之四忽」可約成「五分之二忽」（「約作五分忽之二」）。此法除了可以一直類推得到十進位一系列的數，也能看出在這個表示法中採用的是「小數」和「分數」系統的轉換。

　　從上述的這個例子中，恰好可以看到中國古代在小數表示法是隱藏在度量衡中，當中包含了度量衡中的大單位小單位（整數）、分數、小數三個系統之轉換，而這三個系統的轉換都還存在於現今的國小數學教材中（教育部，2008、2018）。

　　統整來說，小數概念起源於測量，以及分數的部分―全體關係，其中，測量的記數系統則是從十進位制擴充而來。若從分數的概念看小數，把原來的一個單位量等分成十份、百份、千份、……後，其中「未滿一個單位的部分」便可以用小數記之。因此，小數的數感涉及到測量、十進位的計數系統（整數概念延伸）以及等分割（分數的特例），這三個也是國小階段小數概念的意義來源，而整數、分數、小數之間的關係也是我們現今數學教材中教學的重點。

小數的表徵（記法）

　　雖然小數和分數都可以代表不足 1 單位的量，在我國數學教材的設計都是從連續量的十等分引入，將小數的意義視作是以十的冪次方作為

分母的特殊分數（李源順，2018；國家教育研究院，2018），意旨小數是把某量平分成 10 份、100 份、1000 份、……，得 $\frac{1}{10}$、$\frac{1}{100}$、$\frac{1}{1000}$、……後，將之標記為 0.1、0.01、0.001、……，所以 $\frac{1}{10}$ = 0.1（如 $\frac{1}{10}$ 盒蛋糕可以說成 0.1 盒蛋糕）、$\frac{1}{100}$ = 0.01、$\frac{1}{1000}$ = 0.001、……，由此可以看出小數意義與單位分數有著密切的關係，這也是最基本的**分數和小數轉換基礎**。根據此定義，自然就能推理出小數與分數之間的轉化方法，如 0.23 = $\frac{23}{100}$。需注意的是，這個部分／全體必須是十等分是依據測量單位通常採用十進位的方式，因此當遇到計量單位非十進位時（如 1.5 小時、2.5 天），學生容易弄錯。

　　另一種將小數視作分數特例的看法，是將小數視為隱藏分母為十的冪次方的分數記法，如 0.12 是 $\frac{12}{100}$ 隱去分母 100 的另一種表示法，但在符號表示或運算規則上，兩者卻有極大的不同。

　　一般而言，一個小數可以分為整數部分與非整數部分，以「123.45」這個小數為例，當中「123」是整數部分、「45」是非整數部分，區隔整數部分與非整數部分的記號稱為小數點。在本國的記法上，小數點是一個小點，置於整數部分與非整數部分中間下方，而非整數部分的記法與整數相同，不會刻意縮小與上下移動位置。在一些特殊的情況，整數部分為 0 的小數在記法上也會省去整數部分的 0，例如將「0.45」記為「.45」，尤其在計算機或 excel 輸入時可以直接省去整數部分的 0。

　　關於表示小數的記號，世界各國也有不同的記法，現在關於小數點記號的使用大致分成兩種，一種是用逗號（如 2,5 表示 2.5），如德國、法國、俄羅斯等，這些國家因為常將小點留作乘法的符號（如 2．5 表示 2×5），使用逗號也能避免誤認。另一種則像英、美、亞洲等國家小數點用小點而不用逗號，逗號用來作大數的分節號（如 250,000,000）。當然

實際生活用法上，各地區還會有種種不同的表示法，如縮小字體、底線等等（如 3^{25} 或 3$^{.25}$ 表示 3.25），如圖 4-2。

圖 4-2　國外市場貨品標價

（作者拍攝圖片）

實際生活上也有許多使用小數點的符號，但卻沒有小數或十進制的意涵，如常在標題中使用「1.1」、「1.2」、「2.1」等序號的編列，其意義如 1-1、1-2、2-1；而手機版本使用「iOS 13.1」或「iOS 13.1.1」等，第四次工業革命使用工業 4.0 等，這也是教學中需要留意的。也有表徵是十進制小數，其意義卻是代表幾何級數意涵，如地震程度使用的芮氏規模 5.3，雖然使用的也是十進制小數系統，實際上每增加 0.1 所增加的能量是指數成長。視力檢查結果 0.8、1.2，同樣也是經過轉換。現在經常在棒球運動比賽報導中使用「投手投了 5.2 局」來表示投了五又三分之二局，這屬於複合式進位系統，整數部分是十進制，小數部分是三進制。

三　小數的位值、位名、唸法

小數概念承接整數概念，把（有限）小數看成是特定的分數，也就是不帶分母的十進位分數，因此教師進行小數的「位值」與「位名」教學時，可以借重整數位值與定位板，也可以連結分數的學習經驗。

再以「123.45」為例，「123」是整數部分，因此無論代表的意義、各個數字的位值、位名、唸法都延續整數，如「1」的位值是 100，位名是百位；「2」的位值是 20，位名是十位；「3」的位值是 3，位名是個位，唸法同樣是「一百二十三」。小數點的意義則是**標出參考值的位置，也就是「個位之所在」**，這個標示看似平常卻十分重要。

一位小數的新增位名為「十分位」，此位名是從 $0.1 = \frac{1}{10}$ 的「十分之一」簡稱而來。相同地，二位小數的意義透過 $0.01 = \frac{1}{100}$ 來確認其位值與位名「百分位」，並延續到更多小數位數。

在整數唸法時，首位數字所在的位值是重要的，尤其在面對較大數值時，如「56401」，如果直接唸出「五六四零一」，一下子無法感受這個數的大小，若唸出「五萬六千四百零一」時則可立即感受到此數之大小，因此明確唸出各個位數的位名，**尤其是首位數的位名**，對數感掌握是必要的。從十進位記數系統觀點來看，小數的記數系統承襲了整數的十進位結構和記數規則，也就是以 0 到 9 這十個數字，配合位值概念來記錄，因此小數點之後的數的唸法具有位值概念。若遵循整數的唸法規則，123.45 這個小數應讀成「一百二十三點**十分之四百分之五**」，如表 4-1。然而，此雖更能顯示位值與相鄰兩位數值的十倍數關係，但此讀法似乎過於繁瑣，不利於溝通與教學。

☞ 表 4-1　小數數碼、位值、讀法對照表

位名	百位	十位	個位	十分位	百分位
數碼	1	2	3	4	5
位值	100	20	3	$\frac{4}{10}$	$\frac{5}{100}$
讀法	一百	二十	三點	（十分之）四	（百分之）五

註：（　）中的「十分之」、「百分之」可省略不讀

整數數值愈多，位數愈大，首位數離個位數就愈遠，但對於小數而言，剛好相反，離個位數愈遠代表數值愈小，量的感受會愈小，因此愈往後我們愈不在乎其實際意義，由於小數點已經**明確標示出個位（參考值）的位置**，小數點右邊每個位值皆已得到確認，因此「.4」讀成「點四」與「.457」讀成「點四五七」兩者中的「4」都不至於因為後面多出數字而改變其為「十分位」的地位。同樣的百分位、千分位、……也已得到確認，因此省略小數點後之位名讀法不會造成困擾，這也是 123.45 這個小數可讀成「一百二十三點四五」，不唸成「一百二十三點十分之四百分之五」的原因，更不得唸成「一百二十三點四十五」，因為小數點後的「45」不是四十五的意義。

由於小數意義是由測量而來，測量的物件無法剛好量完時，小數的需求自然而生，因此除了透過分數，**單位的換算**也成了小數學習的好方法，例如：「一個哈密瓜重量有 1.3 公斤，是幾公斤幾公克？也就是多少公克？」因為 1.3 公斤是 1 公斤和 0.3 斤的和，而「0.1 公斤是 100 公克」，0.3 公斤是 3 個 0.1 公斤，也就是 3 個 100 公克，因此 1.3 公斤等於 1 公斤 300 公克。因為「1 公斤等於 1000 公克」，所以 1.3 公斤也等於 1300 公克。

四 小數的分類與常見名詞介紹

（一）小數的分類

1. 純小數、帶小數

整數部分為 0 的小數，稱為純小數，相對於分數的真分數。整數部分不為 0 的小數，稱為帶小數，亦即「帶有非零整數」的小數，相對於分數的帶分數。

分數概念的引入通常是透過整體量的平分來認識，因此分數概念的啟蒙例會先讓學生熟悉小於 1 的真分數。小數又有所不同了，因為小數生活上的意義是從測量而來，生活上，實際測量不會故意先用一個「大於」想要測量之量的單位，反而常見的都是帶小數，如體溫 36.7 度、體重 25.5

公斤、汽水 1.25 公升、社交距離 1.5 公尺。因此小數的認識可以先認識帶小數，而爲避免初學之時給學生帶來困擾，一般教材都不會介紹這兩個名字，但老師們因爲備課或與其他老師、教師手冊溝通方便，建議了解這兩個詞的意義。如果老師要介紹這兩個名詞給學生，建議讓學生顧名思義，了解這兩個名詞在數學上的意義。

2. 有限小數、無限小數

小數點右邊只有有限個數字的小數，稱爲有限小數，如 0.12、1.2345。

小數點右邊有無限個數字的小數，稱爲無限小數，如 0.33333...、圓周率 3.14159265... 等。

無限小數中，從右邊某一位數起，一個或多個數字依序重複出現，就稱爲循環小數，如 0.33333...、0.234234...、1.142857142857...。

循環小數只是無限小數的一種，並非所有的無限小數都是循環小數，如 $\pi = 3.14159265...$、$\sqrt{2} = 1.41421...$、0.101001000100001... 都是無限小數，但不是循環小數。這裡頭可以看出，循環小數並不是指「右邊有無限個數字有規律」，而是要依序重複出現，像 0.101001000100001... 雖有規律但不是循環小數。在高等數學中，如 $\pi = 3.14159265...$、$\sqrt{2} = 1.41421...$ 分別代表兩種不同的無限小數。前者稱爲超越數、後者稱爲代數數，有興趣的讀者可以進一步查詢。

有限小數與循環小數因爲都可以換成分數形式，也就是屬於有理數的範疇。值得一提的是，在我國小學的教材中，小數單元所涉及的內容只有「有限小數」，沒有無限小數（當然也不包含循環小數），因此在分數與小數的轉換時，不會出現這類的化爲小數的內容，也不會有循環小數換成分數。但因爲學生經常會接觸到 $\frac{1}{3} = 0.33333...$、$\frac{2}{3} = 0.66666...$，因此並非不能介紹給學生，但若老師要教有限小數、無限小數、循環小數這些名詞給學生，需留意學生是否可以顧名思義。

（二）小數相關常見名詞

1. n 位小數

小數點右邊非整數的部分有 n 位數的小數，稱爲 n 位小數。如 0.7、2.5 是一位小數，0.72、2.50 是二位小數，非整數的部分有三位以上，我們一般也稱爲多位小數。這些名詞在課本標題、課綱都有正式出現，除了可以界定教材內容、難易範圍，也能方便老師之間的溝通。在此要特別說明，1.0、2.0（一位小數）與 1.00、2.00（二位小數）雖然可分別視爲 1、2（整數），但在測量上的意義有一點不同。因爲在學習過概數的單元後，不同位數的小數表示可能代表取概數的位值不同，因此代表測量的精確度不同。

2. 單位小數

n 位小數中，最後一個數字爲 1、其他數字爲 0 的小數，稱爲單位小數，如 0.1、0.01、0.0001、……。也就是分母爲十的冪次方的單位分數。值得注意的是，在分數中，單位分數是指眞分數中，分子爲 1 的分數，不需要分母爲十、百、千。單位小數是小數的意義由分數跨到位值的重要橋梁。

3. 小數點後第 n 位

口語上，n 位小數的十分位，我們也稱爲「小數點後第一位」，百分位也稱爲「小數點後第二位」，以此類推。這個用法尤其在小數取概數時十分常用，如 1.2354 四捨五入取到小數點後第二位，則是將小數點後第三位進行四捨五入，因此取概數後爲「1.24」。

五 小數的大小比較

我國現行教材中，一般在小數概念介紹後，理論上，小數的大小比較都可以透過分數形式來體悟。但綜觀各家教科書的安排，在小數大小比較的內容都是透過定位板、數線或小數的化聚將小數的意義轉移到位值概念上，直接進行大小比較。透過教材分析可發現，一位小數、二位小數的單

元分別在三年級、四年級學習，三年級進行一位小數大小比較時，學習內容上相對單純。到了四年級學到二位小數時，會涉及一位小數與兩位小數的大小比較，許多關於分數大小比較的迷思將因應而生，此可參閱本小節第二部分。

在小數的大小比較上，大致可分成純小數的大小比較和帶小數的大小比較兩種類型。

（一）純小數的大小比較

此類型的大小比較類似於整數，由於純小數可以說是站在相同起跑點上，整數部分都是 0，因此從十分位數（小數點後第一位數）起逐位比較，小數點後第一位數大的則該小數較大，若一樣大再比較百分位數（小數點後第二位數），依此直至分出。若某一位數缺項了則以 0 代之，如 0.24 和 0.243，比到小數點後第三位數時，0.24 以 0.240 取代與 0.243 進行比較，由於 0.243 > 0.240，所以 0.243 > 0.24。

此法之所以可行，其概念可從小數的化聚概念來解釋。例如：0.3 比 0.24 大，因為 0.3 是 3 個 0.1，0.24 是 2 個 0.1、4 個 0.01 合起來，3 個 0.1 比 2 個 0.1 大（4 個 0.01 還不到一個 0.1），所以 0.3 > 0.24。另一方面也可以化成分數再比較，例如 0.3 和 0.24 的大小比較可以先化成分數，$0.3 = \frac{3}{10} = \frac{30}{100}$、$0.24 = \frac{24}{100}$，因此 0.3 > 0.24，但此時老師要注意學生是否有能力把分母為十的冪次方進行等值分數的轉換。

（二）帶小數的大小比較

先比較整數部分，整數部分大者較大；當整數部分相同時，再用純小數的方法比較小數部分。

六 小數與分數與數線

數線的基本意義是先有一個原點 0，並取一個單位長度，不斷地複製

其長度，共有幾個單位長的位置就標記那個數字。因此，看到數線上的數都會有從 0 到這位置有幾個單位的意思。數線上的分數與小數亦如是。數線教學經常會使用直尺作為例子，如下圖，但因為一般直尺並未標註出小數部分，因此不容易直接對照。

數線是整合整數、小數、分數很好的表徵方式，是理解這些數都是相同的數之重要模型，也能解釋小數與分數的轉換，如 $0.1 = \frac{1}{10}$、$0.5 = \frac{1}{2}$、$0.25 = \frac{1}{4}$，透過這些例子可以提供之後小數與分數轉換的驗證，甚至可以作為分數與小數的比較大小的重要參照表，提供如 0.3 和 $\frac{1}{3}$ 大小的直觀比較。

貳、小數概念的迷思與教學

一、小數概念的學習困難與迷思概念

小數在學生的生活中經常可以看見，因此小數概念的學習對於生活的問題解決占有重要地位。但因為概念有其複雜性，在學習上也因為小數意義經常切換在多面向之間，如轉換成分數形式、位值概念、大小單位轉換等，在教學時間有限的情況下，若沒有概念性理解時就進入程序性知識，學生往往無法運用於各面向之間。加上無論是與分數互換、位值概念、單位轉換等，都需連結到其他數學內容，若之前的內容學習出現迷思，也會轉移到小數而產生多層次的迷思。

以下整理一些國內、外研究或教學報告上常見的迷思概念與錯誤（劉

曼麗，2004、2006；林碧珍，2020）。

小數概念	迷思概念與錯誤
位值與位名	• 位值迷思，例如：認為 66.66 各個 6 的位值由右而左依序為 1、10、100、1000 • 在二位小數中有 0 的被忽略，例如：2.06 是 2 個 2 和 6 個 0.1 • 小數續數時，遇進位出錯。例如：認為 0.9 後為 0.10 • 小數點後的數字讀成整數。例如：1.24 讀成一點二十四 • 位名迷思。例如：27.18 的位名右至左為個分位、十分位、百分位、千分位 • 認為小數點右邊全是 0 的數不是小數。例如：認為 3.00 不是小數
小數表徵	• 忽略小數點。例如：18.40 元就是 1840 元 • 圖像表徵的誤用。例如：認為 4.2 個蛋糕可以用○○○○．○○ 來表示 • 忽略小數點右邊的 0。例如：六點零五寫成「6.5」
小數化聚／大小單位轉換	• 大小單位意義混淆不清。例如：認為 5.4 杯汽水就是 5 杯汽水中的 4 杯 • 誤解 a.b 意義。例如：3.2 是 3.2 個 0.1，而非 32 的 0.1 • 單複名數的轉換問題時，將小數點作為大、小單位的區隔。例如：1 小時 30 分等於 1.30 小時 • 不確定單位小數和原單位的關係。例如：知道 0.2 張紙要取兩份，卻不知道一份是全部分成幾份而來
小數大小比較	• 小數點後數字愈多，其值愈大，如 0.12 > 0.6 • 小數點後數字愈多，其值愈小，如 0.12 > 0.123 • 比較小數大小時忽略小數點，將小數視為整數來比較，如 12.7 < 4.28 • 在二位小數比較大小中，0 被忽略，如 2.06 = 2.6；3.0 < 3 • 小數點後只要有 0，其值就小

　　篇幅限制無法一一分析上述這些迷思概念或錯誤的原因，以下僅就一些常見錯誤來說明，其他請讀者自行參與本書其他部分。

（一）1.24 為什麼要唸成一點二四？

大多人都知道 12.24 要唸成「十二點二四」，而非「十二點二十四」。為什麼整數部分要把位值唸出來，小數部分又不把位值唸出來了呢？李源順（2018）認為許多學生不清楚原因，只是模仿老師的唸法，並未真正了解。其實我們對於整數部分，在溝通上也經常不把位值唸出來，把位值藏在位置中。例如：108.23 就唸成「一零八點二三」，但這樣唸就無法很快地了解所唸的數有多大，聽的人就比較不容易做兩個數的大小比較，例如：「一百零八點二三」和「一千零八十二點三」，一聽就知道「一千零八十二點三」比較大。

但如果小數的位值也要正確的唸出來，如 0.23 真正的唸法要唸成「零點十分之二、百分之三」，除了很難唸，不把位值唸出來反而比較容易知道它有多大，也容易和其他的數作比較。例如：「零點二三（0.23）」跟「零點零九八（0.098）」，更容易聽出「零點二三」比較大。學生初學時認為既然整數要唸出位值，小數位值也要唸出，因此 0.23 就會唸成「零點二十三」。這樣唸的時候，就會認為 0.123 比 0.23 大，因為零點一百二十三聽起來比零點二十三大。老師想破除學生此迷思，教學時不妨先要求學生把小數點後面的位名都唸出，待學生已經有感覺後再省略。

（二）0.9 後為 1.0 而非 0.10；0.99 後為 1.00 而非 0.100

如上一小節所述，我們不把小數部分的位值唸出來有許多好處，但事有利弊，不唸出位值會遇到另一個問題，在小數學習時會因過度整數的唸法，而將 0.7（零點七）、0.8（零點八）、0.9（零點九）之後很容易接著唸成「零點十」，並記成「0.10」。如果把位值唸出或可免去這個錯誤，「零點十分之七、零點十分之八、零點十分之九」，後面如果接零點十分之十也就是一。但我們經常不會這樣唸。

在學習二位小數時，0.78（零點七八）、0.79（零點七九）後面接 0.80（零點八零）彷彿自然而然，問題不大，但到了 0.98（零點九八）、

0.99（零點九九）後面自然接「零點一百」（0.100）卻又不對了，學生無法很快體悟這兩者之間的差別，產生混淆。要解決這個問題，教師可以適時借用定位板，讓學生感受定位板中每一個欄位都只能塞進一個數碼，教學時遇到進位時不妨先要求學生先確認寫法再讀出位名，這是需要熟悉與練習的，老師要讓學生察覺到像自然數一樣1、2、……、9再來進位到10，所以0.9再來就要進位到1.0。透過教具或定位板讓學生察覺十個0.1條就是一條，所以0.9就要像自然數一樣進位成1.0。多次後，自然將0.9下一個是1.0，0.99下一個是1.00記起來。

（三）學生在具體物表徵的混淆

學生剛開始學整數的時候，我們會用一個方格或用一個小積木當作1，一排方格或一條積木當成10，一張百格板或一片積木當成100。經過一段時間的經驗，學生已經熟悉這樣的表徵方式。當學生進入小數學習，老師使用相同的教具卻表徵不同的數概念，如一位小數時會把一排方格或一條積木當成1，一個方格或一個積木當作0.1（數的概念）。更清楚一點，把一個方格或一個積木當作0.1條（量的概念）。也有老師在一位小數教學時，把一張百格板或一片積木當成1，一排方格或一條積木當成0.1，但當學生學到二位小數時，老師又會把一張百格表當作一；把一條積木當作0.1；把一個積木當作0.01（數的概念）。更清楚一點，把一條積木說成0.1張；把一個積木說成0.01張（量的概念）。

如果老師在教小數時，沒有把單位弄清楚，直接用數的概念來說，學生會因為之前的學習經驗以致弄不清楚到底什麼當作1。因此即便老師用量的概念來說明，「一個、一條、一張」不斷變化，導致學生弄混了。就算一張百格板放在黑板上說它是一張，但實際上到底是代表100還是1？此時0.3張應該拿成3條還是3個積木？或者學生已經拿出3條積木，卻說是0.3條積木，這些都可能是因為具體物表徵的混淆所致。因為在分數的學習和單位息息相關，小數也會遇到相同的情況，因此建議在教學時，

要讓學生清楚的接收到現在說的單位是什麼。例如：問學生拿出的 3 個積木要怎麼稱呼？看學生是否正確說出「三個」積木，此時老師可以問它是「幾條」？它是「幾張」？使學生能正確從量的單位去了解數概念的具體物表徵或者圖像表徵。

（四）小數大小比較的迷思概念

常見有關小數比較大小的迷思概念有三種類型，教學者應多加留意。第一種迷思概念是學生認為小數點後面數字愈多，其值愈大，例如：有些學生認為 0.132 大於 0.12 大於 0.6，此種錯誤產生的原因可能因為學生把小數部分唸成整數的讀法，或是過度一般化整數概念，所以此種錯誤也被稱為「整數法則」。因為在整數當中，132 大於 12 大於 6。

第二種類型則剛好相反，認為小數點後愈多位，其值愈小，例如：有些學生認為 0.6 大於 0.12 大於 0.132，此種錯誤產生的原因可能因為學生過度一般化分數的概念，小數點後代表分割，分割的份數愈多就愈小，所以此種錯誤也被稱為「分數法則」，因為 0.6 是切成十等份而得的；0.12 是切成一百等分而得的；0.132 是切成一千等分而得的。

第三種是有些學生受到 0 的影響，認為小數點後只出現 0，它的值就小。例如：有些學生會認為 3 比 3.0 大，因為 3.0 的小數點後面有 0 而且只有 0，所以比較小，稱為零法則。有些學生會認為 0 就是沒有，因此 2.06=2.6，這種情形也稱為零法則。

小數概念的教與學

（一）小數基本概念的教與學

我國教材安排上，三年級開始學習小數時會先從一位小數著手，雖然教材中，會將小數的意義和分數連結，如帶入 $0.1 = \frac{1}{10}$，介紹 $0.3 = \frac{3}{10}$，但課本會很快地經由單位轉換進入位值的想法，如 0.3 是 3 個 0.1，而 10

個「0.1 單位」會合成一個「1 單位」後，所以 2.3 就是「2 個 1」+「3 個 0.1」，每一個數字代表的位值，是緊鄰左邊的數字所代表位值的 10 倍，反過來說，是緊鄰右邊的數字所代表位值的 $\frac{1}{10}$ 倍，此時小數已經和整數連結起來，脫離分數概念。這可能讓教師在小數教學上太快進入位值概念。若太早脫離分數會造成學生在小數概念性知識上的不足，因此建議一位小數的教學重點應放在小數和分數的連結上面，如分數的重要概念「等分、部分 / 全體」，可以適時強調，尤其是強調部分 / 全體的全體一定是要十等分。既然小數可視爲分數的特例，因此許多分數的概念都可以轉換成小數來用，而未來許多小數的問題也可以轉成分數來思考，但小數運算上，學生仍然是以位值爲主，分數的連結只需要適度進行即可，學生懂了以後便不要再過度練習

啟蒙例上，老師也可以在一開始先利用生活上有小數的經驗（如體溫測量）引起學生的動機，也可以介紹一位小數的相關概念以後，讓學生看生活中有哪些地方會用到小數，要學生舉例生活中用到的小數，以擴展學生的學習經驗。由於小數有非常不同的表徵，教學者若能從概念上釐清小數表徵數字之位值與位名的來源與意義，對教學會更提供學生一個有感的教學。到了四年級的二位小數可以視爲一位小數的延伸。

小數的唱數也是啟蒙的重點，0.1 條、0.2 條、……、0.9 條，再來一等份呢？是 0.10 或是 1.0？在大家齊唱數時，老師應該很容易聽出有不一致的學生，表示他在這個地方有困難（李源順，2018）。在一位小數的教學時，老師也要注意到適時的讓學生用具體物或者畫圖表徵，因爲一位小數的畫圖表徵，學生需要把單位量給十等分，學生在實際操作時有機會發現它的方法就和分數一樣，只是要十等分而已。

在具體表徵操作與示範上，教師在教一位小數時，經常會用一條積木代表一個單位，此時一個積木就是 0.1，教學上教師一定要注意，這時的表徵物（一條和一個積木）在整數的教學時一直在用，現在單位量已經被

改變了，學生可能因而產生混淆。建議教師如同分數的教學一樣，一定要使用「單位」來幫助學生釐清概念，也就是一「條」積木是 1，一「個」積木是 0.1「條」積木。相同地，當進入二位小數時，要說一「張」百格板，一「條」積木是 0.1「張」百格板，一「個」積木是 0.01「張」百格板。如果在整數、分數、小數教學時，老師都一直強調單位，相信學生也會養成習慣。

此外，在小數教學的生活情境示例中會涉及分割，應先使用連續量的情境，而且建議從一維（長度）進到二維（面積），待學生熟悉概念後再進入離散量，而且建議離散量的例子也先以「小數單位量為單一個物」舉例，如一盒雞蛋有 10 顆，0.1 盒（小數單位量）是一個，0.3 盒是 3 個。實際教學舉例或評量時，儘量不要出現單位錯誤或者不符合生活情境的問題，例如：小明有 0.2 張卡片、一盒雞蛋有 12 個、0.3 盒雞蛋等。老師可以在教學時，提供學生自行舉例的機會，使學生留意生活中常用的數量與單位，符合十二年國教核心素養的理念。

（二）小數大小比較的教與學

在小數的概念介紹後接著會進到小數的大小比較。由於小數的學習在分數之後，因此小數的大小比較，也可以透過轉換成分數形式來體悟，不過，目前的課程安排一位小數、二位小數單元分別在三年級、四年級學習，多數版本雖然在小數概念引入都是藉由單位小數（0.1、0.01）連結單位分數（$\frac{1}{10}$、$\frac{1}{100}$）建立意義，目前各家課本的安排，小數大小比較都不是透過分數來進行，而是透過定位板或小數的化聚將小數的意義轉移到位值概念上，直接進行大小比較。

例如：比較 0.2 和 0.4 時，把 0.4 看成 4 個 0.1，而 0.2 看成 2 個 0.1，因此 0.4 > 0.2。同樣地，0.27 比 0.24 大，因為 0.27 是 2 個 0.1 和 7 個 0.01 合起來，而 0.24 是 2 個 0.1 和 4 個 0.01 合起來，兩個數的 2 個 0.1 一樣大，但 7 個 0.01 比 4 個 0.01 大。配合定位板後更為一目了然（如表 4-2），

⟳ 表 4-2　透過定位板比較大小的示意

個位	十分位
0.	2
0.	4

個位	十分位	百分位
0.	2	4
0.	2	7

個位	十分位	百分位
0.	2	4
0.	3	

學生將這個概念與整數大小比較連結起來，最後得到「先比十分位」，如果十分位相同，再依序往下比百分位、千分位等。

　　為何小數大小比較不轉回到分數再比較？課本這樣的安排有其道理，小數自己有其運算系統，三年級學習一位小數單元，因此大小比較也侷限在一位小數比較，到了四年級時，二位小數的單元會遇到不等位數的小數大小比較，如果都轉成分數，例如 0.2 和 0.17 比較大小，轉成分數時，$0.2 = \frac{2}{10} = \frac{20}{100} > \frac{17}{100} = 0.17$，此時還需確認學生是否能進行分母為十的冪次方的等值分數轉換，不如直接進行位值的判斷比較有感。

　　此外，小數的教學與分數不一樣的是，分數概念來自部分／整體概念，開始學習時會有一段很長的時間只接觸真分數，然而生活上我們常見的小數都是帶小數形式，採用位值進行判斷可以延續整數的大小比較，有其便利性。舉例來說，三年級開始學小數就會遇到如 2.4 與 2.7 這樣的數，若都要轉成假分數 $\frac{24}{10}$、$\frac{27}{10}$ 比較，對於學生負荷也確實較大，若引入生活實例，如疫情期間將常遇到量體溫要比較 37.5 與 36.9 是否達 37 度發燒判定，都要轉成分數再比較也過於費事，徒增困擾。

參、活動示例

一、一位小數教學示例

領域／科目	數學	設計者	謝佳叡
實施年級	三年級	總節數	共一節，40 分鐘
單元名稱	小數		
設計依據			
學習重點	學習表現	n-II-7 理解小數的意義與位值結構，並能做加、減、整數倍的直式計算與應用。	核心素養	數-E-A1 具備喜歡數學、對數學世界好奇、有積極主動的學習態度，並能將數學語言運用於日常生活中。
	學習內容	N-3-10 一位小數：認識小數與小數點。結合點數、位值表徵、位值表。位值單位「十分位」。位值單位換算。比較、加減（含直式計算）與解題。		數-E-A2 具備基本的算術操作能力、並能指認基本的形體與相對關係，在日常生活情境中，用數學表述與解決問題。 數-E-A3 能觀察出日常生活問題和數學的關聯，並能嘗試與擬訂解決問題的計畫。在解決問題之後，能轉化數學解答於日常生活的應用。 數-E-B1 具備日常語言與數字及算術符號之間的轉換能力，並能熟練操作日常使用之度量衡及時間，認識日常經驗中的幾何形體，並能以符號表示公式。 數-E-C1 具備從證據討論事情，以及和他人有條理溝通的態度。 數-E-C2 樂於與他人合作解決問題並尊重不同的問題解決想法。

議題融入	議題實質內涵	疫情防疫
	所融入之學習重點	視實際設計需求使用
與其他領域 / 科目的連結		視實際設計需求使用
教材來源		自編,部分設計參考 [新北市數學輔導團素養導向設計教案]。
教學設備 / 資源		需準備小白積木足夠量、橘色長條積木足夠量,以及每組兩條一公尺紙條,每一條已分成十等分,但不需要標示。

學習目標

一、能透過操作,了解一位小數的意義
　　1-1 在具體情境中,透過操作了解一位小數的意義。
二、能積極參與課堂活動
　　2-1 能遵守課堂規範。
　　2-2 能踴躍發表。

教學活動設計		
教學活動內容及實施方式	時間	備註
一、準備活動 （一）師生班級約定、引起動機 1. 老師檢視參與學生情況、重述班級小約定。 2. 獎勵方式:希望學生踴躍舉手發言,表現好的同學可以得到小微笑貼紙,集滿 5 個貼紙可以有小禮物。 （二）聯結學生的舊經驗 * 說故事:T 提問:現在新冠肺炎疫情影響我們生活,不管到什麼地方都有防護措施,也造成很多不便,好麻煩喔。大家說看看,我們出門會遇到什麼?怎麼防護措施? S 可能回答:要戴口罩、要量體溫、要用酒精消毒、要保持社交距離、…… T 提問:今天早上進學校有量體溫的小朋友舉手。很棒!我們找幾個說說看你的體溫是多少度? S 回答:36.5 度、36.8 度。	5 分	起動 舉例

教學活動設計		
教學活動內容及實施方式	時間	備註
T 提問：誰知道這個 36.5 度的點五是什麼意思？ S 可能回答：小數點。 T 提問：好厲害喔！但什麼是小數點？為什麼我們要用小數點？ （請同學回答） T 提問：很棒！你們還有在什麼地方看到小數點？ S 可能回答：體重 25.5 公斤、汽水 1.25 公升、廣播頻道 99.7、社 交距離 1.5 公尺、1 美金換成臺幣、…… （T 只需判斷是不是有小數點，不必在意是否具有小數的意義） T 提問：大家都回答的很棒！剛剛有同學說防疫室內建議社交距離 1.5 公尺，也就是室內與他人保持 1.5 公尺，你知道 1.5 公 尺是多長嗎？（同學會自由形容或比出長度）沒關係，今 天學完後我們就知道了。請同學翻到學習教材第 XX 頁， 接下來我們就來學學這個新的朋友〔小數〕。		問為什麼 舉例
二、發展活動 （一）老師引入教學內容，進行布題 T 提問：各位手上是不是都拿到了一張紙了？你拿到的紙，和黑板 上老師的圖示不是長得很像，只是我畫比較大讓你看清 楚，告訴老師，你在這張圖上看到了什麼？ S 回答：1。 T 提問：1 是指哪裡呢？ S 回答：（學生各自發表） T 提問：你能把 1 平分成 10 份嗎？ S 思考並實作 T 提問：我現在手上有一張紙條，你看得出它有多大嗎？ S 回答：欸……，看不出來，給我們比比看。 T 提問：（發下每人一條橘色數棒）紙上這一整塊是 1，那現在發下 的這一條能蓋住多大的範圍呢？ S 拿著橘色數棒比對學習單上平分成 10 份的結果，回答：$\frac{1}{10}$。（三 年級已學過 $\frac{1}{10}$）	8 分	起動： 凝聚共 識：1 指的是 大方格 的區域 面積

教學活動設計		
教學活動內容及實施方式	時間	備註
T 教師圖示貼於黑板表示數量，提問：如果這是一條蜂蜜蛋糕，平分切成 10 等分，老師吃了其中一等分，請你用學過的分數來表示老師吃的是幾條蜂蜜蛋糕？ S 回答：$\frac{1}{10}$ 條。 （如果學生只回答 $\frac{1}{10}$，老師要特別提醒要回答「$\frac{1}{10}$ 條」） T 提問：為什麼是「$\frac{1}{10}$ 條」蜂蜜蛋糕？這裡的 10 是什麼意思？1 又是什麼意思？ S 可能回答：10 是 1 條蜂蜜蛋糕平分成 10 等分，1 是拿其中的 1 等分。 T 提問：很棒！把 1 平分成 10 等分，取其中的 1 等分，以前我們寫成 $\frac{1}{10}$，現在我們也可以把 $\frac{1}{10}$ 寫成另一種方式，也就是「0.1」。唸成「零點一」。請跟著老師唸一次：「零點一」。 S 齊聲念：零點一。 T 提問：大家有沒有看到，老師的 0.1 是怎麼寫的？ S 回答：寫一個 0、一個點、一個 1。 T 將圖示貼於黑板並提問：一條橘色積木和幾個小白一樣多？ S 回答：10 個。 T 提問：現在老師有一條橘色積木和一個小白。請你想想看，一個白色積木也可以說是幾條橘色積木？ S 可能回答：$\frac{1}{10}$ 或 0.1 條。 T 提問：也可以把它記成？ S 回答：0.1 條。		問為什麼
（二）認識 0.1～0.9 的小數數詞序列與說讀聽寫做。	6 分	起動
T 提問：一個白色積木是 $\frac{1}{10}$ 條橘色積木，我們也可以說是 0.1 條橘色積木。那再多一個呢？2 個白色積木要怎麼表示呢？ S 回答：2 個白色積木是 $\frac{2}{10}$ 條橘色積木，可以表示為 0.2 條橘色積木。		

教學活動設計		
教學活動內容及實施方式	時間	備註
T 提問：那再多一個呢？（依序拿出白色積木）		
S 回答：0.3 條。（學生如果漏掉「條」，請提醒）		
T 提問：再多一個。		
S 回答：0.4 條。		
T 提問：再多一個。		
S 回答：0.5 條。		
（讓學生都讀過 0.1～0.9，停在 0.9，再由 0.9～0.1，注意先不要進到 1.0）		
T 提問：很好，那老師再問各位，0.2 條橘色積木是幾個白積木？		
S 回答：2 個。		
T 提問：很好，0.2 條是 2 個白積木，0.1 條是一個白色積木，那麼 0.2 是幾個 0.1？		
S 回答：2 個。		
T 提問：很好，那麼 0.3 是幾個 0.1？		
S 回答：3 個。		
T 提問：很好，那麼 0.6 是幾個 0.1？		
S 回答：6 個。		
T 提問：好，我們請一個同學來說說看，為什麼 0.6 是 6 個 0.1？誰要說說看？		問為什麼、回想
老師點一位不常回答的同學說說看，同時進行形成性評量。		
（三）認識帶小數是幾個 1 幾個 0.1 合起來的記法和讀法。	6 分	起動
T 提問：如果現在老師拿了 0.5 條橘色積木，再拿 2 條橘色積木，這樣是多少條橘色積木？		
S 可能回答：2.5。		
T 提問：2.5？2.5 單位是什麼？		
S 回答：條。		回想
T 提問：2.5 條什麼？		
S 回答：2.5 條橘色積木。		
T 提問：很好。那如果老師拿了 4 條橘色積木，和 0.8 條橘色積木，這樣是多少條橘色積木？		
S 回答：4.8 條橘色積木。		

教學活動設計		
教學活動內容及實施方式	時間	備註
教師可呈現各種不同表徵的一位小數，讓學生進行各種一位小數的說讀聽寫做。		
（四）進行「小數」的命名		起動
T 提問：剛剛我們寫下了好多數字，大家有沒有覺得它們都有很像的地方呢？	5 分	
請學生：(1) 先自己觀察看看。(2) 和小組分享想法。(3) 點選學生說明想法。		
T 提問：大家都觀察得很仔細，現在請你們想想，如果你們是數學家，你們想要幫黑板上這些數取什麼名字來跟別人溝通你們的發現呢？		回想
S 可能回答：都有小數點。		
T 回覆：沒有錯喔，後來數學家們就將數字裡面有小黑點的數叫做「小數」。你們想一想，這些小數點可以讓我們知道什麼事？		
教師可以藉此補充小故事，或不同國家的小數記錄方式。（參閱本章第一節）		
三、綜合活動		
（一）生活中有單位的帶小數	8 分	舉例
1. 教師呈現防疫室內建議社交距離 1.5 公尺圖示，提問：「與他人室內保持 1.5 公尺，現在我們就實際來體驗一下 1.5 公尺是多長。」		
2. 教師給每一組兩條一公尺長的紙條，其中每一條都已經分成 10 等分，但無須標出一等分是多少。請小組討論如何做出 1.5 公尺。		
3. 學生從剛剛的活動中，應能理解 1.5 公尺是一條 1 公尺與 0.5 條 1 公尺的紙條合起來。而 0.5 條是 5 個 0.1 公尺，0.1 公尺就是紙條中的每一個等分，也就是 10 公分。學生若能連結學過的 1 公尺 =100 公分，知道 0.1 公尺是 10 公分最好，若無法連結也不影響活動。能用其中一個紙條做出 0.5 公尺。		
4. 教師巡堂觀察，若多數學生未能理解 0.5 公尺是多少，再停下學生討論，將問題拋出來。學生若對於帶小數的概念還不清楚，也能藉此活動讓將 1.5 公尺想成一個 1 公尺和 5 個 0.1 公尺，再將一個 1 公尺和 5 個 0.1 公尺的長度量實際表徵出來。		

教學活動設計		
教學活動內容及實施方式	時間	備註
5. 若有多組學生無法做出 0.5 公尺，請學生暫停並拋問：有小組遇到困難，他們不知道怎麼 0.5 公尺是多長？有同學能為他們試著說明嗎？ 學生可能回答：因為 1 公尺 =100 公分，把 100 公分平分成 10 等分，每一等分就是 10 公分，$\frac{1}{10}$ 公尺為 10 公分。所以 $\frac{1}{10}$ 公尺也就是 0.1 公尺就是 10 公分，0.5 公尺就是 50 公分。 6. 各組展示討論結果，並說明如何做出 1.5 公尺。		回想
教師總結 1. 把 1 平分成 10 等分取其中的 1 等分，以前我們寫成 $\frac{1}{10}$，我們也可以把 $\frac{1}{10}$ 寫成另一種方式是「0.1」。 2. 一個數如果有小數點，我們稱它為「小數」，小數點會把一個小數的整數和非整數部分分開。	2 分	回想

小數比教大小教學示例

領域 / 科目	數學	設計者	黎懿瑩、謝佳叡
實施年級	四年級	總節數	共 1 節，40 分鐘
單元名稱	小數比較大小		

設計依據				
學習 重點	學習表現	n-II-7 理解小數的意義與位值結構，並能做加、減、整數倍的直式計算與應用。	核心 素養	數-E-A1 具備喜歡數學、對數學世界好奇、有積極主動的學習態度，並能將數學語言運用於日常生活中。
	學習內容	N-4-7 二位小數：位值單位「百分位」。位值單位換算。比較、計算與解題。		數-E-A2 具備基本的算術操作能力、並能指認基本的形體與相對關係，在日常生活情境中，用數學表述與解決問題。

				數-E-A3 能觀察出日常生活問題和數學的關聯,並能嘗試與擬訂解決問題的計畫。在解決問題之後,能轉化數學解答於日常生活的應用。 數-E-B1 具備日常語言與數字及算術符號之間的轉換能力,並能熟練操作日常使用之度量衡及時間,認識日常經驗中的幾何形體,並能以符號表示公式。 數-E-C1 具備從證據討論事情,以及和他人有條理溝通的態度。 數-E-C2 樂於與他人合作解決問題並尊重不同的問題解決想法。
議題融入	**議題實質內涵**	人 E5 欣賞、包容個別差異並尊重自己與他人的權利。		
	所融入之學習重點	視實際設計需求使用		
與其他領域／科目的連結		生活課程 1-I-4:珍視自己並學習照顧自己的方法,且能適切、安全的行動。 4-I-1:利用各種生活的媒介與素材進行表現與創作,喚起豐富的想像力。		
教材來源		自編		
教學設備／資源		兩位小數位值表、數字卡、百格板、古氏積木(橘色數棒和小白),以及以上內容的大型教用版(手繪黑板亦可)。		

學習目標
一、能透過操作，解透過操作解決二位小數比大小問題 　　1-1 在具體情境中，透過操作解決二位小數比大小問題。 二、能積極參與課堂活動 　　2-1 能遵守課堂規範。 　　2-2 能踴躍發表。
學生先備經驗：以百格板代表 1，橘色數棒代表 0.1，小白代表 0.01。 　　　　　　　前一堂課進行橘色數棒和小白覆蓋百格板的小數命名及數詞、數序 　　　　　　　具體操作活動，因此學生已有百格板被覆蓋的面積為正在討論的小 　　　　　　　數數值之具體經驗。

教學活動設計		
教學活動內容及實施方式	時間	備註
一、準備活動 （一）師生班級約定、引起動機 1. 老師檢視參與學生情況、重述班級小約定 2. 獎勵方式：希望學生踴躍舉手發言，表現好的同學可以得到小 　 微笑貼紙，集滿 5 個貼紙可以有小禮物。 （二）聯結學生的舊經驗 1. 說故事：老師最近領養了一隻貓咪，牠叫皮皮，是女生喔。請 　 問小朋友有養什麼寵物？你們知道你們家的寵物一天要喝多少 　 水？我上網去查了，貓咪一天需要喝 0.24 公升的水？ T 提問：誰能告訴我 0.24 公升的水是等於多少毫升？ （請同學回答公升與毫升的換算，根據學生回答情況複習。） T 提問：皮皮的喝水容器裝滿是 0.3 公升的，她每天會喝完一罐， 　　　　請問一下，這樣喝的水夠不夠？ （在黑板寫下 0.24 公升與 0.3 公升，請同學思考 0.24 公升與 0.3 公升誰比較多，讓學生自由回答，但不先公布答案，沒有學過可 能無法正確回答。） T 提問：請同學翻到學習教材第 XX 頁，我們今天學完後，我們 　　　　就知道皮皮每天喝水夠不夠了。	5 分	起動

教學活動設計		
教學活動內容及實施方式	時間	備註
二、發展活動 （一）老師引入教學內容，進行布題 T 提問：如果今天皮皮已經喝了 0.2 公升，請問牠喝的水夠不夠 　　　0.24 公升？ S 回答：不夠。 T 提問：0.2 和 0.24 那個大？ S 回答：0.24。 T 在黑板的定位板上寫下 0.24 和 0.2。	10 分	起動 舉例

個位	十分位	百分位
0.	2	4
0.	2	

（T 將 0.24 寫在定位板上方，以便連結之後進行小數直式減法算則。） T 提問：很好，那 0.24 公升比 0.2 公升大多少？ S 回答：0.04。（學生可能沒有帶單位） T 提問：0.04 什麼？是多少毫升？ S 回答：0.04 公升，40 毫升。 T 提問：40 毫升大概是多少？誰能形容一下？ S 可能回答：一口、半瓶養樂多、……。 T 提問：很好，告訴老師，如果皮皮喝了 0.27 公升，0.24 和 0.27 　　　哪個大？ S 回答：0.27。 T 提問：很好，告訴老師，你們怎麼知道 0.24 和 0.27 哪個大？ （點 S 回答，學生可能換算成毫升、可能換成分數、也可能直接透過定位板或位值。） T：我們從定位板來看看，這三個數哪個最大？哪個最小？（在下方寫下 0.27，但保留之前的）		舉例 問 為 什麼

教學活動設計		
教學活動內容及實施方式	時間	備註

個位	十分位	百分位
0.	2	4
0.	2	
0.	2	7

T：從定位板來看，我們要比較這幾個小數的大小時，要怎麼比
　較。

（點 S 回答，應有學生能主動說出「先比較十分位」的數字，如
果十分位一樣，再比較百分位。）

T：很好，我們來看看課本，課本有幾個題目，我們來練習一下。

（讓學生練習、相互討論對答案，T 下去巡視檢視學生作答情
況。）

T：學生都很認真，回答得很好，但有的學生判斷得很快，有的還
　不熟悉。沒關係，我們現在要來玩一個遊戲，透過小組幫忙讓
　大家都能很熟悉。

（二）小數比大小遊戲

T 說明遊戲規則：

1. 小組競賽，每組各有 0～9 的數字卡，每個數字一張，洗牌，抽
　牌之前不能看牌。老師決定比大還是比小之後，每組各自抽出
　兩張牌，再決定這兩張牌誰要放在十分位、誰要放在百分位。

2. 學生活動：學生確定這一回合是比大還是比小後，進行抽牌，
　小組討論這兩張牌誰要放在十分位、誰要放在百分位，說明理
　由，在小組成員都同意之後決定答案，並上臺說明為何這樣做
　決定，一邊說一邊操作。

3. 評分規則：小組發表說明清楚加 5 分；用自己的話說明同學發
　表的內容加 2 分；每回合比大小的前三名各加 3、2、1 分。

遊戲進行：

情況 A：比大，學生回答大的數字要放在前面，因為這樣用的 　　　　橘色數棒比較多，就比較大。

學生 A 回答，比大，我們抽到 5 和 4，大的數字要放在前面，因
為這樣用的橘色數棒比較多，就比較大。

時間欄：20 分

教學活動設計		
教學活動內容及實施方式	時間	備註
對於此類學生回答，教師的回應：		

對於此類學生回答，教師的回應：

T：那是什麼意思，你可以做給大家看嗎？

學生使用黑板大型教具，貼出 0.54 和 0.45。

T：0.54 是和誰比，比誰多？

學生在另一塊百格板上做出 0.45，0.45 的橘色數棒比較少，0.54 比較多。

T：○○同學，你同不同意他們這一組的說法，你可以說說看他們剛才說什麼嗎？

情況 B：比大，大的數字放在前面就比較大。

學生 B 回答，比大，大的數字放在前面就比較大。

T：那是什麼意思，你可以做給大家看嗎？

學生拿教用數字卡放在黑板的位值表裡，說：我抽到 7 和 2，0.72 是 7 個橘色數棒、2 個小白，0.27 是 2 個橘色數棒、7 個小白，0.72 比較多。

T：○○同學，你同不同意他們這一組的說法，你可以說說看他們剛才說什麼嗎？

情況 C：比大，換算成小白數量進行比較。

學生 C 回答，比大，我們抽到 1 和 9，91 比 19 大，91 就是 91 個小白，19 就是 19 個小白，91 個比較多。

T：那是什麼意思，你可以做給大家看嗎？

學生拿教用數字卡放在黑板的位值表裡，說：指著百格板，0.91 從這裡填到這裡，0.19 只有填到這裡。

T：○○同學，你同不同意他們這一組的說法，你可以說說看他們剛才說什麼嗎？

情況 D：比大，先比十分位。

學生 D 回答，比大，我們抽到 3 和 8，8 個 0.1 比 3 個 0.1 多，所以 8 要放在十分位。

T：那是什麼意思，你可以做給大家看嗎？

學生拿教用數字卡放在黑板的位值表裡，說：拿橘色積木，8 個橘色積木比 3 個橘色積木多。

教學活動設計		
教學活動內容及實施方式	時間	備註
T：○○同學，你同不同意他們這一組的說法，你可以說說看他們剛才說什麼嗎？ 情況 E：比大，0.1 比 0.01 大，所以大的數字要先給 0.1 的位置。 學生 E 回答，比大，我們抽到 6 和 4，0.1 比 0.01 大，所以 6 要放在十分位。 T：那是什麼意思，你可以做給大家看嗎？ 使用黑板的數字卡和位值表，說：就是 0.64 比較多，0.46 比較少。 T：○○同學，你同不同意他們這一組的說法，你可以說說看他們剛才說什麼嗎？ 情況 F：比小，0.03 比較小，因為我從 0.01 開始數的時候，0.03 先數到。 學生 F 回答，比小，0.03 比較小，因為我從 0.01 開始數的時候，0.03 先數到。 T：那是什麼意思，你可以做給大家看嗎？ 在黑板的百格板數數：0.01、0.02、0.03，數到了，可是 0.30 還沒到。 T：○○同學，你同不同意他們這一組的說法，你可以說說看他們剛才說什麼嗎？ T：大家都說得很好，現在我們有 0.54、0.72、0.91、0.83、0.64、0.30，前三名是誰呢？誰能說說看他們為什麼是前三名？ S：我只要看前面這個數字比較大的，就比較大。所以第一名是 0.91，第二名是 0.83，第三名是 0.72。 T：○○同學，你同不同意他們這一組的說法，你可以說說看他剛才說什麼嗎？ 將剛才的小組競賽推進為組內競賽，讓每位學生為單位進行個人操作，精熟練習，表達意見並說明。 **三、綜合活動** T 提問：我們回到一開始老師問的，皮皮的喝水容器裝滿是 0.3 公升的，牠每天會喝完一罐，請問一下，這樣喝的水夠不夠 0.24 公升？	 5 分	 回想

教學活動設計		
教學活動內容及實施方式	時間	備註
在黑板寫下 0.24 與 0.3，請同學思考 0.24 與 0.3 誰比較大？怎麼用剛剛學到的方式來解說？ 請表達意見並說明。 反思時間： • 請同學發表今天學到了什麼？ • 統計小白方塊總數、給予獎勵（結束本課堂）		

第二節　小數的運算

　　依據本書的作法，本書將數概念的文字題結構大致分成情境結構、語意結構、運算結構等三個部分加以闡述（參考第一章第二節）。簡單地說，情境結構意指問題情境屬於離散量或連續量；語意結構則會依四則運算有不同語意使用（回答為什麼是加減乘除等問題）；而運算結構則在於區分所要求解的數為語意結構中的哪一項未知。

　　在我國的小學數學教材上，小數概念小學只涉及有限小數，而我們把有限小數視為分母為十的冪次方的分數的特例，因此教師在小數四則運算概念的學習與教學，可以藉助分數運算作為概念性知識的來源。另一方面，由於小數概念也來自於整數概念的推廣，因此小數的四則運算規則也可以用整數的位值概念來解釋，將小數四則運算算則類比到整數的運算。小數既是分數的特例，又是整數的延伸，因此小數運算的數學問題結構中的語意結構、運算結構都能沿用整數與分數的作法，讀者可以參閱整數與分數篇章，本節不再詳盡舉例（參閱本節「貳、二」）。

　　在情境結構方面，學生在實際生活上（包含電視或廣告單上）接觸小數的機會相較於分數更多，如體重 24.5 公斤、溫度是 36.4 度、視力檢查為 1.2、時間花了 1.5 小時等，又如水電費計量、汽油單價價格、加油公

升數、股票價格、……，不勝枚舉。由於小學教學的自然情境中，我們不會特別去切割離散物件並將之細分成十等分，再以大單位來計量以產生小數，因此不難發現常見的情境大多數用在連續量的情境。儘管我國學生對於小數與描述小數之情境並不陌生，但實際生活使用到小數運算的機會，相較於有些國家因幣值單位較大，使用時經常需處理含小數的加減乘除運算，我們確實少很多，這也使得即便現在的教學都是由生活問題引入，但在小數運算的布題上，我們能經常使用的材料在實際意義上也顯得較爲做作、不自然，斧鑿痕跡十分明顯。

舉例來說，筆者隨手翻閱手邊有關的小數運算的例題，「一袋彈珠有 100 顆，哥哥拿了 0.3 袋，姊姊拿了 0.5 袋，請問二人共拿了幾袋彈珠？」、「1 包麵粉重 1.52 公斤，請問 3 包麵粉共重多少公斤？」、「一條緞帶 70 公分，0.6 條緞帶是幾公分？」或是「飲料店每天固定泡 12.5 公升的綠茶，以每杯 0.5 公升販售，那麼每天最多可以賣幾杯綠茶？」等等，上述對於小數的運算使用的諸如「拿了 0.3 袋」、「0.6 條緞帶」、「每杯 0.5 公升」等都並非生活自然的用詞，甚至是「麵粉重 1.52 公斤」這種以公斤作爲最小單位卻計到小數兩位的情況並不多見。（讀者可以上網或實際走訪賣場，一包麵粉重量以公斤計，大多是計到整數或小數一位，或是直接以公克計。）因此建議老師在教學時，盡可能提供學生自行舉例的機會與習慣，使學生留意生活中常用的數量與單位，也在四則運算的擬題能更符合生活情境，符合十二年國教核心素養的理念。

壹、小數運算的數學內容

雖然小數的概念、運算規則都可以用分數來解釋，實際上在計算或生活運用時，小數的程序性操作時反而更類似於整數的運算，如小數加、減、乘、除法的直式運算形式都可以視爲整數概念的推廣（詳見本章第二節）。其中，小數的加減法因爲原理類似，大多數教材會一併介紹，而乘

法與除法卻相對複雜，也都有各自的規則，在教材中也都分散在不同的教學單元。本節將依序介紹小數的加減、乘、除法的數學內容。

一 小數的加減

（一）加減列式

對於文字題該如何列式，主要的判斷仍是從語意結構，而小數的加減文字題其列式如同整數、分數加減一樣，就是合成與分解的概念。在學習小數加減之時，學生已經經歷整數、分數文字題的經驗，應也已對合成與分解的意義有所了解，並將其連結到加法與減法列式。小數的加法與減法的啟蒙情境和整數、分數一樣，大抵可粗分成改變型（添加型與拿走型）、合併型、比較型與平衡型問題。此部分可參考整數、分數的語意結構說明。依據運算結構（未知數所在位置），加法問題可分成 $a + b =$（　）、$a + ($　$) = c$、（　）$+ b = c$，而減法問題可分成 $a - b = ($　$)$、$a - ($　$) = c$、（　）$- b = c$。

小數與分數一樣，其概念皆有表示不足 1 的意涵，因此在進行小數加減法之文字題類型時，依據題目的情境結構，同樣可分成連續量（如汽水、緞帶）與離散量（如彈珠、雞蛋盒數與個數）兩種。關於這些問題類型與例子可參考第二章的整數篇或第三章的分數篇，只要將整數或分數換成小數，並將情境擴充到連續量與離散量即可。

（二）加減計算

1. 一位小數的加減

小數和整數、分數一樣，許多有關運算的內容本質上是起源於化聚或單位轉換的問題。因此在四則運算之前，學生要了解小數的各種化聚概念。有關小數化聚與單位轉換請參考本章第一節、壹、五。

由於小數的化聚或單位轉換都直接隱藏於小數的表達式中，因此當進行小數的加法或減法時，了解這些不同的化或聚的表達，有助於需要進位

或退位計算的理解。例如：一位小數的直式計算「2.5 + 0.8」問題，被加數 2.5 可化成「2 個 1 和 5 個 0.1」，加數 0.8 可化為「8 個 0.1」，因此合起來化成「2 個 1 和 13 個 0.1」，而 13 個 0.1，可以合成 1.3，這是進位概念。反之，一位小數的直式計算「2.5 − 0.8」問題，被減數化成「2 個 1 和 5 個 0.1」中，單位為 0.1 的個數不夠減「8 個 0.1」，因此再化成「1 個 1 和 15 個 0.1」，是退位概念。

　　小數的加減運算也可以用分數的概念來解釋，例如 0.3 + 2.4 可以先化成分數，$0.3 = \dfrac{3}{10}$、$2.4 = \dfrac{24}{10}$，但實際上多個版本的教科書並非如此安排。可能是因為小數有自己的運算，透過分數總需要依賴另一種能力，加上三年級學生遇到的小數經常為帶小數，若轉換成分數可能會出現假分數，可能對於三年級剛接觸到分數的學生會有困難。例如：情境是「小銘早上量體溫是 36.3 度，下午增加到 36.9 度，請問小銘的體溫增加了幾度？」如果要改成分數，學生要處理 $\dfrac{363}{10}$、$\dfrac{369}{10}$ 這種分數，或是要整數與純小數分開，都不是學生在三年級熟悉的技巧。

2. 二位或多位小數的加減

　　二位小數的加減運算同樣也可以用分數的概念來解釋，但因為二位小數的題型就會包含一位小數，例如 0.3 + 0.24，雖同樣可以先化成分數，$0.3 = \dfrac{3}{10}$、$0.24 = \dfrac{24}{100}$，因此 $0.3 + 0.24 = \dfrac{3}{10} + \dfrac{24}{100} = \dfrac{30}{100} + \dfrac{24}{100} = \dfrac{54}{100} = 0.54$，但涉及異分母加法要到高年級才會學，一位小數加二位小數在中年級就會開始學習，因此有關二位小數的加減法大部分都用小數位值概念來解釋的。

　　例如：小數的加減法「2.3 公升的汽水加上 4.56 公升的汽水，共幾公升？」用位值概念來解釋，2.3 + 4.56 就是：

2 個 1（公升）和 3 個 0.1（公升），加上

4 個 1（公升）和 5 個 0.1（公升），以及 6 個 0.01（公升），

同單位進行合併，所以共是

6 個 1（公升）和 8 個 0.1（公升），以及 6 個 0.01（公升）。

經過整理 2.3 + 4.56 = 6.86（公升），這樣的說法同時也能讓學生感受到，為什麼在進行小數加減法的直式算則時，小數點要對齊，個位要對齊個位，十分位對齊十分位的原因。

多位小數的加減運算同樣也可以用分數的概念來解釋，也可以用小數位值概念來解釋，作法都可由一、二位小數運算概念的擴充，若學生對於一、二位小數加減熟悉後，可順利過渡到多位小數，不在此贅述。

■二 小數的乘法

（一）乘法列式

小數的乘法文字題與分數類似，涉及倍數概念，除了「小數的整數倍」問題，還多了抽象的「小數的小數倍」問題，若學生對於分數乘法的列式能理解，可藉由這樣的經驗過渡到小數乘法列式，反之，如果學生在分數乘法就遇到困難，到了小數乘法可能同樣會遇到困難。

根據第二章整數篇中有關乘法文字題的語意結構，已整理出等組型、矩陣型、倍數型、面積型、比例型與笛卡兒積型等六種。其中矩陣型和笛卡兒積型問題必須在整數範疇，無法適用小數範圍；而面積型和比例型可以適用小數範圍，此兩種類型也都會使用整數或分數情境，只要將整數或分數換成小數，並將情境擴充到連續量與離散量即可。而等組型問題和倍數型問題雖仍可用於小數範圍，但其意需擴充，尤其對於離散量與連續量的情境布題需小心，否則學生會難以理解。如等組型問題，「一條緞帶是 75 公分長，3 條緞帶共長多少公分？」擴充到「一條緞帶是 75 公分長，0.6 條緞帶共長多少公分？」，學生必須從累加為「整數次」的認知擴充到累加的次數「非整數次」，因此結果可能變小。相同地，在倍數型問題的擴充上，學生也必須從整數倍到非整數倍。

就等組型與倍數型兩類之小數文字題擴充來說，倍數型是學生比較

容易接受的，從語意如「弟弟有 15 元，姐姐的錢是弟弟的 2 倍」到「弟弟有 15 元，姐姐的錢是弟弟的 2.5 倍」，學生從列式為「15×2」推廣到「15×2.5」是相較容易的，不過這樣的模仿或類推的擴充也並非都沒有困難，如學生語意改成「弟弟有 15 元，姐姐的錢是弟弟的一倍」，此時是「一倍」學生常常會解讀為「多一倍」的語意，可能也是受到日常用語的影響，如我們可能說：「今年的銷售量比去年成長一倍」與「今年的銷售量是去年的 1.2 倍」，都有變多，但前者「×2」，後者「×1.2」。

在等組型問題上，若語意情境是單位量為小數但單位數仍是整數時，語意仍容易與整數的累加做連結，如「一瓶汽水 1.2 公升，3 瓶汽水共幾公升？」此時學生從「整數 ×3」擴充到「小數 ×3」列式上較為容易，因為此時語意上仍是「等組」。反之，如果是單位數為非整數，如「一條緞帶是 75 公分長，3 條緞帶共長多少公分？」擴充到「1.6 條緞帶」，此時**語意上並非完整的等組**，而是當中有一組已經不滿一組了，因此學生要從 3 條的列式「75×3」累加整數次到 1.6 條的列式「75×1.6」，要有觀念上的突破。如果是「一條緞帶是 75 公分長，0.6 條緞帶共長多少公分？」這樣的情境，非但沒有多組，且唯一的「組」還未滿「一組」，學生要把這個視為累加將更為困難。實際上，作者看到許多教學者就會將此問題進行語意轉換以協助學生了解，常見到的就是和「倍的語言」連結，即將「0.6 條」轉換為「1 條的 0.6 倍」，以算式來呈現，記為「75×0.6」。

整體來說，小數乘法文字題類型，依據情境結構，可分成連續量與離散量；依據語意結構，可分成等組型擴充、倍數型擴充、面積型、比例型；依據運算結構（未知數所在位置），可分成 a×b＝（　）、a×（　）＝ c、（　）×b＝ c。關於這些問題類型與例子，大部分可參考第二章與第三章。小數乘法列式的啟蒙情境可以從累加型問題著手；但整數乘以小數與小數乘以小數的情境雖是累加型的概念推廣，但已經沒有連加的感覺了。因此，建議其列式要讓學生連結分數乘法一樣的解釋方式，利用整數

概念推廣或者單位轉換的觀點來解釋（請參見本書分數乘法相關章節）。

（二）乘法計算

在列式後，接下來要解決的就是如何正確計算出數學解答。小數的乘法和分數乘法一樣，形式上可分成小數乘以整數、整數乘以小數、小數乘以小數。

1. 小數乘以整數（小數的整數倍）

小數乘以整數的計算和加減法一樣，可以回到分數概念，或者使用位值概念。例如：「一瓶汽水 2.3 公升，4 瓶是幾公升？」

分數概念可以用 $2.3 \times 4 = \dfrac{23}{10} \times 4 = \dfrac{92}{10} = 9.2$ 求出。

若用位值概念來解釋，就是「2 個 1 和 3 個 0.1」的 4 倍，也就是 8 個 1 和 12 個 0.1，亦即 8 個 1 和 12 個 0.1 的和，利用小數化聚得到最後答案是 9.2。假如學生是利用位值概念來解釋，學生在小數乘以整數的直式計算時，可以利用對位的方式來計算，如下算式：

$$
\begin{array}{r}
2.\,3 \\
\times \quad 4 \\
\hline
1.\,2 \\
8 \quad\ \\
\hline
9.\,2 \\
\end{array}
$$

這裡有兩個需留意的地方，首先讀者可能發現我們在此做了一個轉換，說法上我們先說整數，但在運算時會先計算小數；其次是此在直式計算，被乘數、乘數、積數是**共用位值表**。老師要留意，以對位的方式計算小數乘以整數不是錯的，只是和我們習慣的直式計算規約不同而已，因為這種對位方式推廣到小數乘以小數很容易做錯。

另一種想法是把 2.3 的 4 倍視為「23 個 0.1」的 4 倍，也就是 92 個 0.1，這個想法既保留整數的位值概念，也貼近分數的作法，這個解釋比位值對

位的方式更容易理解，因此是目前常被採用的解釋。這也說明爲什麼小數的直式計算時，**可以先不管小數點**，直接對齊最右邊，等算出來之後，再把小數點標好。

$$
\begin{array}{r}
2.\ \ 3 \quad \leftarrow 看成\ 23\ 個\ 0.1 \\
\times \quad\quad 4 \\
\hline
1\ \ 2 \\
8 \\
\hline
9.\ \ 2 \quad \leftarrow 結果是\ 92\ 個\ 0.1
\end{array}
$$

2. 整數乘以小數（整數的小數倍）

整數乘以小數學習之前，學生已有整數乘以整數、小數乘以整數的經驗，如此整數乘以小數的計算，可以使用分數或位值概念來解釋。其語意結構也能連結分數的乘法，讓學生合理化。

例如：一瓶汽水 2 公升，2.6 瓶汽水是幾公升？

分數概念可以用 $2 \times 2.6 = 2 \times \dfrac{26}{10} = \dfrac{52}{10} = 5.2$ 求出。

若用位值概念來解釋，就是「2.6 瓶是 2 瓶加 6 個 0.1 瓶的和」，其中，0.1 瓶是 0.2 公升，6 個 0.1 瓶就是 6 個 0.2 公升；加上 2 瓶是 4 公升，所以結果是 5.2 公升。可以看出，此時已經不知不覺地將「整數乘以小數」轉化成「小數乘以整數」、「整數乘以整數」。不過這個概念**不適合用來解釋直式的計算方式**。

在直式的計算上，必須採用另一種想法，就是**有一個隱含的 0.1 瓶**，我們可以像成「杯」，一杯是 0.1 瓶，所以一杯爲 $2 \times 0.1 = 0.2$ 公升，原來的 2.6 瓶就是 26 杯。題目就轉換成，共 26 杯而每一杯是 0.2 公升，總共就是 $0.2 \times 26 = 5.2$ 公升。同樣轉成了「小數乘以整數」。不同的是，當乘數由大單位換成小單位時，原來直式計算中的被乘數也有不同涵義，說明如下：

```
           2    ←每一杯是 0.2 公升，也就是 2 個 0.1 公升
    ×    2.  6  ←2.6 瓶看成 26 個杯
    ─────────
         1   2
    4
    ─────────
         5.  2  ←結果是 52 個 0.1 公升，是 5.2 公升
```

可以看出，從量的概念作爲直式算則的解釋，對於爲什麼小數的直式計算時，**可以先不管小數點**，直接對齊最右邊，等算出來之後，再把小數點標好。不管用哪一個，都會發現要概念性說明，其轉換十分複雜，因此教學上要說清楚讓學生理解不容易，並非教師教學的問題，因此老師最後流於程序性操作，情有可原。相較於整數的解釋，小數乘法直式算則的解釋會這麼複雜，主要的原因就在於，在整數乘以整數的時候，被乘數與乘數「共用」位值表，可是在小數乘以整數的時候，被乘數與乘數已經不再共用位值表了，來到乘數爲小數的時候，被乘數與乘數的對位更顯凌亂。因此，有些教材或教學者會利用先「放大乘數」，將乘數變成整數，做完乘法後，再縮小回來，以降低被乘數與乘數的複雜度，如下式子：

```
           2    ←2 抽象成數，去掉量
    ×    2.  6  ←2.6 看成 26（個 0.1）
    ─────────
         1   2
    4
    ─────────
         5.  2  ←結果是 52（個 0.1）
```

但老師需留意，此處所爲的放大、縮小，只是透過單位的轉換，以及把小數化成「整數個」0.1 單位進行乘法，並不是眞正意義上的放大，否則對學生來說，就不是「轉換」而是「改題目」了。

當然老師也可以用分數概念的解釋，例如：$215 \times 2.3 = 215 \times \frac{23}{10} =$

$$\frac{215 \times 23}{10} = \frac{4945}{10} = 494.5 \left(4945 \text{ 個 } \frac{1}{10}\right)$$

$$215 \times 2.3 \Longrightarrow 215 \times 23 = 4945$$

$$
\begin{array}{r}
2 \quad 1 \quad 5 \\
\times \quad \quad 2 \quad 3 \\
\hline
6 \quad 4 \quad 5 \\
4 \quad 3 \quad 0 \quad \\
\hline
4 \quad 9 \quad 4 \quad 5
\end{array}
$$

3. 小數乘以小數（小數的小數倍）

　　小數乘以小數的概念和小數乘以整數一樣，也可以將小數都變成「整數個單位小數」。此時只要先用分數解釋兩個單位小數相乘的結果便可以了，如此整數乘以小數的計算可以使用分數或位值概念來解釋。其語意結構也能連結分數的乘法，讓學生合理化。

　　例如：本週汽油價格每公升 21.5 元，今天媽媽的機車加了 4.3 公升的汽油，共花了多少錢？（請將計算結果四捨五入到整數）

　　例如用分數概念 $21.5 \times 4.3 = \frac{215}{10} \times \frac{43}{10} = \frac{9245}{100} = 92.45$

　　若用位值概念來解釋，「4.3 公升是 43 個 0.1 公升」，每個 0.1 公升的價格是 $21.5 \times 0.1 = 2.15$（元），因此 43 個 0.1 公升，就是 2.15×43 元。可以看出，此時已經不知不覺地將「小數乘以小數」轉化成「小數乘以整數」，其中轉換需要知道一個小數單位化聚（4.3 是 43 個 0.1），以及一個數乘以單位小數的計算，因此許多教材在小數乘以小數的教學會介紹「×0.1」、「×0.01」、「×0.001」……之小數點進退位。不過**這個方式仍不適合用來解釋直式的計算方式。**

　　實際上，小數乘以小數的直式計算都是看成抽象的數運算，也就是看成「幾個單位小數」乘以「幾個單位小數」，這樣就可以進行整數乘以整數運算。最後的小數點應點在何處，可以從單位小數相乘的小數點進退位

解釋。

例如：21.5×4.3，可以看成 215×43，但背後說明不同。

```
        2   1.   5   ← 215 個 0.1
  ×          4.   3   ← 43 個 0.1
─────────────────
        6   4   5   ← 先不看小數點，視為整數運算
    8   6   0
─────────────────
    9   2.   4   5   ← 結果是 9245（個 0.01）
```

要注意的是，一段時間後，學生最後只會記得程序性的知識，也就是只記得先當整數來算，算出來後小數點的位置就看乘數與被乘數小數點後共有幾個，最後結果就是點在幾位。這並不是不對，但教學時應先讓學生有概念性理解後，經過多次經驗而自己得到最後的結果才是，而非老師直接告知口訣，不然當到了混合運算後，有些學生在小數加減法點小數點時會誤用口訣，造成錯誤。有時小數點後最末的 0 會省略，如果只計幾個位數，最後就會混淆。

三 小數的除法

（一）除法列式

根據除法的語意結構（見第二章），除法文字題可分成等分除與包含除。在小數的範疇中，等分除問題是小數除以整數的問題，而包含除問題是整數或小數除以小數的問題。小數的除法文字題與分數的除法列式類似，卻和分數有一個不同，就是運算結構上，小數的除法和整數除法一樣都需要考慮是否會除盡，也就是在處理除法的結果時，小數除法還需要處理商和餘數的問題。若搭配包含除與等分除的問題，會交織出許多形式的語意結構文字題，茲舉例如下：

類型一：等分除問題：整數除以整數，商爲小數，沒有餘數

問題：「3 公升的牛奶平分給 5 人，每人可分得多少公升的牛奶？」

　　等分除問題的語意有帶平分的意涵，基於整數的學習經驗應容易連結使用除法。由於等分除有平分且「分完」的意涵，加上小學的小數只限定在有限小數，因此在等分除語意結構問題上不會有除不盡的情況。

類型二：等分除問題：小數除以整數，商爲小數，沒有餘數

問題：「1.5 公升的汽水平分給 5 人，每人可分到多少公升的汽水？」

　　同問題一，但被除數爲小數，表示商也可以有小數也必爲小數，等分除問題同樣不會有餘數。

類型三：包含除問題：小數除以整數，商爲整數，有餘數

問題：「7.5 公斤的麵粉每 2 公斤裝一小袋，可以裝多少小袋，剩多少公斤？」

　　包含除問題是有關「分裝」的問題，也就是「總量 ÷ 單位量，求單位數（商）」，同樣基於整數、分數的學習經驗，應使用除法。在小數情境中，一般分裝後，單位數（裝幾包）是整數，因此當總量爲小數，單位量爲整數時，必有餘數。

類型四：包含除問題：小數除以小數，商爲整數，整除或有餘數

問題：「8.3 公斤的麵粉，每 1.5 公斤裝一小袋，可以裝多少小袋，剩多少公斤？」

　　此時如問題四，可協助學生掌握題意使用除法，但也可能會有整除情況：

問題：「7.5 公升牛奶，每 1.5 公升裝一瓶，可裝多少瓶牛奶？」

類型五：包含除問題：商為小數，沒有餘數

問題：「5.4 公升牛奶倒入可裝 1.2 公升的空牛奶瓶，全倒完可裝多少瓶牛奶？」

　　與前兩種問題形式一樣，都屬於分裝問題，所以用除法。但因為題目要求全部分完不可剩下。因此本題不會有餘數，只是求出的商是小數。通常題目如果問餘數時，一般會隱含商為整數。教師應讓學生體會兩者之間的差別。

　　最後想提到一種等分除的推廣類型：

推廣類型：等分除問題 / 除數為小數

問題：「0.6 條繩子長 1.8 公尺，一條繩子長多少公尺？」

　　這一類的問題對學生的語意理解是困難的。為何說此類問題是等分除的推廣？我們可以從語意結構相同的「3 條繩子共 1.8 公尺長，一條繩子長多少公尺？」這是典型的等分除的語意結構，學生可以用平分的想法列出「1.8 ÷ 3」，而原題目只是把當中的 3 換成 0.6 得到「1.8 ÷ 0.6」，那麼為什麼同樣的結構，學生會覺得困難？這樣的想法，我們在小數乘法中「等組型」有提過，而等分除就是乘法等組型的（　　）× b = c 運算結構的另一種型態，但由於從語意中，學生從 0.6 條這個量中無法體會「等組」的內涵。因此就算學生有等分除的概念，18 公尺平分成 3 條的意義，推廣到 18 公尺平分成 0.6 條對學生已經是困難的，若將被除數改成小數，1.8 公尺平分成 0.6 條，對學生來說就更困難。

　　小數除法文字題類型，依據情境結構，可分成連續量（如牛奶、緞帶、蛋糕）與離散量（如雞蛋、彈珠）；依據語意結構，可分成等分除與包含除；依據運算結構（未知數所在位置），可分成 a ÷ b = （　　）…餘（　　）、a ÷ （　　） = c、（　　） ÷ b = c。關於這些問題類型與例子，大部分

可參考第二章的整數篇與第三章分數篇，只要將整數或分數換成小數即可。有關比率與比例的小數除法問題，請參考第五章。

（二）除法計算

當一個小數除法的文字題列式後，就進入計算求解步驟。小數的除法計算，可分成整數除以整數（商為小數）、小數除以整數、小數除以小數（含整數除以小數）。

1. 整數除以整數，商為小數

整數除以整數的語意結構與第二章整數篇並無不同，計算方式也相仿，但在整數的除法計算中僅處理到商為整數，若求商至最末一個位數仍無法整除則以餘數表示。但小數的學習內容中，可以延伸處理到商為小數。因為國小小數的學習內容只到有限小數，因此若不是限定商求到小數第幾位，一般都會求至餘數為 0，也就是被除數最好是因數只有 2 和 5 的整數。由於學習重點在認識商為小數的新觀念，因此剛開始學習這一類的問題時，教師布題原則上都應以能除盡為原則，且商的小數位不宜超過三位。直式計算時應特別注意除不盡的處理方式，以及布題時，整數除以整數應避免要求商求到小數第幾位後，同時求餘數，而是搭配概數處理除不盡的情況。

實際的計算上，學生應發現直式計算和原來整數的計算方式本質上完全一樣，只是要注意計算求商時不只計算到個位而是繼續算下去，商變成小數也要加上小數點。此處很重要的概念是，商和被除數是共用位值表，因此商的小數點位置與被除數的小數點位置一樣，這個想法會延伸到其他小數乘法。當計算商到末一位數時，若未除盡仍留有餘數時，需在餘數的下一個位值補 0。補 0 的想法是單位的化聚概念，就是把餘數化成 10 倍的下一分位，如此就可以繼續分（除）。

例如：412 ÷ 20，求商到小數第二位。

$$
\begin{array}{r}
20.6 \\
20\overline{)412.} \\
\underline{40} \\
120 \\
\underline{120} \\
0
\end{array}
$$

共用位值表

← 12 不夠 20 來除，補 0，將 12 看成 120 個 0.1

← 120 個 0.1 除以 20，得到 6 個 0.1

2. 小數除以整數

跟整數除以整數一樣，小學學習小數除以整數的問題，基本上是以能除盡的問題為主，若碰到無法除盡的問題，會以取概數為之。實際作法上，學生應發現小數除以整數的直式計算和原來整數除以整數的計算方式本質上完全一樣，只是要注意計算求商時不只計算到個位而是繼續算下去，同樣的是商和被除數是共用位值表，因此商的小數點位置與被除數的小數點位置一樣。例如計算 $5.46 \div 3 = 1.82$

$$
\begin{array}{r}
1.82 \\
3\overline{)5.46} \\
\underline{3} \\
24 \\
\underline{24} \\
6 \\
\underline{6} \\
0
\end{array}
$$

共用位值表

若上述的問題也使用位值概念來解釋，5.46 是 546 個 0.01，再除以 3 得到商是 182 個 0.01，也就是 1.82。這兩種解釋最大的不同在於小數點的處理方式，前者是商和被除數是共用位值表，因此求商時，小數點就先點上，但在計算過程中，底下的各列數字不再處理小數點，而後者是以單位轉換的方式，因此可不先處理小數點。因為兩種都是用位值的方式解釋，在除盡的情況下，兩者差別不大，但如果有餘數，對於餘數的判別會有不同，前者有利於確認計算商到小數幾位，但由於底下各列沒有記錄小數點，因此都是看到整數，很容易誤將最後餘數的整數當成餘數。

小數除以整數的計算概念，也可以用分數概念解釋：

$$5.46 \div 3 = \frac{546}{100} \div 3 = \frac{546 \div 3}{100} = \frac{182}{100} = 1.82$$

但此法不適合用於有餘數或要求計算商到某一位數的問題。

3. 小數除以小數

小數除以小數的計算概念和整數除以小數一樣，可以使用分數概念處理或者小數位值概念延伸。例如：「一瓶水 2.5 公升，5.4 公升是幾瓶？」其問題列式為 5.4 ÷ 2.5。用分數概念解釋，本題的計算為：

$$5.4 \div 2.5 = \frac{54}{10} \div \frac{25}{10} = \frac{54}{10} \times \frac{10}{25} = \frac{54}{25} = 2.16$$

可以感受到計算過程已脫離小數的位值計算，除了要求學生分數除法的計算需熟稔，學生也比較沒有小數數感，加上此法不適合用於有餘數或要求計算商到某一位數的問題。**因此實際教學上並不建議採用，但若學生能連結分數概念也可能出現這種作法。**

若以位值來解釋，小數除以小數可以用單位小數的方式來解釋，將本題的兩個數值都轉成整數，這時要有一個中介的單位「0.1 公升」，我們可以想成這是「一杯」，這是一個幫助思考的單位。以本題來說，先處理 5.4 公升就是 54 杯，而一瓶水 2.5 公升也就是 25 杯。如此這個問題就變成 54 杯會是幾個 25 杯？再計算可以換成幾瓶。

可以看出，這種作法要轉換成直式算則時，要先去掉被除數和除數的小數點，將之變成整數除以整數的方式，等做完後又要再移動小數點，更困難的是在之間的意義轉換，非常麻煩，即便是教師都不一定能弄清楚。若是到了不同位數的除法，就更為複雜，讀者可以試著思考如「一瓶水 2.5 公升，5.46 公升是幾瓶？」這樣的問題如何以位值解釋使其有意義。

這些都是因為在直式算則時，我們試圖賦予一個「量」來解釋算則的意義，但因為數學是建立在之前的基礎上，因此有些學者就會建議只需回歸到「小數除以整數」的方法來做，就是以除數的小數位數為準，來處理被除數的小數位數。就以「一瓶水 2.5 公升，5.46 公升是幾瓶？」列式為

5.46 ÷ 2.5 這樣的問題，此時同樣以 0.1 公升爲單位當一杯，此時一瓶 2.5（公升）看成 25 杯，則 5.46 公升看成 54.6 個 0.1 公升（而不是 546 個 0.01公升）。所以我們就把原問題變成 54.6 杯是幾個 25 杯。如此轉換在進行直式算則時，在做除法比較不會做錯且最爲方便，這個方式就是我們現在最常使用的除法直式算則。

　　當小數除法要求有餘數時，小數點的對位就很重要。上個例子，假如換成「一瓶水 2.5 公升，5.46 公升是幾瓶？剩下幾公升？」常用的也是使用類似上面的方式來思考問題，把 0.1 公升當一杯、5.46 公升看成 54.6 個0.1 公升（也是 54.6 杯），在計算可以有幾個 25 杯，得到商爲 2，而因爲有中介的單位「杯」，所以餘數 4.6 杯是 4.6 公升。此法應是幾種解釋中較容易的。

四 小數、分數的互換

　　所有的分數都可化成小數，但並非所有小數都可化成分數（如 π）。由於國小處理的小數內容只有有限小數，因此本部分只描述有限小數相關內容。簡單地說，若一個最簡分數的分母只包含 2 或 5 的質因數，該分數可化成有限小數。最直接的作法就是將分子除以分母所得的商，計算方式就是應用整數除以整數，商爲小數的結果。此方式乃是利用分數表示兩整數相除的結果，$\frac{a}{b} = a \div b$，利用分子除以分母再透過除法的直式算則計算，即可得出小數。例如：$\frac{7}{25} = 7 \div 25 = 0.28$。

　　另一種方法則是利用有限小數都可以化成分母爲 10^n 的分數，反之，一個分數的分母是 10^n，就可以直接化成 n 位小數。當一個分數的分母只包含 2 或 5 的質因數，就可以透過擴分的方式將分子分母同乘相對應個數的 5 和 2。如 $\frac{1}{8} = \frac{1}{2 \times 2 \times 2} = \frac{5 \times 5 \times 5}{2 \times 2 \times 2 \times 5 \times 5 \times 5} = \frac{125}{1000} = 0.125$；或如 $\frac{7}{25} = \frac{7}{5 \times 5} = \frac{7 \times 2 \times 2}{5 \times 5 \times 2 \times 2} = \frac{28}{100} = 0.28$。

　　至於有限小數化成分數就如同上述，先將 N 位小數化成分母為 10^n 的分數，再進行約分。老師要注意，有限小數都可以化成分數，分數不一定可以化成有限小數，在小學基本上只處理可以化為有限小數的情形，若碰到不能化成有限小數的情形會以取概數的方法為之。在小學中，另一個和小數有關的內容是比率或百分率和小數的換算問題，相關內容請參考第五章

貳、小數運算的迷思與教學

一 小數運算的學習困難與迷思概念

　　數學概念的學習有延續性，每一個階段都有要學習的主要觀念、技能與目標。例如：小學三年級學習一位小數概念、比較大小、加減；四年級學習二位小數概念、比較大小、加減，位數擴充但內容類似。之後五年級、六年級的小數乘法、除法，從被乘數、被除數是小數，而乘數和除數是整數，到乘數與除數是小數，也都依學生認知能力按部就班、有順序的教學。當學生學習一位小數時，知道小數加減法要小數點對齊，位值整併與整數作法一致，了解後到了二位小數時，為什麼小數點對齊進行加減運算的概念性解釋就會當成基本概念。若每個概念都要重新回到最原始，也可能造成學生學習負荷大增，但如果經形成性評量發現多數學生前一個概念甚至更之前的概念不懂，那麼老師可以再加以解釋。

　　小數的運算困難之處就是不同運算有不同的規則，加減是一套、乘法一套、除法又是一套，其中進入程序運算後，小數點的位置處理有著關鍵的影響，甚至常常是學生錯誤或迷思概念的原因，其關鍵點就在位值概念。我們在教學生整數的加、減、乘直式算則的時候，最好能夠讓學生了解「為什麼個位要對齊個位」，主要原因就是位值概念。當學生並不了解為什麼個位要對齊個位，而發現整數加法、減法、乘法的直式計算都是最右邊對齊，因此過渡一般化「對齊最右邊」。因此到了小數的加法和減

法，這些學生仍然使用先前的記憶方式「對齊最右邊」，導致小數的加、減法計算錯誤。

　　小數的加減、乘除當然可以使用分數來解釋，但須留意不同位數的小數加、減法，若利用化成分數的方式來解釋，此時會變成異分母的加減問題，此時要注意學生是否已經熟悉異分母如何做加減，而無須再解釋，否則學生的學習負荷會大增。而乘除法若改用分數方式解釋，會因為與實際算則差異太大而無法產生連結，都必須留意。

　　以下整理一些國內、外研究上常見的迷思概念與錯誤，供參考（劉曼麗，2004、2006；林碧珍，2020）。

小數概念	迷思概念與錯誤
小數加減	• 小數加減時向右對齊後計算 • 小數加減時未將計算結果標示上小數點或未處理餘數的小數點 • 小數加法當作整數來處理
小數乘除	• 小數乘法時點錯積數小數點 • 小數除法時末點或點錯商與餘數小數點 • 乘除估算認為乘法使結果變大和除法使結果變小 • 小數乘法對齊小數點後計算 • 小數除法對於移動小數點有錯誤
分數轉換小數	• 分數與小數互換是由表面形式，將分母當整數部分、分子當非整數部分 [例如：$5.4 = \frac{4}{5}$] • 分數與小數換算時，錯誤理解含有 0 的小數，認為 6.03 個蛋糕中的 3 代表 $\frac{3}{10}$

　　篇幅限制無法一一分析上述這些迷思概念或錯誤的原因，其他請讀者自行參與本書其他部分。

■ 小數運算的教與學

　　小數四則運算加減法的啟蒙情境和分數一樣，應從啟蒙情境入手，讓學生能聚焦在四則運算概念的學習上，也就是為什麼加、減、乘、除出來的結果是這樣。等到學生了解概念性知識，他們能內化為程序性知識以後，才適度進入程序性知識的學習。假如學生已經了解分數的列式意義，老師可以不再提問如何列式，而聚焦在列式計算結果的概念性解釋。它的概念性解釋也是回到小數的基本概念——分數的特例或者小數位值概念。

　　小數四則運算的教學，原則上還是和整數運算、分數四則運算一樣，在教學過程中，不要讓學生只做公式的記憶，因為小學的小數教學採用循環式，也是單元式的區塊教學，學生很容易當下學什麼就記憶什麼規則、公式，到了學習內容愈來愈多，進入統整解題後就會感到混亂。

　　例如：在做小數的加減法直式算則時，教師若只要求學生小數點對齊、個位對齊個位，學生沒有概念性理解，只是記憶規則，到了小數的乘法直式算則時又只要求學生最右邊對齊，不用對齊小數點。類似這樣的記憶方式，最後學生會全部亂掉（李源順，2018）。因此，教師一定要讓學生概念性的了解，為什麼小數的加減法直式算則時，小數點要對齊，乘法為什麼最右邊對齊，小數點不用對齊小數點，除法為什麼只需要以除數的小數位數為準來處理被除數的小數位數等等，這些都需要讓學生有概念性理解，再進行程序性操作，不能只想著「熟能生巧」，不理解原理沒有關係，多算幾次就會了，這樣只是應付當下學習，問題最後還是會發生。唯有概念性理解，當學生之後運算程序上發生問題時，只需要回到背後的概念就能快速修正過來。

　　說是容易，也不能打高空只談理論，要如何做到？其中的根本在於老師自己是否也真的對內容有概念性理解。老師一定要先對教材有相當的熟悉，先全面性的了解小數的學習內容，再使用老師自己有感覺的語言、表徵或例子，有感覺之後，才能適度的依據實際的狀況（例如：學生認知

情形、教學時間）調整教學可以怎麼教。教學者一定要自己檢視自己的後設認知的概念（不只是學生的後設認知），隨時問自己為什麼是這樣？例如：有十分位、百分位，為什麼沒有「個分位」？為什麼 1008 可以讀成「一千零八」，0.1008 為什麼不能讀成「零點一千零八」或「零點一零零八」？「1.25 + 1.65 = 2.90」要記成 2.90 還是 2.9？兩個有一樣嗎？計算「1.25×1.5 = 2.25」為什麼不對齊小數點？計算的結果明明應該是三位小數，為什麼最後是兩位小數，我該怎麼跟學生說清楚？做小數除法「1.5 ÷ 1.2」的直式算則時，為什麼可以同時把被除數和除數小數點移動，移動後題目不就是變成「15 ÷ 12」，這樣不是把兩個數都「放大了」？這樣改題目可以嗎？既然移了小數點，餘數為什麼又要用原來的位值表？……這樣的問題，老師必須時時地問自己：自己能不能說清楚？

同時也別忘了數學素養的教學，李源順（2018）認為給予學生一個生活脈絡情境，讓學生提問問題、解答，再詮釋解答的結果和真實生活的異同，我們的數學課程雖是單元式安排，但課程內容是一直循環的架構，只是加深加廣而已，我們會一再地重複概念性的教學，學生有很多機會可以回到先前概念（問題簡化）的方法學習新的單元，也可以藉由新的單元更加鞏固已經學過的。因此教師不必要求在一次的教學中，讓全部的學生了解。

參、教學示例

一 小數加法教學示例

領域 / 科目	數學	設計者	黎懿瑩、謝佳叡
實施年級	四年級	總節數	共一節，40 分鐘
單元名稱	小數加減		

設計依據				
學習重點	學習表現	n-II-7 理解小數的意義與位值結構，並能做加、減、整數倍的直式計算與應用。	核心素養	數-E-A1 具備喜歡數學、對數學世界好奇、有積極主動的學習態度，並能將數學語言運用於日常生活中。
	學習內容	N-4-7 二位小數：位值單位「百分位」。位值單位換算。比較、計算與解題。用直式計算二位小數的加、減與整數倍。		數-E-A2 具備基本的算術操作能力、並能指認基本的形體與相對關係，在日常生活情境中，用數學表述與解決問題。
				數-E-A3 能觀察出日常生活問題和數學的關聯，並能嘗試與擬訂解決問題的計畫。在解決問題之後，能轉化數學解答於日常生活的應用。
				數-E-B1 具備日常語言與數字及算術符號之間的轉換能力，並能熟練操作日常使用之度量衡及時間，認識日常經驗中的幾何形體，並能以符號表示公式。
				數-E-C1 具備從證據討論事情，以及和他人有條理溝通的態度。
				數-E-C2 樂於與他人合作解決問題並尊重不同的問題解決想法。
議題融入	議題實質內涵	人 E5 欣賞、包容個別差異並尊重自己與他人的權利。		
	所融入之學習重點	視實際設計需求使用		

與其他領域／ 科目的連結	生活課程 1-I-4：珍視自己並學習照顧自己的方法，且能適切、安全的行動。 4-I-1：利用各種生活的媒介與素材進行表現與創作，喚起豐富的想像力。
教材來源	自編
教學設備／資源	定位板
學習目標	

一、能透過情境，解決二位小數加減問題
    1-1 在具體情境中，透過操作解決二位小數加減問題。
二、能積極參與課堂活動
    2-1 能遵守課堂規範。
    2-2 能踴躍發表。

教學活動設計		
教學活動內容及實施方式	時間	備註
一、準備活動 （一）師生班級約定、引起動機 1. 老師檢視參與學生情況、重述班級小約定 2. 獎勵方式：希望學生踴躍舉手發言，表現好的同學可以得到小微笑貼紙，集滿 5 個貼紙可以有小禮物。 （二）聯結學生的舊經驗 1. 運動會情境：四年級趣味競賽，同學們要輪流拿大湯勺，從起點的水桶盛水，運送到終點倒入自己班級的水桶，最後，水桶裡的水最多的班級贏得勝利。 T 提問：大家猜猜看，大湯勺裝滿，走到終點如果一滴都沒有漏出來，大概可以裝多少水？ S 自由回答，若學生無法自行想出參考物來估計，教師可以擺出幾種飲料罐給大家當參考，估計之後實測。 T 提問：大湯勺裝滿大概是 0.22 公升，如果我們全班 20 個人運送的過程都沒有漏一滴水，就會是所有班級裡面最厲害的一班！那樣我們的水桶會有多少水呢？	5 分	起動： 老師可依據班級實際情況設計情境

教學活動設計		
教學活動內容及實施方式	時間	備註
學生感到興奮，但還不知道怎麼算出最後的水量，讓學生自由回答，但不先公布答案，沒有學過可能無法正確回答。 T 提問：那我們開始練習吧！ **二、發展活動** （一）加法運算教學 1. 老師引入教學內容，進行布題 T 提問：小 A 和小 B 剛才太緊張，都用跑的，結果小 A 裝了 0.04 公升、小 B 裝了 0.03 公升，這樣他們一共裝了多少水？ S 回答：4 個 0.01 公升和 3 個 0.01 公升，合起來是 7 個 0.01 公升。哎呀！太少了！ T 提問：小 C 加油！哇！小 C 一個人就裝了 0.12 公升，加上剛才的 0.07 公升，現在一共有多少水呢？ S 回答：把它對齊，百分位是 7 + 2 = 9 個 0.01、十分位是 0 + 1 = 1 個 0.1，這樣是 0.19 公升。哇！小 C 好厲害！ $$\begin{array}{r} 0.\ 0\ 7 \\ +\ \ 0.\ 1\ 2 \\ \hline 0.\ 1\ 9 \end{array}$$ T 提問：接下來，小 D 裝了 0.21 公升，加上剛才的 0.19 公升，現在一共有多少水呢？ S 回答：把它對齊，1 + 9 = 10、20 + 10 = 30，就是 0.40 公升。 S 回答：把它對齊，百分位是 1 + 9 = 10 個 0.01，就是 0.1、十分位是 2 + 1 = 3 個 0.1，再加剛才的 0.1，就是 0.4 公升。 $$\begin{array}{r} 0.\ 1\ 9 \\ +\ \ 0.\ 2\ 1 \\ \hline 0.\ 4\ 0 \end{array}$$ T 在黑板的定位板上寫下 0.40 和 0.4。	7 分	起動

教學活動設計				
教學活動內容及實施方式			時間	備註

個位	十分位	百分位
0.	4	0
0.	4	

T 提問：很好，0.40 公升和 0.4 公升，哪個是對的？

S 回答：0.40 是 40 個 0.01、0.4 是 4 個 0.1。

S 回答：這兩個應該是一樣多，都對。

S 回答：這兩個應該都是 0.4 公升，因為他們有對齊，數字都一樣，4 的後面都沒有了。

T 提問：接下來的人，在最後一棒之前總共裝了 2.67 公升，加上剛剛的 0.4 公升，這時我們班一共裝了多少水呢？

S 回答：6 個 0.1 和 4 個 0.1 合起來是 10 個 0.1，在十分位寫 0，進 1 到個位，在個位的上方記 1。

起動、回想

```
        1
    2.  6   7
 +  0.  4
 ─────────────
    3.  0   7
```

2. 進行練習

T：大家都很厲害，我們也來練習一下，幾個題目。

T：小數的加減法「2.3 公升的汽水加上 4.56 公升的汽水，共幾公升？」這一題要怎麼列式？

S 回答：2.3 + 4.56

T：好，請大家算一算這一題的答案是多少？

T：大家都很厲害，有誰可以回答老師，小數的加法為什麼要小數點對齊，為什麼不像整數加法對齊最右邊？不對齊會發生什麼錯誤？

S 可能回答：因為小數點就是整數，對齊小數點就是對齊整數。

S 可能回答：這樣單位才會一樣。

S 可能回答：不對齊就會算錯。

8 分

老師依據使用的課本例題進行練習

教學活動設計		
教學活動內容及實施方式	時間	備註
教師依據課本設計幾個題目，包含進位、不進位、一位與二位小數混合，以確認學生確認小數點對齊位的意義。練習時，老師進行行間巡視以了解學生的計算情況。必要時進行概念加強或補救教學。		
（二）減法運算教學	10分	起動
1. 教師引入教學內容，進行布題		
T 提問：好，大家都很棒。現在已經到最後關頭，最後一棒上場了，原本他裝了 0.19 公升的水，可是看到隔壁班很快，他手抖，撒出了 0.02 公升的水……		
S 回答：唉唷～這樣就剩下 0.17 公升了，要拿好！		
T 提問：你怎麼知道的？		問為什麼
S 回答：0.19 − 0.02 = 0.17。		
S 回答：19 個 0.01 公升減掉 2 個 0.01 公升，剩下 17 個 0.01 公升，是 0.17 公升。		
$$\begin{array}{r} 0.\;1\;9 \\ -\;0.\;0\;2 \\ \hline 0.\;1\;7 \end{array}$$		
T 提問：我們班總共應該有 3.24 公升，可是倒進裁判的測量桶的時候，只有 3.04 公升，到底發生了什麼事？		起動
S 回答：可能沒倒乾淨，還有 0.2 公升在水桶裡。		
T 提問：你怎麼知道的？		問為什麼
S 回答：3.24 − 3.04 = 0.2。		
S 回答：3.24 去掉中間的 0.2 就是 3.04。		
T 根據學生回答，寫下：		
$$\begin{array}{r} 3.\;2\;4 \\ -\;3.\;0\;4 \\ \hline 0.\;2\;0 \end{array}$$		
T 提問：還有 0.2 公升在我們的水桶裡嗎？那再倒一次，結果裁判的測量桶增加了 0.16 公升，這樣倒完了嗎？		起動

教學活動設計		
教學活動內容及實施方式	時間	備註
S 回答：還沒，0.2 – 0.16 = 0.04。 T 根據學生回答，寫下： $$\begin{array}{r} 0.\ \ 2\ \ \ \ \\ -\ \ 0.\ \ 1\ \ \ 6 \\ \hline \end{array}$$ T 提問：6 的上面沒有數字，不能減，怎麼辦？ S 回答：0.1 換成 10 個 0.01，減 6 個 0.01 是 0.04…… T 提問：這個方法跟整數的加減一樣嗎？ （點 S 回答，應有學生能說出「每個位值如果合起來超過 10 就要進位，不夠減就要跟大的位數借」。）		問為什麼
2. 進行練習 T：很好，我們來看看課本，課本有幾個題目，我們來練習一下。 　　（讓學生練習、相互討論對答案，T 下去巡視檢視學生的作答情況。） T：大家都很認真，回答得很好！	5 分	
三、綜合活動 T 提問：我們回到一開始老師問的，如果全班每個人都裝滿 0.22 公升，我們班的水桶會有多少公升的水呢？ 同學執行計算，每次 0.22 公升往上加，然後發表，說明怎麼得到結果和結果是什麼？ 反思時間： • 請同學發表今天學到了什麼？ • 統計小白方塊總數、給予獎勵（結束本課堂）	5 分	

小數乘法教學示例

領域／科目	數學		設計者	黎懿瑩、謝佳叡
實施年級	五年級		總節數	共一節，40 分鐘
單元名稱	小數乘法（整數的小數倍）			
設計依據				
學習重點	學習表現	n-III-7 理解小數乘法和除法的意義，能做直式計算與應用。	核心素養	數-E-A1 具備喜歡數學、對數學世界好奇、有積極主動的學習態度，並能將數學語言運用於日常生活中。 數-E-A2 具備基本的算術操作能力、並能指認基本的形體與相對關係，在日常生活情境中，用數學表述與解決問題。 數-E-A3 能觀察出日常生活問題和數學的關聯，並能嘗試與擬訂解決問題的計畫。在解決問題之後，能轉化數學解答於日常生活的應用。 數-E-B1 具備日常語言與數字及算術符號之間的轉換能力，並能熟練操作日常使用之度量衡及時間，認識日常經驗中的幾何形體，並能以符號表示公式。 數-E-C1 具備從證據討論事情，以及和他人有條理溝通的態度。 數-E-C2 樂於與他人合作解決問題並尊重不同的問題解決想法。
	學習內容	**N-5-8 小數的乘法**：整數乘以小數、小數乘以小數的意義。乘數為小數的直式計算。教師用位值的概念說明直式計算的合理性。處理乘積一定比被乘數大的錯誤類型。		

議題融入	議題實質內涵	人 E5 欣賞、包容個別差異並尊重自己與他人的權利。
	所融入之學習重點	視實際設計需求使用
與其他領域 /科目的連結		生活課程 1-I-4：珍視自己並學習照顧自己的方法，且能適切、安全的行動。 4-I-1：利用各種生活的媒介與素材進行表現與創作，喚起豐富的想像力。
教材來源		自編
教學設備 / 資源		定位板

學習目標

一、能透過情境，解決小數乘法中整數的小數倍問題

　　1-1 在具體情境中，理解「乘以 0.1」和「乘以 0.01」的意義。

　　1-2 由整數乘法直式計算的經驗推廣到小數乘法直式計算，並了解小數點記法和小數加減時記法不同。

二、能積極參與課堂活動

　　2-1 能遵守課堂規範。

　　2-2 能踴躍發表。

教學活動設計		
教學活動內容及實施方式	時間	備註
一、準備活動 （一）師生班級約定、引起動機 1. 老師檢視參與學生情況、重述班級小約定。 2. 獎勵方式：希望學生踴躍舉手發言，表現好的同學可以得到小微笑貼紙，集滿 5 個貼紙可以有小禮物。 （二）聯結學生的舊經驗 1. 說故事：還記得老師養的貓咪，皮皮？牠現在是個大胃王，每天都要吃掉 40 克的健康飼料，和 120 克的罐頭（牠的最愛）。結果，這幾天發現牠精神不好，就帶牠去看醫生，醫生說牠生病了，要我們多讓牠休息，每日的飲食也要變少，只能是現在飲食的 0.75 倍。	5 分	起動

教學活動設計		
教學活動內容及實施方式	時間	備註
T 提問：誰能告訴我，這樣牠一天只能吃多少健康飼料和罐頭？ （讓學生自由回答，但不先公布答案，沒有學過可能無法正確回答。） T 提問：請同學翻到學習教材第 XX 頁，我們今天學完後，我們就知道皮皮要吃多少了。 **二、發展活動** （一）老師引入教學內容，進行布題 1. 蓋小屋模型情境 美勞課，老師準備了細的木條和彩色黏土，要讓各組蓋一棟心目中最想要的房子，裁需要的木條長度、用黏土接合，先完成房屋架構再進行布置。 T 提問：每根木條是 3 公尺長，老師先幫大家裁好一些木條，你們需要老師幫大家的木條裁成 0.01 條，還是 0.1 條呢？ S 討論：0.1 條是 $\frac{1}{10}$ 條，就是 3 公尺 × ($\frac{1}{10}$) = 0.3 公尺 = 30 公分 S 討論：0.01 條是 $\frac{1}{100}$ 條，就是 3 公尺 × ($\frac{1}{100}$) = 0.03 公尺 =3 公分 S 討論：可是這樣好像是不太夠，我們還需要別的長度…… T 提議：我可以給你們幾個選擇，是我比較容易裁切的，你們從裡面挑適合你們的長度，我就多裁切一點。 （老師提供的木條長度有 0.1 條、0.01 條、0.02 條、0.03 條、0.05 條、0.08 條、0.25 條、0.3 條。） S 討論：0.1 條是 30 公分，拿來蓋房子一層樓的高度。 S 討論：我們需要花園的籬笆，籬笆矮矮的，剛才算過 0.01 條， 0.01 條是 $\frac{1}{100}$ 條， 3 公尺 × ($\frac{1}{100}$) = $\frac{3}{100}$ 公尺 = 0.03 公尺 = 3 公分 這個太短！	30 分	起動 以下為模擬學生討論對話，教師課間巡視時可以依據學生實際情況給予回應

教學活動設計		
教學活動內容及實施方式	時間	備註

0.02 條是 $\frac{2}{100}$ 條，

3 公尺 $\times$ ($\frac{2}{100}$) = $\frac{6}{100}$ 公尺 = 0.06 公尺 = 6 公分

這個可以喔，還需要再長一點點的，這樣比較有型，

0.03 條是 $\frac{3}{100}$ 條，

3 公尺 $\times$ ($\frac{3}{100}$) = $\frac{9}{100}$ 公尺 = 0.09 公尺 = 9 公分

這個好！可以搭配。

S 討論：花園裡有狗屋，我們狗屋蓋到房子的一半高，

剛才房子是 0.1 條，所以狗屋是 0.05 條，

0.05 條是 $\frac{5}{100}$ 條，

3 公尺 $\times$ ($\frac{5}{100}$) =

```
        3
  ×  0. 0 5    0.05 是 5 個 0.01
  ─────────
     0. 1 5    15 個 0.01 就是 0.15
```

所以狗屋需要 0.15 公尺，就是 15 公分。

S 討論：我需要門的木條，會比籬笆再高一點，試試看 0.08 條。

```
        3
  ×  0. 0 8    0.08 是 8 個 0.01
  ─────────
     0. 2 4    24 個 0.01 就是 0.24
```

0.24 公尺就是 24 公分。

S 討論：籬笆還需要橫的長長那一條才能固定不會倒，我們來試
試看 0.25 條和 0.3 條。

```
        3
  ×  0. 2 5    0.25 是 25 個 0.01
  ─────────
     0. 7 5    75 個 0.01 就是 0.75
```

教學活動設計		
教學活動內容及實施方式	時間	備註

0.75 公尺就是 75 公分。

$$
\begin{array}{r}
3 \\
\times\ 0.3 \\
\hline
0.9
\end{array}
$$
　0.3 是 3 個 0.1

　9 個 0.1 就是 0.9

0.9 公尺就是 90 公分。

各組討論完畢之後，要跟老師報告要拿哪一種長度的木條，這個長度做什麼用。

T：各組的木條準備好之後，老師準備了一些彩色黏土，黏土每一片是 78 公克，如果哪個顏色你需要多一點或是少一點，老師這邊幫大家準備了 0.8 份、1.2 份、2.5 份、4.5 份的黏土。

S：4.5 份到底要怎麼算？45 個 0.1 其實我們是 78×45 先算

$$
\begin{array}{r}
7\ 8 \\
\times\ 4\ 5 \\
\hline
3\ 5\ 1\ 0
\end{array}
\qquad\qquad
\begin{array}{r}
7\ 8 \\
\times\ 4.5 \\
\hline
3\ 5\ 1.\theta
\end{array}
$$

我發現這兩個算式很像，只差在小數點的位置，左邊 45 是 45 個 1、右邊 4.5 是 45 個 0.1，所以左邊是 3510 個 1、右邊是 3510 個 0.1，就是 351，小數點後面的 0 不用寫。

教師在各組之間參與學生討論，引導學生發現上述乘法直式算則之間的關係。

三、綜合活動

T 提問：全班總共用了 25.3 根的木條，總長度會是幾公尺，你認為小數點後面還會有數字嗎？

S 回答：有，因為一根木條 3 公尺，小數點後面有一位數，3×3＝9 的 9 會在那裡。

T 提問：最後，回到一開始，皮皮本來每天都要吃掉 40 克的健康飼料，和 120 克的罐頭。醫生生病期間每日的飲食只能是現在飲食的 0.75 倍，誰能告訴我，這樣牠一天只能吃多少健康飼料和罐頭？

時間欄：5 分　備註欄：統整

教學活動設計		
教學活動內容及實施方式	時間	備註
S 回答：40×0.75 = 30 克的健康飼料，120×0.75 = 90 克的罐頭。 反思時間： • 請同學發表今天學到了什麼？ • 統計小白方塊總數、給予獎勵（結束本課堂）		

第三節　小數的性質

壹、小數性質的數學內容

統整來說，小數概念起源於測量之整數的十進位制擴充，同時也可以視為是分數的特例，因此小數保留了整數與分數的運算性質與概念性質。例如加減互逆與乘除互逆以及運算三律（交換律、結合律、分配律）。因此有關小數的性質，本小節僅說明一些值得額外注意的點。

■ 概念性質

（一）小數的稠密性

有些學生在學習小數時，一位小數、二位小數與多位小數是分開學習的，不少學生會受到整數的影響，以為 0.2 到 0.3 沒有其他小數，而 0.2 到 0.8 之間只有 0.3、0.4、0.5、0.6、0.7 共五個小數。我們依序教一位小數、二位小數、進而推廣到多位小數的目的，除了循序漸進，由簡馭繁，也希望學生認識到小數的概念性質，知道 0.2 和 0.3 之間可以再分成十等份，也就是可以有無限多個小數在 0.2 和 0.8 之間。

和分數一樣，任意兩個小數之間一直存在有小數，在小學並不特別去

提這一個性質，認爲學生可以自己類化，因此不特別進行教學。因此，必要時，教師也可以對學生提一下，任意兩個小數之間是否存在有小數的概念。

(二) 唯一性

在分數的概念源自於平分，隨著分割數的不同，單位量會隨之變化，但所指稱的同一量不會因爲單位的不同而變化，因此會有等值分數、擴分、約分的概念，同一個分量即便在相同的參考總量下可能有許多不同的表達方式，同一盒蛋糕，同樣的量（例如其中的半盒蛋糕）都可能有 $\frac{1}{2} = \frac{2}{4} = \frac{30}{60} = \cdots\cdots$ 不同的表示法。反過來說，相同的分量表示，在不同的總量參考值下也有不同的意涵，$\frac{1}{2}$ 杯水和 $\frac{1}{2}$ 瓶水雖然抽象後都是 $\frac{1}{2}$，但內涵也不同。

小數雖然可視爲分數的特例或另一種表示法（分母爲十冪次方的分數省去分母的記法），但也因爲小數的單位量內含的，因此在參考單位「1」確定後，而小數的表示法就會固定下來。舉例來說，如果單位量是 1 是「1 公尺」，那麼 0.1、0.3、0.25、……這些小數的表示法確定了，所以等值小數（decimal equivalent）這樣的概念不會出現在小學。

或許有同學會認爲 0.5 也可以表示成 0.50 或 0.5000，不是也一樣並不是唯一的，當然，要這樣認定也可以，尤其在做小數單位化聚或轉換時，或進行小數的加減，當成是一種特殊的擴分方式，但這樣的概念只是省略有效數字後的 0，一般不需要這麼做（就像我們不會無故將 30 表示成 030 或 0030）。實際上，在學生學了概數後，3 和 3.00 也可能代表不同的量經過取概數後的結果，並不是等值的意義。

(三) 指稱性：小數不一定是「小的數」

「小數」這個名稱從中文來看，很容易讓人以爲是代表「小的數」，

我們在第一節有提到過，從小數名稱更貼切的說，應該是「帶有小數部分」的數，因此小數可能一點也不小，如 1234.25 或 3.5 億。在許多實際教學上，作者看到許多小學教師在介紹小數時，經常告訴學生小數和分數一樣，都是用來表示不足 1 的數，這樣的說法乍聽之下並沒有問題，但是更切合地應該是說「都可以表示含有不足 1 單位的數」，雖然拗口，但應讓學生了解小數是可以更精確地表達小於 1 單位的量，而非「小的數」。

二 運算性質

（一）運算結果

因為小數的一個重要功能是可以表達小於 1 單位的數，因此在乘法運算時，乘數在 0 與 1 之間，得到的積數結果變小；乘數等於 1 時，結果不變；乘數大於 1 時，結果變大。而除法運算時，除數在 0 與 1 之間，得到的商數結果變大；除數等於 1 時，結果不變；除數大於 1 時，結果變小。在整數範圍時會愈乘愈大以及愈除愈小，是對的，但到了小數和分數就不一定了，乘以純小數會變小、除以純小數會變大，學生會把整數的性質過渡到小數來。但因為生活上，經常出現的是帶小數，也就是大於 1 的小數，有時學生並不會感覺小數愈乘愈大的這個性質有什麼問題，但教學時教師仍須強調。

（二）加減互逆與乘除互逆

加減互逆與乘除互逆等性質並不會因為是小數而改變。所以小數的加減互逆與乘除互逆的性質和整數、分數的皆相同（見第二章、第三章）。

（三）運算三律

小數的四則運算同樣滿足交換律、結合律與分配律（簡稱運算三律）。性質和整數、分數的皆相同（見第二章、第三章），不在此贅述。

貳、小數性質的教學

　　小數性質的教學在小學不會獨立一個單元進行教學，只是融入小數四則運算，甚至並不進行教學。建議教師可以花一點時間進行小數的乘、除會變大的教學，以及小數的交換律、結合律和分配律的教學，尤其是出一些使用交換律、結合律和分配律會特別好做的特定數字問題，讓學生能將以前所學的知識變成能力，主動運用到小數的情境。

參、教學示例 ── 小數乘除性質教學示例

領域／科目		數學	設計者	黎懿瑩、謝佳叡
實施年級		六年級	總節數	共一節，40 分鐘
單元名稱		小數乘除的性質（乘不一定變大，除不一定變小）		
設計依據				
學習重點	學習表現	n-III-7 理解小數乘法和除法的意義，能做直式計算與應用。	核心素養	數-E-A1 具備喜歡數學、對數學世界好奇、有積極主動的學習態度，並能將數學語言運用於日常生活中。
	學習內容	N-5-8 小數的乘法：處理乘積一定比被乘數大的錯誤類型。N-6-4 小數的除法：整數除以小數、小數除以小數的意義。直式計算。處理商一定比被除數小的錯誤類型。		數-E-A2 具備基本的算術操作能力、並能指認基本的形體與相對關係，在日常生活情境中，用數學表述與解決問題。數-E-A3 能觀察出日常生活問題和數學的關聯，並能嘗試與擬訂解決問題的計畫。在解決問題之後，能轉化數學解答於日常生活的應用。數-E-B1 具備日常語言與數字及算術符號之間的轉換能力，並能熟練操作日常使用之度量衡及時間，認識日常經驗中的

				幾何形體，並能以符號表示公式。 數-E-C1具備從證據討論事情，以及和他人有條理溝通的態度。 數-E-C2 樂於與他人合作解決問題並尊重不同的問題解決想法。
議題 融入	議題 實質內涵	人 E5 欣賞、包容個別差異並尊重自己與他人的權利。		
	所融入之 學習重點	視實際設計需求使用		
與其他領域／ 科目的連結		生活課程 1-I-4：珍視自己並學習照顧自己的方法，且能適切、安全的行動。 4-I-1：利用各種生活的媒介與素材進行表現與創作，喚起豐富的想像力。		
教材來源		自編		
教學設備／資源				

學習目標
一、能透過情境，解決小數除法問題 　　1-1 在具體情境中，理解「乘不一定變大」和「除不一定變小」的事實。 　　1-2 由具體情境計算整數除以小數問題。 二、能積極參與課堂活動 　　2-1 能遵守課堂規範。 　　2-2 能踴躍發表。

教學活動設計		
教學活動內容及實施方式	時間	備註
一、準備活動 （一）師生班級約定、引起動機 1. 老師檢視參與學生情況、重述班級小約定。	5 分	起動

教學活動設計		
教學活動內容及實施方式	時間	備註
2. 獎勵方式：希望學生踴躍舉手發言，表現好的同學可以得到小 微笑貼紙，集滿 5 個貼紙可以有小禮物。 （二）聯結學生的舊經驗 T 提問：有人說「乘會變大、除會變小」，你覺得這是真的嗎？ S 回答：對呀！乘當然會變大、除當然會變小。 S 回答：我覺得不一定，但是我也不知道什麼情況不是。 S 回答：我沒意見，不知道要從哪裡想。 S 回答：可是前面學過「乘以 0.1」就變小了。 T 回饋：我們接下來就來看看這句話對不對？ **二、發展活動** （一）老師引入教學內容，進行布題 1. 破除「乘會變大」的迷思 T 提問：我們把這句話分兩個部分來討論，先討論「乘會變大」。 你們認為「乘會變大」是對的嗎？ S 回答：對呀，我乘以 2、乘以 3、乘以 4，變成 2 倍、3 倍、4 倍， 就是變大了啊！ S 回應：可是你「乘以 1」就只有一樣大，沒有變更大。 S 回答：那就是除了「乘以 1」以外，都會變大。 S 回應：「乘以 0.1」也沒有變大，它變小了！ S 回答：我們上一節課，用細木條組合房子的時候，1 就是 1 根木 條，有「乘以零點幾」的都要請老師裁切，就是不到 1 根木條那麼長。 S 回答：所以「乘以零點幾」的，都是比 1 小。 T 提問：真的嗎？「乘以 0.9」也有比 1 小嗎？ S 回答：有啊，因為 0.9 比 1 小，所以「乘以 0.9」就比原來的一 個還要少。 T 提問：好的，有人可以合起來做結論嗎？什麼情況比 1 大、什 麼情況和 1 一樣大、什麼情況比 1 小？ S 回答：乘以比 1 大的就會變大、乘以 1 就會一樣大、乘以比 1 小的就會變小。	10 分	起動 問為什麼

教學活動設計		
教學活動內容及實施方式	時間	備註
T 提問：說得很好，那麼，寫算式的時候，我們會說是「誰」來乘以比 1 大或比 1 小的數呢？ S 回答：被乘數乘以比 1 大的數，積就會變大，比被乘數大； 　　　　被乘數乘以 1，積就會和被乘數一樣大； 　　　　被乘數乘以比 1 小的數，積就會變小，比被乘數小。 T 提問：很好！有沒有人可以用自己的話，把這件事重新說一遍？ S 回答：在小數乘法中： 　　　　乘數小於 1，積小於被乘數； 　　　　乘數等於 1，積等於被乘數； 　　　　乘數大於 1，積大於被乘數。 T 提問：很好！所以，我們可以回到原來的問題，「乘會變大」是正確的嗎？ S 回答：只有在乘數大於 1 的時候是正確的，乘數等於 1 和小於 1 的時候不是。 2. 破除「除會變小」的迷思 T 提問：好的，接下來我們可以開始討論「除會變小」。你們認為「除會變小」是對的嗎？ S 回答：嗯，我覺得是，可是我不確定了。 T 提問：過年前，陳家三兄弟回阿公家，在老家的糖果店幫忙分裝糖果。批發一大袋的糖果重 24 公斤， 　　　　大哥負責大包裝，每大包 1.2 公斤； 　　　　二哥負責中包裝，每中包 1 公斤； 　　　　小弟負責小包裝，每小包 0.4 公斤。 　　　　他們一人拿一大袋，開始分裝，最後，三兄弟各會裝成幾包呢？ S 各組開始計算、討論。 S 回答：24 ÷ 1.2 = 20　　大哥分裝 20 大包 　　　　24 ÷ 1 = 24　　　二哥分裝 24 中包 　　　　24 ÷ 0.4 = 60　　小弟分裝 60 小包 S 回應：哇～大哥最少，小弟最多，二哥 1 公斤一包，24 公斤就剛好 24 包。	10 分	起動

教學活動設計		
教學活動內容及實施方式	時間	備註

T 提問：大哥分裝的比 24 包少嗎？
S 回答：對呀！因為他每一包比 1 公斤多。
T 提問：那小弟為什麼分裝成那麼多包？
S 回答：因為他每一包只有 0.4 公斤，很少，所以要分裝成很多包。
T 提問：0.4 很少，是跟誰比？
S 回答：跟 1，比 1 小。
T 提問：所以除法也是和 1 比較嗎？除數大於 1、除數等於 1、除
　　　　數小於 1，會讓商變得比被除數小或是大嗎？
S 回答：嗯，可能會吧？
T 提問：我們來測試看看。
 	
  $27 \div 1.8 = ($ $)$ $0.8 \div 4 = ($ $)$
  $27 \div 1 = ($ $)$ $0.8 \div 1 = ($ $)$
  $27 \div 0.9 = ($ $)$ $0.8 \div 0.4 = ($ $)$
 	
S 各組計算、討論。
S 回答：除以 1 就是原來的，不會變大也不會變小。
　　　　除以比 1 大就會變小，除以比 1 小就會變大。
T 提問：說得很好，那麼，寫算式的時候，我們會說是「誰」來
　　　　除以比 1 大或比 1 小的數呢？
S 回答：被除數除以比 1 大的數，商就會變小，比被除數小；
　　　　被除數除以 1，商就會和被除數一樣大；
　　　　被除數除以比 1 小的數，商就會變大，比被除數大。
T 提問：很好！有沒有人可以用自己的話，把這件事重新說一遍？
S 回答：在小數除法中：
　　　　除數大於 1，商小於被除數；
　　　　除數等於 1，商等於被除數；
　　　　除數小於 1，商大於被除數。
T 提問：很好！所以，我們可以回到原來的問題，「除會變小」
　　　　是正確的嗎？
S 回答：只有在除數大於 1 的時候是正確的，除數等於 1 和小於 1
　　　　的時候不是。
	10 分	舉例、回想

教學活動設計		
教學活動內容及實施方式	時間	備註
三、綜合活動 T 提問：這些算式，你知道要填＞、＝、還是＜嗎？ 　　　① 43.9 ÷ 1 □ 43.9 　　　② 27.8 ÷ 10 □ 27.8 　　　③ 12 ÷ 0.08 □ 12 　　　④ 56.56 ÷ 1.4 □ 56.56 S 回答：第一題是等於，因為除數是 1； 　　　第二題和第四題是小於，因為除數比 1 大； 　　　第三題是大於，因為除數比 1 小。 反思時間： • 請同學發表今天學到了什麼？ • 統計小白方塊總數、給予獎勵（結束本課堂）	5 分	回想

第四節　小數生活素養解題

壹、素養解題

　　測量作為小數概念的來源之一，可想而知小數的概念來自生活。在實際生活的溝通或實際運算上，同時使用多個單位來描述一個量有時更複雜，維持共同的單位來描述不同大小的量，同時又要顧及精確性，小數的需求就會產生。小數概念教學應由這樣的角度切入，展現數學素養內涵，如溫度、加油站顯示器、食物成分標示、手遊、電表、水表、匯率、……，處處皆能發現小數的蹤跡（參考本章第一節）。縱然在小數的運算經常最後走入程序性知識與操作，但仍希望讓學生感受「問題來自於生活，但解題使用到數學」。

相較於分數，小數有一個優勢是更容易使用計算機進行計算，這個優勢對於未來科技或計算機的使用會讓小數的功能更能彰顯。小數的功能大，但計算繁複，而我們讓學生學的應該是小數的概念的形成、運用、詮釋、評估等，而不是「神運算」，尤其是小數的四則運算對許多學生來說，是容易錯誤且容易厭煩的。

貳、解題的迷思

實際生活問題解決上，學生可能會有以下幾個迷思概念：

一 學生對小數文字題的理解有困難

李源順（2018）提到，許多老師認為學生對文字題的語意了解有困難，可能的一個原因是當老師要學生把文字題唸一遍時，學生會花很大的精神在小數的讀法上，因此轉移了他對文字題的理解。因此當學生在讀文字題時，老師應該引導學生先不要把數字唸出來，或者以某數（簡單的數）替代，此時學生可以很快了解文字題的語意了。

小數的概念雖有自己的系統，但問題的語意結構、運算結構、情境結構與整數、分數並無差別，即便問題來自於生活，並不會改變問題的結構。所幸，生活中與小數相關的問題會更為合理，如「拿了 0.3 瓶汽水」、「0.6 條緞帶」、「0.2 杯水」、「麵粉重 1.52 公斤」等都並非生活自然的用詞，在生活問題解決上，小數的問題會更加貼切學生認知。

二 學生會誤用乘、除法

李源順（2018）提到，小數和分數概念同樣是整數概念的推廣，但當概念推廣以後，若學生沒有機會重新檢視所有的性質，再加上小數的乘法和除法問題對學生更為抽象，很容易把概念過渡一般化，認為整數的性質，小數也都有。就以整數乘法愈乘愈大，愈除愈小，事實上，當一個數

乘以純小數時，會愈乘愈小，愈除愈大，因此當學生不了解語意結構或運算結構，只從問題的數據試圖憑著經驗中隨手挑一個運算來做，就會出問題。例如在小數運算時提過一個問題：「0.6 條繩子長 1.8 公尺，一條繩子長多少公尺？」學生不了解題意，看到 0.6 條就認為變小，直接用 1.8×0.6，或是認為一條比 0.6 條長，因此雖然知道會變大，但想到變大是用乘的，於是就列式 1.8×0.6。

建議學生學習小數的概念（其實任何數學概念學習都應如此），一定要概念性了解（可以使用比較簡單的數字理解結構），再內化為程序性知識（較複雜的數字說明方法一樣，只是數字不同而已），再來進行解題、推理的學習。

三 學生在小數乘法是否能對齊個位？

即便是在數學教材教法課程上，作者也發現有些師培生不知道為什麼小數加減法直式算法要對齊小數點，但小數乘法卻要最右邊對齊，甚至有師培生也弄錯，以致在小數乘法時對齊小數點。當概念教學沒有足夠的時間讓學生內化程序性知識，便開始進行計算的熟練，告訴學生做小數加法和減法時，記得「小數點位置要對齊」，卻不明白其中道理，因此對學生來說，數學就是一堆規則，讓學生根據規則計算，學生自然只會記得程序性的知識而已，到了小數乘法時就會過渡一般化先前的小數加減法直式算則。

從另一個方面看，小數乘法的直式算則不能對齊小數點嗎？當然可以。問題的本質不在可不可以，而是在這樣作法背後的意義。當我們對齊小數點，其實意涵是共用位值表的想法，如果是這樣，那麼就會出現以個位為基準往小數點的兩邊擴充的情況，學生是否能明瞭，老師是否能習慣，猶未可知。舉例來說，例如：21.4×3.25。

```
      2   1.   4
  ×       3.   2   5   ← 對齊小數點
          1.   0   7   0   ← 12.40.05
          4.   2   8       ← 12.40.2
      6   4.   2           ← 12.43
      6   9.   5   5   0   ←小數相加對齊小數點，合於規則
```

　　相同地，所有的運算規則背後都有其道理，分數加減法爲什麼要分母相同分子才可以相加減；分數乘法爲什麼可以直接分子分母對應相乘；到了小數加減法、乘法、除法又變了，沒有眞正的概念性了解，學生便需要記憶規則，時常變換規則，最後導致學生很容易做錯。

四 學生在小數除法的商數與餘數

　　小數除法的直式算則，尤其是除數爲小數如「2.5 ÷ 1.2」時，爲什麼可以同時把被除數和除數小數點移動一位，移動後題目變成「25 ÷ 12」。爲什麼我們可以這樣把兩個數都「放大了」來求出的商數？這樣的商數還是對的嗎？當學生被這樣教導時，只要能算出答案就會覺得是對的，不會問爲什麼？但老師不能因爲學生不會問就不去了解。

　　除法重要的概念就是估商，而商的意義就是數學中「倍」的概念，因此求商的本質就是求出「被除數是除數的幾倍」。我們可以這樣思考，假設 A 是 B 的三倍，兩者同時放大相同的倍數，A 仍是 B 的三倍，所以當兩者用相同倍率放大，原來的倍數關係不會改變。教學時，老師們也可以用身邊的東西，如橡皮筋、鬆緊帶。先在上面做上記號，標出兩段不同的長度，最好一開始是整數倍，然後同時縮放，讓學生感受同時放大、縮小，兩個線段的倍數不會改變，如下圖 4-3。

原線段 A 是 B 的三倍

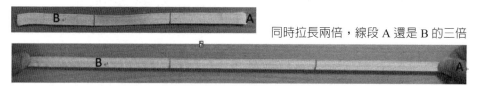

同時拉長兩倍，線段 A 還是 B 的三倍

圖 4-3　同時放大兩線段，倍數關係不變

　　圖 4-3 中，原線段 A 是線段 B 的三倍長，同時拉長兩倍後，線段 A 還是 B 的三倍，換言之，不管放大前或放大後，A 線段長除以 B 線段長，商都是 3。這也是為什麼當我們同時移動被除數和除數的小數點時，實際上是被除數和除數同時放大 10、100 或 1000 倍等，商不會改變。

　　但餘數呢？餘數可就不同了，餘數的意義是「被除數減去除數的整數倍（最大）後所剩餘下的」，因此如果被除數和除數同時放大，雖然「被除數和除數的倍數關係」不變，餘數卻被放大了，這就不是原來的餘數意義了，如下圖 4-4。

A

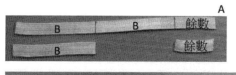

原線段 A 是 B 的兩倍加上一段餘數

同時拉長，放大 A 還是放大 B 的兩倍加上一段餘數，但餘數也跟著變大

圖 4-4　同時放大兩線段，餘數也變大

　　可以看出，當有餘數時，同時放大被除數和除數，餘數也會跟著放大，如果沒有調整回來，所求的餘數就不正確了。所以當我們移了小數點，實際上是被除數和除數同時放大 10、100 或 1000 倍等，餘數同時被放大，為什麼又要用原來的位值表，就是將所求的餘數再縮小回去原來的倍率。

第五節　總結與十二年國教數學領綱

壹、總結

　　小學的數學學習內容中，數與計算占了相當多的份量，當中的小數單元雖然所占比例相對較少，但其中原因之一是因為小數的學習內容與整數、分數重疊，因此把小數的概念、運算都以整數、分數的推廣方式介紹，希望學生可以自己類推。小數看似有自己的表徵方式、運算系統，但仔細思考小數的概念性質與分數相近，但運算規則卻又多半來自整數運算，造成學生的學習必須不斷轉換思考方式。

　　有關小學小數學習的主要內容主要是對小數概念的認識、小數如何比較大小、運算性質、小數的解題，以及分數與小數的轉換等。但相較於分數的內容，因為小數表示法的唯一性，因此沒有像分數有類似等值分數、最簡分數、通分、約分、擴分、假分數與帶分數互換這些內容，相對單純許多。運算上，小數運算雖有自己的系統，但解釋上需要藉助整數與分數的運算規則，而小數的運算性質主要包括運算結果的變大或變小、加減互逆與乘除互逆、交換律、結合律與分配律，通常都融入在計算與解題中。這些重要學習內容在本章都已經做了介紹與說明。

　　最後綜合本章對國小小數主題所介紹的重要學習內容，並以教材脈絡圖呈現出來（劉曼麗，2006），如下圖 4-5，提供參考。

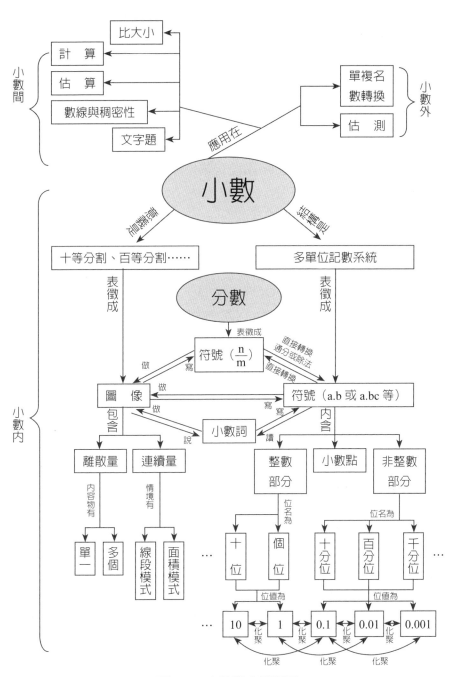

圖 4-5 小數概念關係圖

（資料來源：劉曼麗，2006，669 頁）

貳、十二年國教數學領綱

為能一窺國小小數學習內涵全貌，本文也附上十二年國教《數學領綱》有關小數主題的學習表現和學習內容，提供讀者參考。

一 分階段學習表現

十二年國教《數學領綱》各階段有關分數主題的學習表現（教育部，2018），如表 4-3。

⤴表 4-3　小數之各階段學習表現

編碼	學習表現（依學習階段排序）
n-II-7	理解小數的意義與位值結構，並能做加、減、整數倍的直式計算與應用。
n-II-8	能在數線標示整數、分數、小數並做比較與加減，理解整數、分數、小數都是數。
n-III-1	理解數的十進位的位值結構，並能據以延伸認識更大與更小的數。
n-III-7	理解小數乘法和除法的意義，能做直式計算與應用。
n-III-8	理解以四捨五入取概數，並進行合理估算。
r-III-2	熟練數（含分數、小數）的四則混合計算。

二 分年學習內容

十二年國教《數學領綱》各年級有關小數主題的學習內容，如表 4-4。

⤴表 4-4　小數之各年級學習內容

編碼	學習內容條目及說明	備註	學習表現
N-3-10	**一位小數**：認識小數與小數點。結合點數、位值表徵、位值表。位值單位「十分位」。位值單位換算。比較、加減（含直式計算）與解題。	小數之學習必須與整數經驗緊密聯繫。 小數應用情境應以連續量為主。	n-II-7

編碼	學習內容條目及說明	備註	學習表現
N-4-6	**等值分數**：由操作活動中理解等值分數的意義。簡單異分母分數的比較、加、減的意義。簡單分數與小數的互換。	簡單異分母分數指一分母為另一分母之倍數。與小數互換之簡單分數指分母為 2、5、10、100。	n-II-6
N-4-7	**二位小數**：位值單位「百分位」。位值單位換算。比較、計算與解題。用直式計算二位小數的加、減與整數倍。	小數之學習必須與整數經驗緊密聯繫。直式計算應注意小數點位置的教學。小數應用情境以連續量為主。	n-II-7
N-4-8	**數線與分數、小數**：連結分、小數長度量的經驗。以標記和簡單的比較與計算，建立整數、分數、小數一體的認識。	標記限一位小數（相當於分母等於 10）與分母不大於 5 的分數。以等值分數思維（N-4-6）協助學生認識整數、分數、小數為一體。因初學等值分數，本條目不處理分數和小數的混合計算問題。	n-II-8
N-5-1	**十進位的位值系統**：「兆位」至「千分位」。整合整數與小數。理解基於位值系統可延伸表示更大的數和更小的數。	熟練十進位系統「乘以十」、「除以十」所延伸的計算如「300×1200」與「600000÷4000」之處理。	n-III-1
N-5-8	**小數的乘法**：整數乘以小數、小數乘以小數的意義。乘數為小數的直式計算。教師用位值的概念說明直式計算的合理性。處理乘積一定比被乘數大的錯誤類型。	先連結「乘以 0.1」和「乘以 0.01」的意義和乘法直式計算的經驗再做推廣。小數乘法直式計算的方法和整數類似，但須留意小數點記法和小數加減時記法不同。	n-III-7
N-5-9	**整數、小數除以整數（商為小數）**：整數除以整數（商為小數）、小數除以整數的意義。教師用位值的概念說明直式計算的合理性。能用概數協助處理除不盡的情況。熟悉分母為 2、4、5、8 之真分數所對應的小數。	原則上只處理商限三位小數的情況。可讓學生從計算中發現可能有除不盡的循環現象，教師以概數處理這類問題（N-5-11），不處理「循環小數」的命名與課題。	n-III-7

編碼	學習內容條目及說明	備註	學習表現
N-5-11	**解題**：對小數取概數。具體生活情境。四捨五入法。知道商除不盡的處理。理解近似的意義。	教學討論近似問題時，不出現「誤差」、「近似值」之用語。	n-III-8
N-6-4	**小數的除法**：整數除以小數、小數除以小數的意義。直式計算。教師用位值的概念說明直式計算的合理性。處理商一定比被除數小的錯誤類型。	可不處理餘數問題，若要處理，限於具體合理的生活情境，商限定為整數，並小心在直式計算中處理餘數問題。餘數問題不評量。	n-III-7
N-6-5	**解題**：整數、分數、小數的四則應用問題。二到三步驟的應用解題。含使用概數協助解題。	含處理分數和小數混合乘除計算之常用技巧。	n-III-2 r-III-2

參考文獻

李源順（2018）。**數學這樣教：國小數學感教育**。臺北市：五南出版社。

教育部（1993）。**國民小學課程標準**。臺北市：教育部。

教育部（2008）。**國民中小學九年一貫課程綱要數學學習領域**。臺北市：教育部。

教育部（2014）。**十二年國民基本教育課程綱要：總綱**。臺北市：教育部。

教育部（2018）。十二年國民基本教育課程綱要：國民中小學暨普通型高級等校—數學領域。臺北市：教育部。

林碧珍（主編）（2020）。**素養導向系列叢書：國小數學教材教法**。臺北市：五南出版社。

趙文敏（1985）。**數學史：算術、代數與數論**。臺北市：協進出版社。

劉曼麗（2004）。從小數符號的問題探討學生之小數概念。**屏東師院學報，18,**

459-494。

劉曼麗（2006）。我國學生小數概念發展之調查研究。**科學教育學刊，14**
（6），663-693。

國家教育研究院（2018）。**十二年國民基本教育課程綱要：國民中小學暨普通型
高級等校—數學領域課程手冊**。引自國家教育研究院網站 http: //www.naer.
edu.tw。

Wearne, D. & Hiebert, J. (1989). Cognitive changes during conceptually based
instruction on decimal fractions. *Journal of educational Psuchology*, *81*(4),
507-513.

Frobisher, L., Monaghan, J., Orton, A., Orton, J., Roper, T., & Therlfall, J. (2002).
Learning to teach number. A handbook for students and teachers in the primary
school. Cheltenham, United Kingdom: Nelson Thornes Ltd.

第五章
數概念推廣

李源順

數概念推廣是由全數、分數、小數衍生出來的概念，主要包括二個整數之間的因數、倍數相關概念，一個自然數是否能被分解的質數、合數相關概念，與分數、小數相關的比率、比例、基量準和比較量的概念。

第一節　因數、倍數相關概念

壹、因數、倍數

因數和倍數是定義在整數（正整數、0、負整數）的範圍（定義域）。當一個不為零的整數甲，若能整除另一整數乙，則甲稱為乙的因數，乙稱為甲的倍數。例如 2 可以整除 6，所以 2 是 6 的因數，6 是 2 的倍數。要特別注意的是，1 可以整除任何一個整數；本身也可以整除本身，所以任何一個整數，至少有 2 個因數（1, –1）；除了 1 以外的自然數，都會有二個正因數，也就是 1 和本身。

國小階段主要聚焦在學習自然數的因數、倍數，所以小學所談的因數和倍數，其實是正因數和正倍數；連帶的，與 0 有關的因數與倍數問題也很少談。老師可以視學生的學習狀況，彈性地思考是否進行與 0 有關的因數、倍數教學。

到了國中階段，則會引進負因數、負倍數的概念。這個意思，到了國中，–2 是 6 的因數，6 是 –2 的倍數。這時候 6 的因數可以分為正因數和負因數；2 的倍數可以分為正的倍數、負的倍數和 0。因為 0 不能整除任何整數，所以 0 不會是任何整數的因數。但是 0 可以被任何一個非 0 的整數整除，因此 0 是任何非 0 整數的倍數。

■一 找因數與所有因數的教學進程

一開始，我們會先問學生某個數是不是某個數的因數；再來才會要學

生去找一個數的因數或者所有因數。當<u>我們問某數是不是某數的因數時</u>，例如 9 是不是 36 的因數？此時學生只要<u>回到原來的定義</u>：除看看，便可以正確判斷。

當要找一個數的所有因數時，例如 36，就有不同的進程：

（一）除除看

一開始學生還是可以回到因數的定義，有規律的一個一個除看看，檢查因數，例如 1 是不是可以整除 36？2 是不是可以整除 36？3 是不是可以整除 36？……

（二）一次找兩個

後來學生發現：

1. $36 \div 1 = 36$ 時，$36 \div 36 = 1$；或者 $1 \times 36 = 36$，所以一次可以找到二個因數：1, 36 都是 36 的因數；

2. $36 \div 2 = 18$ 時，$36 \div 18 = 2$，或者 $2 \times 18 = 36$，所以 2, 18 都是 36 的因數；

3. $36 \div 3 = 12$ 時，$36 \div 12 = 3$，或者 $3 \times 12 = 36$，所以 3, 12 都是 36 的因數；

4. $36 \div 4 = 9$ 時，$36 \div 9 = 4$，或者 $4 \times 9 = 36$，所以 4, 9 都是 36 的因數；

5. $36 \div 5 = 7 \cdots\cdots 1$，不能整除；

6. $36 \div 6 = 6$，或者 $6 \times 6 = 36$，所以 6 是 36 的因數，

之後便不用找了。此時學生便可以更快速的得到 36 的所有因數：1, 36, 2, 18, 3, 12, 4, 9, 6，從小到大排列變成 1, 2, 3, 4, 6, 9, 12, 18, 36。

（三）質因數分解

學生利用樹狀圖或者短除法進行質因數分解，並從質數中，快速找到

所有的因數。例如 $36 = 2 \times 2 \times 3 \times 3$，所以它的所有因數有：

1. 1 或者一個質因數：1（一定有），2, 3；

2. 兩個質因數相乘：$2 \times 2, 2 \times 3, 3 \times 3$；

3. 三個質因數相乘：$2 \times 2 \times 3, 2 \times 3 \times 3$；

4. 四個質因數相乘：$2 \times 2 \times 3 \times 3$。

　　國小學生要學習較小自然數的質因數分解，難度不高，只要從 2, 3, 5 的質數一個一個去除看看，或者畫出樹狀圖（參見圖 5-1）即可。但是對於較大的自然數要進行質因式分解時，就需要使用因數判別法，或者倍數判別法，去判別是否有 2, 3, 5, 7, 11, ... 的因數。

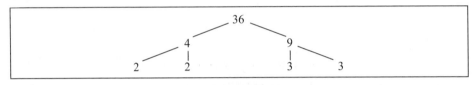

圖 5-1　樹狀圖示例

二 倍數、所有的倍數的教學進程

　　倍數的學習進程和因數的教學進程幾乎相同。一開始，先確定某個數是不是某個數的倍數；再來找某個數的所有倍數。

（一）除除看

　　當我們先問某數是不是某數的倍數時？例如 24 是不是 4 的倍數？此時雖然是要去想 24 是 4 的幾倍？但因為乘除互逆的概念，所以學生也是用除的，看 4 是否能整除 24；因為可以整除，24 就是 4 的倍數。

（二）找所有的倍數

　　當我們要找尋所有的倍數時，學生可以從（0 倍）、1 倍、2 倍、3

倍、……。快速的了解 3 的所有倍數有：（3×0），3×1, 3×2, 3×3, ...，
也就是（0,）3, 6, 9, ...。發現一個數的倍數有無限多個。

三 因數（倍數）判別法

因數（倍數）判別法是為了讓學生能更快速的找到一個數的因數。在
小學可能學到的因數判別法主要是判別一個數有沒有 2, 3, 5, 11, ... 的質因
數，或者一個數是不是 2, 3, 5, 11, ... 的倍數。

（一）2 的因數判別法

大家都知道，只要是偶數，也就是個位是 0, 2, 4, 6, 8，就有 2 的因
數。原因是偶數都可以2個一數，也就是2的倍數，因此一定有2的因數。

（二）3（或 9）的因數判別法

因為 9, 99, 999, ... 都是 3（或 9）的倍數，我們可以利用它來快速的
判別 3（或 9）的倍數。例如：1 + 3 + 8 = 12，12 可以被 3 整除，所以
138 有 3 的因數；但是 12 不能被 9 整除，所以沒有 9 的因數。原因是：

138 = 1×100 + 3×10 + 8
　　 = 1×(99 + 1) + 3×(9 + 1) + 8
　　 = 1×99 + 3×9 + (1 + 3 + 8)

前面 2 項中的 99, 9 都是 3（或 9）的倍數，所以只要 1 + 3 + 8 是 3
的倍數，138 就是 3 的倍數；1 + 3 + 8 不是 9 的倍數，138 不是 9 的倍數。

因此把一個數的所有數字相加，若能被 3（或 9）整除，就是 3（或
9）的倍數，也就是有 3（或 9）的因數。

（三）5 的因數判別法

只要個位是 5 或 0，就是 5 的倍數，也就是有 5 的因數。原因是十位
以上的數一定可以被 5 整除，所以只要看個位是否被 5 整除即可。例如：
135 = 13×10 + 5，其中 10 是 5 的倍數，所以只要看個位數 5，就知道了。

（四）11 的因數判別法

我們發現 10 = 11 − 1，100 = 11×9 + 1，1000 = 1001 − 1，……，而 1001 = 7×11×13。所以我們可以用它來判別 11 的倍數。例如：

$$814 = 8×100 + 1×10 + 4$$
$$= (8×99 + 8) + (1×11 − 1) + 4$$
$$= (8×99 + 1×11) + (8 − 1 + 4)$$

8 − 1 + 4 = 11 是 11 的倍數，所以 814 是 11 的倍數。

所以把一個數的所有數字，按照順序一加一減，它所得到的結果若是 11 的倍數（0 也是 11 的倍數），則原來的數就是 11 的倍數，也就是有 11 的因數。

貳、公因數和公倍數

一個整數甲，同時是兩個以上整數的因數時，則甲稱為這些整數的公因數（共同的因數）。公因數中最大者，即稱為最大公因數，最大公因數一定為正整數。

一個整數乙，同時為兩個以上整數的倍數時，則乙稱為這些整數的公倍數。在所有正整數的公倍數中，最小者稱為最小公倍數。

在小學，只有學正整數和 0，所以 16 和 36 的所有公因數有 1, 2, 4，所以 4 是最大公因數；12 和 8 的公倍數有（0,）24, 48, ……，所以 24 是 12 和 8 正整數中的最小公倍數。

■ 公因數、最大公因數的教學進程

當我們要找 40 和 48 的所有公因數，或者最大公因數時：

（一）列出所有數的所有因數

一開始，可以把 40 和 36 有因數的都列出來，再找出共同有的因數。

40 的因數有 1, 2, 4, 5, 8, 10, 20, 40

36 的因數有 1, 2, 3, 4, 6, 9, 12, 18, 36

所以 40 和 36 的公因數有 1, 2, 4

40 和 36 的最大公因數是 4

再從多個找所有公因數的問題中，觀察所列出來的所有公因數與最大公因數，發現所有的公因數都是最大公因數的因數，而且最大公因數的所有因數也都是 40 和 36 的公因數。

〔二〕列出一個數的所有因數

因為要把兩個數的所有因數都列出來，比較麻煩。另一種作法便是先列出一個數的因數，再利用這些因數去除另一個數。若能整除，就是公因數；若不能整除，就是不是公因數。

40 的因數有 1, 2, 4, 5, 8, 10, 20, 40

$36 \div 1 = 36$，$36 \div 2 = 18$，$36 \div 4 = 9$，$36 \div 5$ 無法整除……

所以發現 40 和 36 的所有公因數有 1, 2, 4，。4 為最大公因數。

〔三〕質因數分解

因為所有的公因數都是最大公因數的因數，因此，可以利用樹狀圖或者短除法進行質因數分解，利用質因數分解來找最大公因數，再找出所有的共同質因數再相乘。例如：

$40 = \boxed{2} \times \boxed{2} \times 2 \times 5$

$36 = \boxed{2} \times \boxed{2} \times 3 \times 3$

發現 40 和 36 的最大公因數是 2×2（前面兩個 2 都是共同的質因數），所以所有的公因數有 1, 2, 4。

要證明為什麼二個數的質因數分解之後，所有共同質因數的乘積就是二個數的最大公因數，有一點難。老師可以使用歸納的方式讓學生了解，也就是發現用上面二種以上的方法找多個問題的最大公因數，都發現是所

有共同質因數的乘積。

老師也可以試著跟學生解釋一下，假如把所有共同的質因數都乘以起來以後（2×2），也一定是它們的共同因數，因為二個數都有這些共同的質因數。假如所有共同的質因數相乘以後不是最大公因數；因為所有的公因數都是最大公因數的因數，因此最大公因數是所有共同的質因數相乘以後再乘以另一個數，而所乘的這個數只是其中一個數的因數或者都不是二個數的因數，這時候這個數就不會是它們的公因數了；因為它不是二個數的公因數。所以所有共同的質因數相乘就是它們的最大公因數。

■ 公倍數、最小公倍數的教學進程

找最小公倍數或者所有的公倍數的方法，和找最大公因數的方法類似。例如：當我們要找 16 和 12 的所有公倍數（或者某個範圍內的所有公倍數），或者最小公倍數時：

（一）列出所有數的倍數

一開始，可以把 16 和 12 有倍數的都列出來，再找出共同有的倍數。
16 的倍數有（0,）16, 32, $\boxed{48}$, 64, 80, $\boxed{96}$, ...
12 的倍數有（0,）12, 24, 36, $\boxed{48}$, 60, 72, 84, $\boxed{96}$, 108,
所以 16 和 12 的公倍數有（0,）48, 96, ...
16 和 12 的最小公倍數是 48
再由多個找所有公倍數的問題中，讓學生觀察所有的公倍數和最小公倍數，發現所有的公倍數都是最小公倍數的倍數，而且是最小公倍數的倍數也都是 16 和 12 的公倍數。

（二）列出一個數的倍數

因為要把兩個數的倍數都列出來，比較麻煩。另一種作法便是先列出一個數的倍數，再利用這些數去除以另一個數。若能整除，就是公倍數；

若不能整除，就不是公因數。

16 的倍數有 16, 32, 48, 64, 80, 96, ...

16 ÷ 12 無法整除，32 ÷ 12 無法整除，48 ÷ 12 = 4，……

所以發現 16 和 12 的公倍數有 48, 96, ...。48 為最小公倍數。

（三）質因數分解

因為所有的公倍數都是最小公倍數的倍數，因此和找所有的公因數方法相同，先用樹狀圖或者短除法進行質因數分解，再利用質因數分解來找最小公倍數和所有的公倍數。二個數的最小公倍數是所有共同的質因數中都只取一個，再乘以不是共同的質因數。

$16 = ②×②×2×2$

$12 = ②×②×3$

發現 16 和 12 的最小公倍數是 ②×②×2×2×3（前面兩個 2 是共同的質因數）。

和最大公因數一樣，要證明上面找出來的是最小公倍數，可以利用上面的方法計算多個找最小公倍數的問題，再歸納發現所有共同的質因數中都只取一個，再乘以不是共同的質因數，就是二個數的最小公倍數。

若要非形式的證明，可以先發現所有共同的質因數中都只取一個，再乘以不是共同的質因數，它一定是二個數的公倍數，因為都是每個數再乘以另一個數的質因數；又因為所有的公倍數都是最小公倍數的倍數，也就是最小公倍數是所有公倍數的因數，所以假如它不是最小公倍數，就要拿掉其中一個質因數，可是它就不是它們的公倍數了（例如拿掉 2 就不是 16 的倍數；拿掉 3 就不是 12 的倍數）。

參、學生迷思與教學問題

因數、倍數的概念，對學生而言，應該不難。因為二年級開始學習乘法時，學生就熟悉幾倍的語言，因此只要老師讓學生了解甲是乙的倍數

就是甲是乙的幾倍的意義，他便可以了解。雖然因數的用語對學生比較抽象，假如學生了解因數就是倍數的逆概念，相信也不難了解。

倒是因數、倍數的定義域，學生一定要特別小心，假如不了解，就可能出現 2 是 $\frac{1}{2}$ 的 4 倍，所以 2 是 $\frac{1}{2}$ 的倍數的迷思概念。也會有 0 不是 2 的倍數的迷思概念。

在因數的教學時，我們時常使用生活上的例子，例如：「把 12 個蘋果平分包裝，問一包可能有幾個？」的問題，在生活上這樣問時，比較少會把一個蘋果裝一包或者把全部的蘋果 12 個裝一包，因此學生很容易忘了 1 和本身是一個全數的因數。

有老師提到學生在進行公因數、公倍數、最大公因數、最小公倍數的解題時，時常運用關鍵字來解答。例如看到「最多」就用最大公因數，看到「最少」就用最小公因數。建議老師養成學生真的把題目讀懂，再去了解題目的語意是要求能夠把已知條件的數據整除或者是數據的倍數。例如：「用長 20 公分、寬 15 公分的長方形紙張去無縫隙的拼排成正方形，問需要用幾張長方形來拼排比邊長 500 公分小的最大正方形？」若學生不是真正了解題意，他看到最大，就會以為用最大公因數來算。其實老師只要學生能在心中想像題目，或者把依題意把它畫出來，學生馬上就了解正方形的邊長是長方形的長和寬的倍數，只是題目把邊長限制在 500 公分以內，因此有「最大」的用語。因為 20 和 15 的最小公倍數是 60，因此比 500 小的最大公倍數是（$500 \div 60 = 8 \cdots 20$）$60 \times 8 = 480$（公分），要用到的長方形紙張有（$480 \div 20$）$\times$（$480 \div 15$）$= 768$（張）。

老師也要留意，有時候題目的語意可能讓學生誤解的問題。例如：「從果園採收 50 顆的蘋果和 40 顆的梨子，把蘋果和梨子組合包成禮盒來銷售，若每個禮盒的蘋果和梨子一樣多，問最少可以裝成幾盒？」因為題意中出現「蘋果和梨子一樣多」，學生可能以為一盒當中的蘋果數和梨子數是一樣多的，因此只能蘋果和梨子最多都是 10 顆。建議老師在布題

時，小心學生是否容易誤解題意，最好改成「從果園採收 50 顆的蘋果和 40 顆的梨子，把蘋果和梨子組合包成禮盒來銷售，若每個禮盒的蘋果一樣多，每個禮盒的梨子一樣多，問最少可以裝成幾盒？」

肆、教學示例

領域／科目		數學	設計者	李源順
實施年級		六年級	總節數	共五節／第一節
單元名稱		質因數分解找最大公因數		
設計依據				
學習重點	學習表現	n-III-3 認識因數、倍數及最大公因數的意義計算與應用。	核心素養	數-E-A2 具備基本的算術操作能力、並能指認基本的形體與相對關係，在日常生活情境中，用數學表述與解決問題。
	學習內容	**N-6-2 最大公因數與最小公倍數**：質因數分解法與短除法。兩數互質。運用到分數的約分與通分。		
議題融入	議題實質內涵	視實際設計需求使用		
	所融入之學習重點	視實際設計需求使用		
與其他領域／科目的連結		視實際設計需求使用		
教材來源		自編		
教學設備／資源				
學習目標				
了解為什麼質因數分解可以找最大公因數				

教學活動設計		
教學活動內容及實施方式	時間	備註
一、準備活動	5'	T 回想
T：還記得嗎，我們在五年級學過如何找最大公因數？例如找 48 和 60 的最大公因數？		T 舉例
S：我記得，把 48 和 60 所有因數都寫出來，再找公因數中最大的那一個，就是最大公因數。		
T：你上來做看看		
（註：•老師可以考慮請特定程度的學生來做答，以合理推論有多少百分比的學生會不會。		多元評量
•當低成就學生不會時，老師可以請更高成就學生協助。		
•以下皆可以同此來考慮多元優選的教學。）		S 回想
S：48 有 1, 2, 3, 4, 6, 8, 12, 16, 24, 48		
60 有 1, 2, 3, 4, 5, 6, 10, 12, 15, 20, 30, 60		
（註：老師請留意，A 學生是否一次找二個因數，例如 48 = 2×24，所以有 2, 24。B 學生是否漏掉 1, 48 或者 1, 60。）		
S：公因數有 1, 2, 3, 4, 6, 12，所以最大公因數就是 12。		
T：非常棒（老師應時常鼓勵學生）。		
T：從上面的公因數和最大公因數中，你們還記得有發現到什麼性質或者關係嗎？	5'	T 回想
S：有，所有的公因數都是最大公因數的因數，而且最大公因數的所有因數都是公因數。		S 回想
（註：假如連高成就學生都無回答，老師應再帶領學生觀察所有的公因數與最大公因數，了解此一性質；之後再舉一個例子驗證。）		
T：非常棒。		
T：假如我們每一次都要這樣找最大公因數，那不是非常麻煩嗎？因此要來學另一種更簡單的方法。	5'	

教學活動設計		
教學活動內容及實施方式	時間	備註

T：要記得上面這個方法雖然很麻煩，但是你想不到更好的方法時，還是可以用、要用這個方法。　　　　　　　　　　　T 回想

T：這個單元，我們學過什麼概念？

S：質數、質因數、質因數分解。

T：非常棒，請幫我把 48 質因數分解。

S：我用樹狀圖來分解它。　　　　S：我用短除法來分解它。　　　S 回想

S：所以 48 = 2×2×2×2×3。

T：非常好！

S：我記得老師說的，48 的所有因數，除了 1 之外，都由這幾個　　　S: 回想
　　質因數乘以來的。

S：1；再來是一個質因數的有 2, 3；再來由二個質因數乘起來的
　　有 2×2 = 4, 2×3 = 6；再來由三個質因數乘起來的有 2×2×2
　　= 8, 2×2×3 = 12；再來由四個質因數乘起來的有 2×2×2×2
　　= 16, 2×2×2×3 = 24；再來由五個質因數乘起來的有
　　2×2×2×2×3 = 48。

（註：• 若學生想不起來，老師可以帶領學生發現此一性質；
　　　• 若老師確認學生已經學會上述的性質，老師可以不進行
　　　　複習）

二、發展活動

T：現在請每個小組把 48 和 60 都進行質因數分解，同時觀察一
　　下、討論一下，可不可以用質因數分解的方法來找最大公因
　　數？

（註：• 學生開始進行小組書寫、觀察、討論；老師應該來回巡
　　　　查，了解學生的觀察、討論內容，必要時適時引導學生先
　　　　把最大公因數質因數分解，再觀察它與 48, 60 的質因數與
　　　　最大公因數的關係。

教學活動設計		
教學活動內容及實施方式	時間	備註
• 老師可以利用手機把學生的作法拍下來，再投影到單槍，讓學生利用他們的作法來講解。老師所拍下來的學生作法可以作為學生的學習檔案，以及老師分享教學的素材。 • 讓學生進行小組討論，老師不一定要限制討論時間，反而應該視學生的討論情形來決定由老師進行全班講解，或者在小組內指導。） T：現在，請 X 小組的同學上來說明。 （註：• 老師可以視學生的討論情形、學生對問題的理解情形，來決定是小組自己推派代表、多人上臺來說明，或者故意請特定程度的學生來說明。 • 老師可以視每一組的討論結果，再決定是否先讓錯誤的小組上來報告，以進行認知衝突的教學。也可以先讓做對的同學上臺報告，再讓做錯的小組說明他們哪裡沒有想到。） S：我們這一組先把 48 和 60 質因數分解 　　$48 = 2 \times 2 \times 2 \times 2 \times 3$ 　　$60 = 2 \times 2 \times 3 \times 5$ 　　再觀察它們和 12 的關係，發現 $12 = 2 \times 2 \times 3$ 　　剛好是 48 和 60 的質因數分解式，把所有共同有的質因數都找出來再相乘 T：非常棒。 T：現在請每一位同學自己做看看，利用二種方法（五年級的方法、質因數分解的方法）找一找 30 和 42 的最大公因數，看一看二種方法的最大公因數是不是相同。 （註：• 對於一個概念的了解，最好要用多個例子來歸納，不要只用一個例子歸納。 • 學生開始個別實作，老師應巡查以了解有多少學生已經學會二種方法；必要時個別指導。	10' 10'	

教學活動設計		
教學活動內容及實施方式	時間	備註
• 老師可以視全體學生的作答情形，來決定是否請特定同學上臺來報告。 • 老師也可以故意請低成就，但會做的學生上臺報告，以激勵他的學習動機；必要時，老師應在旁協助說明。） （註：• 對於高年級學生，老師若要培養非形式的邏輯推理能力，作為國中的過渡。老師可以進行下面的教學。）	4'	
T：你們有沒有想過，為什麼把二個數質因數分解後，再找全部共同有的質因數，再相乘就是它們的最大公因數？ S：我們有討論。因為每個數（48）的所有因數都由它的幾個質因數（2, 2, 2, 2, 3）相乘而來（除了 1 之外）；假如乘上一個不是它的質因數（例如 5）就不會是它的因數。 S：同樣地，二個數（48, 60）的所有公因數也是應該由二個數的共同質因數（2, 2, 3）相乘而來，所以最大公因數就是由它們相乘而來。 S：假如有乘以一個不是它們的共同質因數（例如 2），那麼就不會是它們的公因數（例如 $2 \times 2 \times 3 \times 2 = 24$）。 （註：同樣地，若學生無法說出來，老師可以使用講述，讓學生了解從正概念──共同質因數相乘、逆概念──若有一個質因數不是共同質因數──來說明。） T：現在大家使用質因數分解，可以更快速的找到二個數的最大公因數。它還可以用來回答什麼問題？ S：用前面老師複習的概念，找到最大公因數，就可以找到所有的公因數。 T：非常棒！		
三、綜合活動 T：回想一下，這一節課，我們學到什麼？用什麼方法？ S：以前用把所有的因數都列出來的方法找所有的公因數和最大公因數，現在可以用質因數分解的方法，更快的找到最大公因數和所有的公因數	1'	統整

第二節　質數和合數

質數和合數的定義域是正整數（自然數）。一個大於 1 的正整數（自然數），當它只有 1 和本身兩個相異的正因數時，稱為質數。2, 3, 5, 7, 11, ... 都是質數；且 2 是唯一一個偶數且是質數；其他所有的質數都是奇數。

大於 1 的正整數（自然數）中，不是質數者稱為合數，也就是由兩個大於 1 的正因數相乘而得的數。4, 6, 8, 9, 10, 15, ... 都是合數；除了 2 以外，其他的偶數都是合數，而且也有很多奇數是合數。

1 不是質數，也不是合數；而且所有的自然數中，除了 1 之外，不是質數，就是合數。

要判別一個大於 1 的數是質數或者是合數的方法，就是用找因數的方法來看它是否只有一個本身的因數，或者還有其他的因數。

壹、質因數與互質

一個數是質數又是某數的因數時，稱此數為某數的質因數。例如 3 是質數，同時又是 12 的因數，所以 3 是 12 的質因數。因為質數是定義在自然數中，因此質因數也一定是自然數。

兩個正整數，除 1 以外，沒有其他的正公因數者，稱為兩數互質。兩個相異的質數一定互質，但是兩數互質不代表兩數一定是質數，例如：5 和 11 都是質數，同時 5 和 11 互質；4 和 9 都不是質數，但是 4 和 9 兩數互質；4 和 11 互質，但只有 11 是質數。

貳、質因數分解與短除法

一個正整數做質因數分解的意思是將此數變成質因數的連乘積，並且習慣上由小至大連乘表示之，如：$12 = 2 \times 2 \times 3$。

要把一個整數進行質因數分解，可以用樹狀圖的方式，一直分解到全部的數都是質數。例如圖 5-2。

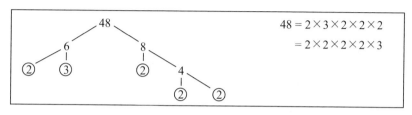

$$48 = 2 \times 3 \times 2 \times 2 \times 2$$
$$= 2 \times 2 \times 2 \times 2 \times 3$$

圖 5-2　將 48 質因數分解的樹狀圖

判別一個整數的因數，或兩個數以上的公因數時，只寫出除數和商，並不詳細運算除法過程，稱爲短除法，如圖 5-3。要把一個數進行質因數分解也可以使用短除法來找，<u>它的概念就是一直用質因數去除剩下的商，也就是一直重複做除法</u>。例如：

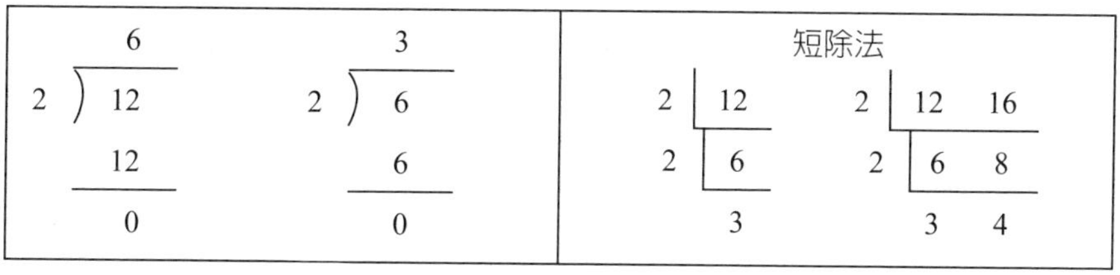

圖 5-3　短除法示例

後來短除法也被推廣到找二個以上的數的最大公因數或者最小公倍數。如上例，12 和 16 的最大公因數就是 $2 \times 2 = 4$，最小公倍數就是 $2 \times 2 \times 3 \times 4 = 48$。它的概念就是從質因數分解找最大公因數、最小公倍數而來。

參、學生的迷思與教學問題

由於學生可能忽視質數、合數的定義，因此他誤以爲所有自然數不是

質數，就是合數，而忘了還有 1 的數。或者誤以為質數一定是奇數，忘記了偶數之中也有質數 2。

學生一定要特別留意質數的定義，否則會有 1 是質數的迷思概念。因為互質有「質」這個字，所以對定義沒有了解清楚的學生就會有「互質時，二個數都是質數」、「二個數都不是質數，就不互質」的迷思概念。事實上，只要學生養成舉例的習慣，這些概念，學生都可以很容易的了解。

有老師問到，在做短除法時是不是一定要用質因數來除？作者認為，短除法和直式算則一樣，都是為了幫助學生快速、正確的把答案算出來；只要學生能正確計算，短除法的規約並不重要。因此當我們要做質因數分解時，為了怕學生做錯，最好用質因數來除，但是假如此數的個位是 0 時，我們也可以直接用 2、5 來除，如圖 5-4，這樣速度會更快、更不會錯。假如我們只是要求兩個數的最大公因數，或者最小公倍數時，只要不會做錯，不一定要用質因數來除，也可以用合數來除。

當學生真正了解以後，在短除法中不一定要使用質數作為除數

圖 5-4　變通的短除法

第三節　分數的相關概念

比率和百分率，可以說是分數的基本概念，只用不同的說法而已。

壹、比率與百分率

若兩量之間的關係為部分量和全體量，則 $\dfrac{部分量}{全體量}$ 稱為比率。比率可以用分數表示，也可以用小數表示。例如全班有 20 人，其中男生有 8 人，則男生占全班的比率是 $\dfrac{8}{20} = \dfrac{2}{5} = 0.4$。

在比率的問題中，將一個小數乘上 100 以後，附加 % 記號，稱為百分率，如 $0.23 = 23\%$。

<u>因為比率和百分率是部分量和全體量的關係，因此它就分數的基本概念</u>，只是說法不同而已。例如全班有 20 人，其中男生有 8 人，用比率來說是男生占全班的 $\dfrac{2}{5}$，用分數來說，男生的人數是 $\dfrac{2}{5}$ 個班級的人數。

分數和比率的啟蒙概念，值會小於 1。但是比率、百分率和分數一樣，<u>也會被概念推廣成比率大於 1 的概念</u>。例如：原來水量是 100ml，當水量增加 50ml 時，現在的水量是原來水量的 $\dfrac{150}{100} = 150\%$。

在生活中，有一些有「率」的名詞，例如：打擊率、良率、命中率、……都是比率的概念。

貳、折與成

■一 折、成、百分率的概念

在生活上，我們會說電視機特價打八折（8 折）、打七五折（75 折）；電視機的成本是六成（6 成）、六成五（6 成 5）；電視機特價 80%、75%。折、成、百分率（percent）這三個用語都是比率的概念，只是唸法有些不一樣。這三種概念應該從它們的讀法連結到它們的來源，使學生對折、成、百分率的意義產生感覺。

8 折、75 折，我們分別唸成八折、七五折，它是純小數的概念，把小

數點後面變成折數，也就是說，8 折就是 0.8；75 折就是 0.75。因此，75 折不能唸成七十五折，否則學生容易以為 75 折比 8 折打的折扣少。

六成、六成五是我們習慣的唸法，它是把一個單位量十等分後的概念，也就是把它化成分母為 10 以後，分子的意義。$0.6 = \frac{6}{10}$、$0.65 = \frac{6.5}{10}$、$0.625 = \frac{6.25}{10}$，因此 6 成、6 成 5、6 成 25 的讀法分別是六成、六成五、六成二五。

80%、75% 則來自把一個單位量一百等分後的概念，也就是以分母為 100，分子的概念。$0.8 = \frac{80}{100} = 80\%$、$0.75 = \frac{75}{100} = 75\%$、$0.825 = \frac{82.5}{100} = 82.5\%$，唸成八十二點五 percent。

參、學生迷思與教學問題

假如學生不了解折、成、百分率的來源，學生便很容易把數字讀錯，例如 88 折讀成八十八折，而產生迷思概念。

某家商店打的廣告「周年慶，首 2 日美食、3C、家電館滿千享 8.8 折」。問題來了，若消費滿 10000 元，打 8.8 折是要給 8800 元或是 880 元？若 8.8 折是給 8800 元？那麼 88 折又要給多少？作者相信商家的意思是 8800 元，不會是 880 元。也就是商家使用了和數學上不相同的用語，在數學上要使用 88 折才可以。

肆、教學示例

領域 / 科目	數學	設計者	李源順
實施年級	五年級	總節數	共五節 / 第四節
單元名稱	比率的生活議題		

設計依據				
學習重點	學習表現	n-III-9 理解比例關係的意義，並能據以觀察、表述、計算與解題，如比率、比例尺、速率、基準量。	核心素養	數-E-A2 具備基本的算術操作能力、並能指認基本的形體與相對關係，在日常生活情境中，用數學表述與解決問題。
	學習內容	N-6-6 比與比值：異類量的比與同類量的比之比值的意義。理解相等的比中牽涉到的兩種倍數關係（比例思考的基礎）。解決比的應用問題。		
議題融入	議題實質內涵	視實際設計需求使用		
	所融入之學習重點	視實際設計需求使用		
與其他領域／科目的連結		視實際設計需求使用		
教材來源		自編		
教學設備／資源		網站、電腦、單槍		
學習目標				
了解生活中和比率相關（可能沒有出現「率」字）或者不相關（可能出現「率」字）的概念				

教學活動設計		
教學活動內容及實施方式	時間	備註
一、準備活動		T 回想
T：我們已經學過比率的概念，誰能告訴大家什麼是比率？		S 舉例
S：例如，我們班有 16 位男生、14 位女生，男生占全班的比率是 $\frac{16}{30} = \frac{8}{15}$。因此，比率就是部分和全體關係的一種表示法。		
T：非常棒！		

教學活動設計		
教學活動內容及實施方式	時間	備註
T：我們學過哪些生活上與比率相關的名詞？ S：我們有學過投票率、中獎率、投球命中率、…… （註：老師可以留意學生可以講出多少種學過的比率概念，必要時，老師可以補充，也可以請學生舉例說明其意義。）		T 回想 S 舉例
二、發展活動 T：生活中還有哪些情形會用到「率」這個字？ （註：• 老師可以請學生在家利用網路搜尋相關問題，或者平時就留意相關的資訊，例如有「率」字再留意它是不是比率的概念；沒有「率」字卻是比率的概念。 • 下面的名詞，可以混合一起出現，老師再請同學分類：哪些有「率」這個字且符合比率概念，哪些不符合比率的概念；哪些雖然沒有「率」這個字，但是是符合比率的概念。 • 老師也可以請學生回答為什麼符不符合。）		T 回想 S 舉例
S：政府每年都會公告每年的出生率、死亡率、失業率、汙水下水道用戶接管普及率、住宅自有率、……。 S：電視的收視率、產品的良率、投手自責分率。 （註：老師可以請同學具體的舉例說明，他們所講的哪些是比率的部分／全體的概念。）		T 回想 S 舉例 S 為什麼
T：哪些是用「率」這個字，但它不是比率的概念？它是什麼概念？ S：出生率（crude birth rate, CBR）的定義是每年、每一千人當中的新生人口數。因為它是 1000 人中，出生的人數，不是以全體人口為分母，出生人口為分子。可能的原因是全體人口為分母的比率太小了。		

教學活動設計		
教學活動內容及實施方式	時間	備註

排名	國家和地區	出生率（每千人當中的新生人口數）
1	剛果民主共和國	49.6
2	幾內亞比索	49.6
3	賴比瑞亞	49.6
4	尼日	49.0
5	阿富汗	48.2

排名	國家和地區	出生率（每千人當中的新生人口數）
1	尼日	50.60
2	烏干達	47.38
3	馬利	45.15
4	尚比亞	43.51
5	布吉納法索	43.20

（https://zh.wikipedia.org/wiki/ 各國人口出生率列表）

S：殖利率，因為殖利率 ＝ 每股股利／收盤價。因為股利不是收盤價的一部分，但蠻接近比率的概念，同時它等同於 1 元的收盤價可以拿到多少股利。

股號	股名	現金股利	除息日	股票股利	6/4收盤價	殖利率	發息日	10年平均股利	10年股利次數
6523	達爾膚	10		0	65.1	15.36%		2.76	5
2363	矽統	0.36		1.44	12.55	14.34%		0.19	2
1439	中和	5		0	36.6	13.66%		1.8	8
2601	益航	0.3		1	9.8	13.27%		0.34	6

（https://www.businesstoday.com.tw/article/category/80402/post/202006090011/）

S：美金和臺幣的匯率，因為一個美金，一個是臺幣，兩個不是部分、全體的關係。它是 1 元美金可以換多少臺幣的意思。

牌價最新掛牌時間：2020/11/22 05:22

幣別	現金匯率		即期匯率	
	本行買入	本行賣出	本行買入	本行賣出
美金 (USD)	28.125	28.795	28.45	28.6
港幣 (HKD)	3.524	3.728	3.645	3.715

（https://rate.bot.com.tw/xrt?Lang=zh-TW）

S：點閱率，因為它是點閱的次數。

類別	標題	點閱率	單位
屏東縣各鄉鎮出生、死亡、結婚及離婚率統計	108年度屏東縣各鄉鎮出生、死亡、結婚及離婚率統計表	1237	民政處

（https://www.pthg.gov.tw/plancab/News_Cus2.aspx?CategorySN=1423&n=4573CCC464E71BC7&sms=FEEE3491699A2FC2）

教學活動設計		
教學活動內容及實施方式	時間	備註

S：扶養比（率）是指每一百位青壯年人口（15～64 歲）所扶養幼年及老年人口（14 歲以下及 65 歲以上）的比例。其計算公式：
扶養比 ＝（0～14 歲及 65 歲以上人口／15～64 歲人口）*100。

（https://www.ndc.gov.tw/cp.aspx?n=AAE231302C7BBFC9）

（https://www.hsinchu.gov.tw/News_Content.aspx?n=141&s=201767）

S：投手自責分率 ＝ 防禦率 ＝ 自責分 ×9 ÷ 所投局數，指投手平均每場球所失的自責分。例如王建民本球季累計主投 102 又 2/3 局（102 局又 2 人次），責失 31 分，所以該球季防禦率就是 31×9 ÷ 102.667 = 2.72。

（https://zh.wikipedia.org/wiki/ 防禦率）

T：生活中有哪些雖然沒有用「率」這個字，但其實是比率的概念？

S：酒精濃度 ＝ $\dfrac{純酒精}{純酒精＋純水}$

S：跌幅 ＝ $\dfrac{下跌的價錢}{原來的價錢}$

T：大家都知道濃度 75% 的酒精有最佳的消毒效果，它是由純酒精和純水組成。依據比率的概念，200ml 的 75% 酒精中，含有多少純酒精和純水？你怎麼知道的？

S：因為 200ml 是純酒精＋純水，所以 75% = $\dfrac{純酒精}{200ml}$，純酒精 ＝ 150ml，所以純水 ＝ 50ml。

T：我再問大家，還記得把一個問題變成另外二問題嗎？

S：我知道。例如：把 150ml 的純酒精和 50ml 的純水混合，依據比率的概念，就會變成 $\dfrac{150}{150＋50}$ = 75% 的濃度酒精。

		T 為什麼
		S 為什麼
		T 運算結構

278

教學活動設計		
教學活動內容及實施方式	時間	備註
S：另一個類似的問題是濃度 75% 的酒精，若其中有 150ml 的純酒精，則 $75\% = \dfrac{75}{100} = \dfrac{150}{150+水}$，用等值分數的概念 $\dfrac{75\times 2}{100\times 2}$ $= \dfrac{150}{150+水}$，就知道 150+ 水 = 200，所以水有 50ml。 （註：老師可以再利用學生舉出來的例子，例如跌幅的問題，進行提問。）		
三、綜合活動 T：說說看，今天學到什麼？ S：我們發現生活上有一些名詞雖然有「率」的字，但不是比率的概念，例如匯率；一些名詞雖然沒有「率」的字，但卻是比率的概念，例如濃度。	5'	統整 T 回想 S 回想

第四節　比例

壹、比與比值

一、比、比值、相等的比

　　64 年部編版（蔣治邦、謝堅、陳竹村、陳俊瑜、林淑君，2003）定義，比是指兩量的倍數關係之另一種表示法，例如：5 塊餅乾是 2 塊餅乾的 $\dfrac{5}{2}$ 倍，也可以寫做 5：2。因此，比的啟蒙是同類量的比，後來被推廣到不同類量的比，只要這兩個不同類量有一個關係存在即可，例如：2 個披薩賣 600 元，則披薩個數與價錢之比為 2：600。

　　再由比的關係式中，導引出比的前項除以後項，其值不變，稱為比

值。例如 3：4 的比值為 $\frac{3}{4}$ 或 0.75。因為 1 個披薩賣 300 元，2 個披薩賣 600 元，披薩個數與價錢之比值都是 $\frac{1}{300}$。

64 版先引入比值，再由等值分數了解二個比的比值相等，並定義它們相等的比。例如：5 個小孩需要 2 個大人協助，小孩和大人的比值是 $\frac{5}{2}$。10 個小孩需要 4 個大人協助，小孩與大人的比值是 $\frac{10}{4}$。因為 $\frac{5}{2} = \frac{10}{4}$，因此 5：2 和 10：4 是相等的比，記作 5：2 = 10：4。

82 年部編版（蔣治邦等人，2003）則定義比是並置的兩對應關係量的紀錄，例如：甲和乙的體重分別是 60 公斤和 55 公斤，則甲、乙兩人體重的關係可以記為 60：55。甲的身高和體重分別是 170 公分和 60 公斤，則甲的身高和體重的關係可以記為 170：60。因此，它的啟蒙可以是不同類量的比。82 年版課程（蔣治邦等人，2003）將兩個數量 A、B 之間，<u>因為某種原因而產生一種配對關係，稱為此兩數量 A、B 有對等關係</u>。同時將對等關係分成四類：

組合的對等關係：A、B 為同類量，且都是同一全體量的部分。例如：一種遊戲中，6 個小孩需要 2 個大人協助。

母子的對等關係：A、B 為同類量，且一量是全體量，另一量是部分量。例如：一打襯衫有 12 件，其中 7 件是藍色的。

交換的對等關係：A、B 分別描述兩堆物件，由於某種因素使 A、B 具有相同的價值，可以交換，而形成對等關係。例如：小華拿 10 顆廢電池到超商換 1 元。

密度的對等關係：A、B 不為同類量，且 A、B 是描述同一物件的不同性質，A、B 的比值是密度的概念。例如：50 立方公分的水重 50 公克。

82 年版將兩量的對等關係以「 ：」區隔，並據以呈現兩量之關係稱為比，例如：一種遊戲中，6 個小孩需要 2 個大人協助，則小孩與大人的

比記成 6：2。

在多個對等關係中，假如有相同的對等關係，此時稱為相等的比。例如：6 個小孩需要 2 個大人協助，12 個小孩需要 4 個大人協助，則小孩與大人的比 6：2 和 12：4 有相同的對等關係，稱為相等的比，可以記為 6：2 = 12：4。

82 年版再利用比的相等引入比值。比值的定義是前項除以後項，其值不變。例如：3：4 的比值為 $\frac{3}{4}$ 或 0.75。

🔲 生活中的比

在生活中的比，例如：甲、乙二隊比賽棒球，因為它們有對應的關係，因此它們的比數是 4：3，也是比的概念。只是它不能擴分成 8：6，因為甲隊得 8 分、乙隊得 6 分，與甲隊得 4 分、乙隊得 3 分，意義不一樣了。作者發現，這種生活中的比是比較型問題、比大小的比，它不能隨便擴分。另一種比才是數學上所要談的前、後兩項可以同乘以非 0 的數的比，這時候才可以談有比值，這時候後項就不能為 0。

可是，在數學上，比是一個抽象化、理想化的數概念，因此它代表的是可以任意前項與後項同乘一個非 0 的數、或者除一個非 0 的數。也就是，在數學上 4：3 = 8：6。因此，我們若要對比的概念做前項與後項同乘或同除時，最好舉生活中會有成比例的例子比較好。

🔳 比值的表示法

作者發現，在臺灣的教科書比值的寫法，大都寫成「4：6 的比值是 $\frac{4}{6}$」，但是 64 年版課程和中國大陸都表示可以寫成 $4：6 = \frac{4}{6}$，如圖 5-5。

作者也發現有些國家的除號是用「：」來表示，所以有些國家 $4：6 = \frac{4}{6}$。綜合上述原因，作者認為它只是一種表示法，不妨礙數學的學習，所以可以寫等號，以減少學生的學習負荷。

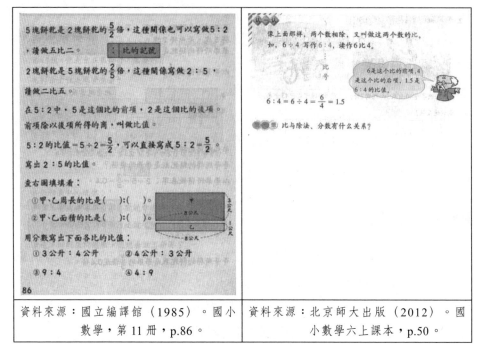

| 資料來源：國立編譯館（1985）。國小數學，第 11 冊，p.86。 | 資料來源：北京師大出版（2012）。國小數學六上課本，p.50。 |

圖 5-5　比與比值的表示法

貳、成正比

　　成正比的概念可以分爲多個比（或者多組數量），或者二個變數。

　　當多個比之間，當任何兩個前項成某倍關係時，相對應的兩個後項也成此倍數關係，則稱這多個比成正比例。例如：蘋果一顆賣 20 元，2 顆賣 40 元，3 顆賣 60 元，4 顆賣 80 元。當蘋果從一顆增加爲 2、3、4 倍（2、3、4 顆）時，相對的數量，售價從 20 元也增加爲 2、3、4 倍（40、60、80 元）。此時我們稱這些蘋果的數量與售價成正比例。成正比的另一個意義是，當多個比之間有一固定的比值時，我們稱這多個比成正比。例如：蘋果一顆賣 20 元，2 顆賣 40 元，3 顆賣 60 元，4 顆賣 80 元。因爲蘋果顆數和價錢的比值是 $\dfrac{1}{20} = \dfrac{2}{40} = \dfrac{3}{60} = \dfrac{4}{80}$，我們稱這些蘋果的數

量與售價成正比。

當我們要探討二個變數的關係時，例如：正方形的邊長和周長關係，因為周長永遠是邊長的 4 倍，也就是 $\dfrac{周長}{邊長} = 4$，周長和邊長的比值是 4，所以正方形的邊長和周長成正比。

若把多個比（多組數量）畫到平面圖形時，發現成正比的點的連線是一條直線，而且延長後會通過原點（因為多組數量時，通常前項和後項都不會為 0，因此它通常不會通過原點）；同時只要它不是直線，或者是直線但不通過原點，那麼它就不會成正比。例如：糖果一顆賣 2 元，2 顆賣 4 元，3 顆賣 6 元，4 顆賣 8 元，x 軸是顆數，y 軸是錢數時，它是一直線，且延長線會通過原點，如圖 5-6。因此糖果顆數和錢數成正比。

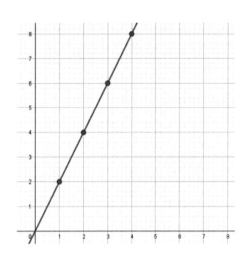

圖 5-6　糖果顆數和錢數的圖形

若是二個變量成正比，例如 $y = 4x$，則因為二者會同時為 0，因此它的圖形會通過原點[1]。

---

[1] 在生活上，當邊長為 0 時，它已經不是正方形，因此正方形邊長和周長的關係圖不會通過原點，是延長後通過原點。

作者也發現，有時候在生活上的比是不能隨便擴分的，例如：一瓶賣水 15 元，2 瓶水賣 30 元，……；也就是水的瓶數和價錢的比是 1：15 = 2：30 = 3：45……。但是我們買比較多會變得比較便宜，例如：買 24 瓶，變成 300 元，這時候它就不是成正比的比。

參、學生迷思與教學問題

■ 相等的比的問題難易

Lamon（1993，引自林碧珍，2009）認為相等的比，依據未知數的位置不同，會有難易度的差別。在「A：B = C：D」中的未知數 X，若 X 在第三或第四項，即「A：B = C：X」或「A：B = X：D」對學生比較容易，因為學生可以利用學過的擴分或約分來求出前兩項的已知分數之等值分數，再求出 X 值。若未知數 X 在第一或第二項，即「X：B = C：D」或「A：X = C：D」，學生需要運用逆向思考才能成功解題，需要的認知負擔比較大，因此比較困難。

林碧珍（2009）文獻探討發現，數的大小及類型也會影響比例問題的難易度。依據「A：B = C：D」中，A 和 B 的關係，或 A 和 C 的關係是整數倍或非整數倍，可以分為四種類型：(1)A 和 B 及 A 和 C 都成整數倍關係。例如 4：12 = 8：a。(2) 僅 A 和 B 成整數倍關係。例如 4：12 = 9：a。(3) 僅 A 和 C 成整數倍關係。例如 4：6 = 8：a。(4)A 和 B 及 A 和 C 都非成整數倍關係。例如 3：5 = 7：a。國內或國外的研究發現國小四到六年級學生解整數倍的問題比非整數倍問題容易成功（劉祥通，2004）。作者發現學者提出來第四種會比較難，還有另一個原因，那就是，題目中三個數都是整數，但要答案卻是分數；對學生而言，當然最難。

■ 正比的學生認知與教學

因為有些學生容易誤以為相對的數量同時變大或者變小時，就是成正比；所以老師也應舉成正比的反例讓學生了解，例如正方形的邊長和面積，因為邊長是 1 公分時，面積是 1 平方公分，邊長是 2 公分時，面積是 4 平方公分，邊長和面積的比值分別是 $\frac{1}{1}$、$\frac{2}{4}$，兩者不相等，因此正方形的邊長和面積不成正比。也就是只要二個比值不相等，它就不成正比；要判斷成正比，要所有的比值都相等。

林福來、郭汾派與林光賢（1985）的研究發現有 16% 的國中生在解答成正比的問題時，會一再地使用加法策略來解答比例問題，例如：下面圖 5-7 的放大圖，學生看到 2、3、5 都不是整數倍，就認為 x = 4，因為 3 − 2 = 1，5 − x = 1，所以 x = 4。

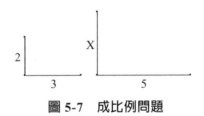

圖 5-7　成比例問題

對於使用加法策略解答比例問題的學生，林福來等人（1985）建議使用診斷教學策略幫助學生破除迷思概念。例如：圖 5-8 有三個比例相同的紙人，A 紙人的身長是 15 公分，B 紙人的身長是 13 公分，假如 B 紙人的脖子長 5 公分，那 A 紙人的脖子長是幾公分？這時候，使用加法策略的學生，就算出 15 − 13 = 2，5 + x = 7，所以 A 紙人的脖子是 7 公分。這時候再問，假如 C 紙人的身長是 8 公分，則 C 紙人的脖子有多長？學生也會用相同的方法來算：13 − 8 = 5，5 − x = 5，x = 0，學生會發現，C 紙人的脖子不見了。學生馬上會產生認知衝突，察覺到他的策略可能有問題。

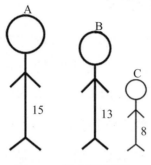

圖 5-8　脖子不見了

　　這時候，老師把情境換成前項比後項是整數比的問題，例如身長是 4：8，脖子是 x：2，學生馬上了解，應該用乘法或除法來解答比例問題，而不是用加法策略來解答。之後再回到原問題情境，讓學生了解非整數比的問題，也應使用乘法或除法來解答，同時，它的答案不一定是整數。

肆、教學示例

領域／科目	數學		設計者	李源順
實施年級	六年級		總節數	共六節／第一節
單元名稱	比的啟蒙教學			
設計依據				
學習重點	學習表現	n-III-9 理解比例關係的意義，並能據以觀察、表述、計算與解題，如比率、比例尺、速率、基準量。	核心素養	數 -E-A2 具備基本的算術操作能力、並能指認基本的形體與相對關係，在日常生活情境中，用數學表述與解決問題。
	學習內容	**N-6-6 比與比值**：異類量的比與同類量的比之比值的意義。理解相等的比中牽涉到的兩種倍數關係（比例思考的基礎）。解決比的應用問題。		

議題 融入	議題 實質內涵	視實際設計需求使用
	所融入之 學習重點	視實際設計需求使用
與其他領域／ 科目的連結		視實際設計需求使用
教材來源		自編
教學設備／資源		
學習目標		
了解生活中和數學上的比及其意義		

教學活動設計		
教學活動內容及實施方式	時間	備註
一、準備活動		
T：你有沒有留意生活中，或者數學上什麼時候出現「比」這個字？ S：有，2020/10/25 籃球比賽，臺銀和璞園的比分是 68 比 61。 S：2020/10/23 棒球比賽，統一和富邦的比數是 2 比 0。 S：50 吋的電視螢幕的長寬比是 16 比 9。 S：紅茶與牛奶的量依照 7：3 的比例倒入杯中，就是好喝的奶茶。 （註：• 本活動希望學生能注意日常生活中與數學相關的事物， 　　　或者回想學過的數學。 　　• 若學生沒有注意到，老師可以提示或者說明，以培養學 　　　生隨時注意日常生活中與數學相關的事物。 　　• 老師也可以請學生小組討論，或者事先回去找資料，再 　　　來和大家分享。） T：非常好，大家都很注意日常生活中會出現的數學。		留意生活 中比的情 境
二、發展活動		
T：我再問大家，2020/10/25 籃球比賽，臺銀和璞園的比分是 68 比 61，假如 2020/10/26 籃球比賽，台啤和璞園的比分是 60 比 61，我們可以說臺銀和台啤的比分是 68 比 60 嗎？		反例與正 例對比以 了解比的

教學活動設計		
教學活動內容及實施方式	時間	備註
S：不行！		意義
T：為什麼？		
S：因為臺銀和台啤沒有在同一場進行比賽。		
T：那為什麼前面的可以用比來說呢？		
S：因為籃球的比數是在同一場比賽比的。		
T：那麼棒球比數、電視長寬和奶茶呢？		澄清比的
S：因為棒球的比數是在同一場比賽比的。		重要概念
S：因為是在比老師和我的身高。		
S：因為是看比同一臺電視的二邊的長度。		
S：因為是在把紅茶和牛奶混在一起。		
T：所有要「二個量有某一種關係存在」，我們才可以用比來表示它。		
S：了解。		
T：你們看過比用什麼符號表示嗎？		比的表示
S：有看過，用「：」表示。		法
T：那麼臺銀和璞園的比分是 68 比 61 可以怎麼表示？		
S：臺銀：璞園 = 68：61。		
T：這裡的臺銀指的是什麼？		
S：臺銀的得分。		
T：很好。		
T：棒球比分呢？電視的長和寬呢？		
S：統一的得分：富邦的得分 = 2：0。		
T：電視的長和寬呢？		
S：長和寬比 = 16：9。		
T：可不可以舉一個不能用比來表示的例子？		反例突顯
S：我的身高是 160 公分，小明的體重是 45 公斤，我的身高和小明的體重用比來表示沒有意義。		正例的概念
T：非常好。還有一個問題，臺銀和璞園的比分是 68 比 61，可不可以說成臺銀和璞園的比分是 61 比 68，或者璞園和臺銀的比分是 68 比 61？		了解比的前、後項不能顛倒
S：不可以，因為會讓人家以為臺銀的得分是 61，璞園的得分是 68。		

教學活動設計		
教學活動內容及實施方式	時間	備註
T：很好，在數學上，臺銀的得分：璞園的得分 = 68：61，68 稱為前項，61 稱為後項。你知道為什麼 68 稱為前項嗎？為什麼 61 稱為後項嗎？		從中文了解名詞的義意
S：因為 68 是在前面的項，61 是後面的項。		
S：所以前項和後項不能隨便顛倒。		
T：我們再來好好研究剛才舉的一些例子。說看看： 　　臺銀的得分：璞園的得分 = 68：61 　　統一的得分：富邦的得分 = 2：0 　　長：寬 = 16：9 　　紅茶：牛奶 = 7：3 　　這些例子的異同？		區辨生活中，相差的比和倍數的比
S：籃球和棒球的得分比，比較偏向是一種相差的比，也就是臺銀的得分比璞園的得分多 7 分，統一的得分比富邦的得分多得 2 分。		
S：長和寬的比，不管電視的尺寸都是這樣；奶茶要有同樣的味道。它們的倍數要相同，它們感覺比較偏向倍數的比。		
（註：若學生無法察覺上述問題之間的差異，老師可以直接講述其中的異同。）		
T：很好。在數學上，我們所說的比，比較偏向可以談倍數的比。同時當後項不為 0 時，我們可以用比值來表示前項除以後項。 　　例如：電視的長和寬的比值是 $\frac{16}{9}$。		了解同類量比值的意義
T：大家知道比值的意義嗎？		
S：就是把後項當作 1 時，前項是後項的幾倍。		
T：我再舉一個例子，例如小華的體重是 40 公斤，小明的體重是 45 公斤，小華和小明體重的比是多少？比值是多少？意義呢？		將同類量的比拓展到不同類量的比
S：小華和小明體重 = 40：45，比值是 $\frac{40}{45}$。比值的意義是把小明的體重當作 1 時，小華的體重是 $\frac{40}{45}$。		

教學活動設計		
教學活動內容及實施方式	時間	備註
T：我再問大家，3 顆蘋果賣 99 元，蘋果的顆數和價錢可不可以用比來表示？ S：我想可以，因為蘋果的顆數和它賣的價錢是有關係存在的。 T：沒有錯。那它如何表示？比值是多少？意義呢？ S：蘋果的顆數：價錢 = 3：99，比值 $= \dfrac{3}{99}$。意義是每一元可以給多少顆蘋果。 T：反過來呢？蘋果的價錢和顆數的比、比值、意義？ S：蘋果的價錢：顆數 = 99：3，比值 $= \dfrac{99}{3}$，意義就是一顆蘋果賣多少元？ T：這樣的比值和前面小華和小明體重的比值 $\dfrac{40}{45}$，一不一樣？ S：好像不一樣，體重的二個單位是一樣的，是倍數概念；價錢和顆數的單位是不一樣的，就不是倍數的概念。 S：但是感覺都是後項一個單位時，後項有多少個單位的意思。		T 回想 S 回想
三、綜合活動 T：非常棒，大家還記得我們剛才學過什麼？ S：比的二量可以是相同單位，也可以不是相同單位，只要二個量有關係就可以用比來表示。 S：生活中，有些比是相差的比，有些是倍數的比。 S：後項不為 0 時，它的比值是 $\dfrac{前項}{後項}$。	5'	統整 T 回想 S 回想

第五節　基準量和比較量

壹、基準量和比較量的意義

　　當我們把某物體當成一個單位，並用它來度量其他的物體時，我們就把當成一個單位的物體稱爲基準量（以它當基準的語意），被度量的物體

就稱爲比較量，度量出來的數，就稱爲比值。當基準量和比較量是相同單位時，比值就是倍數的關係。學生只要能會意是那個量當「基準」，那個量被用來「比較」，便可以容易的進行解題。

作者發現教科書主要先利用整數問題定義基準量與比較量，再推廣它用來處理分數和小數倍的問題，例如：國家教育研究院（2013）第 12 冊，如圖 5-9，是問小說的價錢是文具的幾倍，因此，文具的價錢是基準量，小說的價錢是比較量，要把比較量除以基準量就會得到比值（或者倍數）。即：

比較量 ÷ 基準量 = 比值

比較量 ÷ 比值 = 基準量

基準量 × 比值 = 比較量

例如小安買一本小說和一套文具各花去她全部錢的 $\frac{1}{3}$ 和 $\frac{1}{4}$，小說的價錢是文具的幾倍？

如果將小安全部的錢當作 1，買小說的錢就是 $\frac{1}{3}$，買文具的錢就是 $\frac{1}{4}$。問「小說的價錢是文具的幾倍？」，等於在問 $\frac{1}{3}$ 是 $\frac{1}{4}$ 的幾倍。

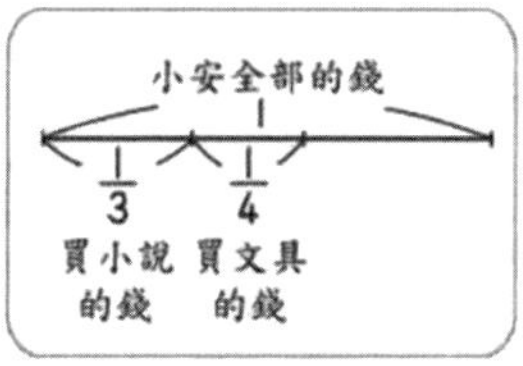

$\frac{1}{3} \div \frac{1}{4} = 1\frac{1}{3}$（倍）

圖 5-9　92 年版國家教育研究院教科書處理基準量與比較量問題

甚至求兩量和兩量差的問題，例如：班上男生有 16 人，男生是女生的 $\frac{4}{3}$ 倍，問班上有多少人？

貳、基準量和比較量的另一層教學意義

作者認爲分數和小數的乘、除法問題，之所以要介紹基準量、比較

量、比值，可能有二個目的：一是我們可以把任何一個數量當作一個單位去度量另一個數量，這樣到了國中，我們的數學再也很少用量的單位來說明，反而簡單的用多少個單位，甚至不提公分、公尺等生活單位。例如來解決其他的分數、小數乘、除的問題。例如：下圖中的長度，國中的教科書直接寫 $\overline{DE}=4$，不再出現單位了。

例 3 example

如右圖，有兩三角形△ABC和△DEF，
方格邊長為1。已知∠D＝∠A，$\overline{DE}=4$，
$\overline{DF}=5$，求$\overline{EF}$。

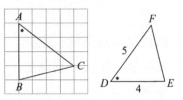

解題說明

由圖知　$\overline{AB}=4$

　　　$\overline{AC}=\sqrt{3^2+4^2}=5$　　畢氏定理

資料來源：國家教育研究院（2011）。國中數學二下，P.87。2018.05.17 引自 http：//wd.naer.edu.tw/book/book6/4-100/100-16A3.htm

　　第二個目的可以作為整數乘除法推廣為分數、小數問題為什麼用乘、除法的重新定義。例如：「1 公尺的鐵條重 2.5 公斤，2.4 公尺的鐵條重多少公斤？」的問題，因為我們是以 2.5 公斤做基準當做 1（公尺），去度量發現有 2.4（公尺）（比值），看它有多少公斤是比較量。因此，把基準量乘以比值就能得到比較量，也就是 2.52.4，就是 2.4 公尺的鐵條重多少。

第六節　總結與十二年國教數學領綱

　　在數學的概念發展上，除了全數、分數、小數等基本概念、運算、性

質之外，數學家會試著去了解相同概念內的關係、不同概念間的關係，因此衍生出本章的內容，也就是二個整數之間的因數、倍數相關概念，一個自然數是否能被分解的質數、合數相關概念，與分數、小數相關的比率、比例、基量準和比較量的概念。若讀者了解數學家思維的脈絡，相信可以把數學學得更好，甚至可以創造新的數學概念。

本內容附上十二年國教《數學領綱》的學習表現和學習內容，提供讀者參考。

壹、分階段學習表現

十二年國教《數學領綱》各階段有關數概念推廣的學習表現，如下表 5-1。

⟳ 表 5-1　數概念推廣之各階段級學習表現

編碼	學習表現（依學習階段排序）
n-III-3	認識因數、倍數、質數、最大公因數、最小公倍數的意義、計算與應用。
n-III-5	理解整數相除的分數表示的意義。
n-III-9	理解比例關係的意義，並能據以觀察、表述、計算與解題，如比率、比例尺、速度、基準量等。

貳、分年學習內容

十二年國教《數學領綱》各年級有關數概念推廣的學習內容，如下表 5-2。

♪ 表 5-2　數概念推廣之各年級學習內容

編碼	學習內容條目及說明	備註	學習表現
N-5-3	**公因數和公倍數**：因數、倍數、公因數、公倍數、最大公因數、最小公倍數的意義。	以概念認識為主，不用短除法（N-6-1、N-6-2）。	n-III-3
N-5-10	**解題**：比率與應用。整數相除的應用。含「百分率」、「折」、「成」。	本條目限結果不大於 1（100%）的應用情境（大於 1 之延伸情境見 N-6-8）。	n-III-5 n-III-9
N-6-1	**20 以內的質數和質因數分解**：小於 20 的質數與合數。2、3、5 的質因數判別法。以短除法做質因數的分解。	被分解數的因數，在扣除 2、3、5 或其次方的部分後，只剩一因數，且此數除了 49、77 或 91 之外，只能是 11、13、17 或 19。	n-III-3
N-6-2	**最大公因數與最小公倍數**：質因數分解法與短除法。兩數互質。運用到分數的約分與通分。	不做三數的最大公因數與最小公倍數。應包含練習將分數化成最簡分數的問題。	n-III-3
N-6-6	**比與比值**：異類量的比與同類量的比之比值的意義。理解相等的比中牽涉到的兩種倍數關係（比例思考的基礎）。解決比的應用問題。	比中各數原則上為整數，但也可包含簡單之小數與分數。	n-III-9
N-6-8	**解題**：基準量與比較量。比和比值的應用。含交換基準時之關係。	所謂交換基準如以哥哥身高為 1，弟弟身高為 4／5，則以弟弟身高為 1，哥哥身高為 5／4。	n-III-9

 參考文獻

林碧珍（2009）。比與比值初始概念的教學初探。**新竹教育大學教育學報，27**（1），127-159。

林福來、郭汾派、林光賢（1985）。比例推理的錯誤診斷與補救。發表在**科教研討會論文彙編**。臺北市：科技部。

國家教育研究院（2013）。**國民小學數學課本，第 12 冊**。新北市：國家教育研究院。

劉祥通（2004）。分數與比例問題解題分析 —— 從數學題問教學的觀點。臺北市：師大書苑。

蔣治邦、謝堅、陳竹村、陳俊瑜、林淑君（2003）。**比（含數線圖）**。臺北市：國立編譯館。

國家圖書館出版品預行編目資料

素養導向之國小數學領域教材教法：數與計算
／李源順，陳建誠，劉曼麗，謝佳叡著. --
初版. -- 臺北市：五南圖書出版股份有限
公司，2021.09
　　面；　公分
ISBN 978-626-317-005-6（平裝）

1.數學教育　2.教學法　3.小學數學

523.32　　　　　　　　　　110012057

1I4M

素養導向之國小數學領域
教材教法：數與計算

主　　　編 ─ 陳嘉皇（260.8）

作　　　者 ─ 李源順、陳建誠、劉曼麗、謝佳叡

發 行 人 ─ 楊榮川

總 經 理 ─ 楊士清

總 編 輯 ─ 楊秀麗

副總編輯 ─ 黃文瓊

責任編輯 ─ 李敏華

封面設計 ─ 姚孝慈

出 版 者 ─ 五南圖書出版股份有限公司

地　　　址：106台北市大安區和平東路二段339號4樓

電　　　話：(02)2705-5066　　傳　　真：(02)2706-6100

網　　　址：https://www.wunan.com.tw

電子郵件：wunan@wunan.com.tw

劃撥帳號：01068953

戶　　　名：五南圖書出版股份有限公司

法律顧問　林勝安律師事務所　林勝安律師

出版日期　2021年 9 月初版一刷

定　　　價　新臺幣390元

經典永恆・名著常在

五十週年的獻禮──經典名著文庫

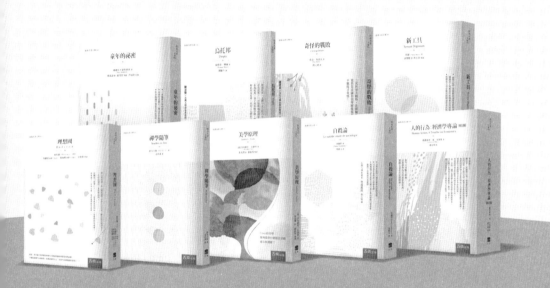

五南，五十年了，半個世紀，人生旅程的一大半，走過來了。

思索著，邁向百年的未來歷程，能為知識界、文化學術界作些什麼？

在速食文化的生態下，有什麼值得讓人雋永品味的？

歷代經典・當今名著，經過時間的洗禮，千錘百鍊，流傳至今，光芒耀人；

不僅使我們能領悟前人的智慧，同時也增深加廣我們思考的深度與視野。

我們決心投入巨資，有計畫的系統梳選，成立「經典名著文庫」，

希望收入古今中外思想性的、充滿睿智與獨見的經典、名著。

這是一項理想性的、永續性的巨大出版工程。

不在意讀者的眾寡，只考慮它的學術價值，力求完整展現先哲思想的軌跡；

為知識界開啟一片智慧之窗，營造一座百花綻放的世界文明公園，

任君遨遊、取菁吸蜜、嘉惠學子！